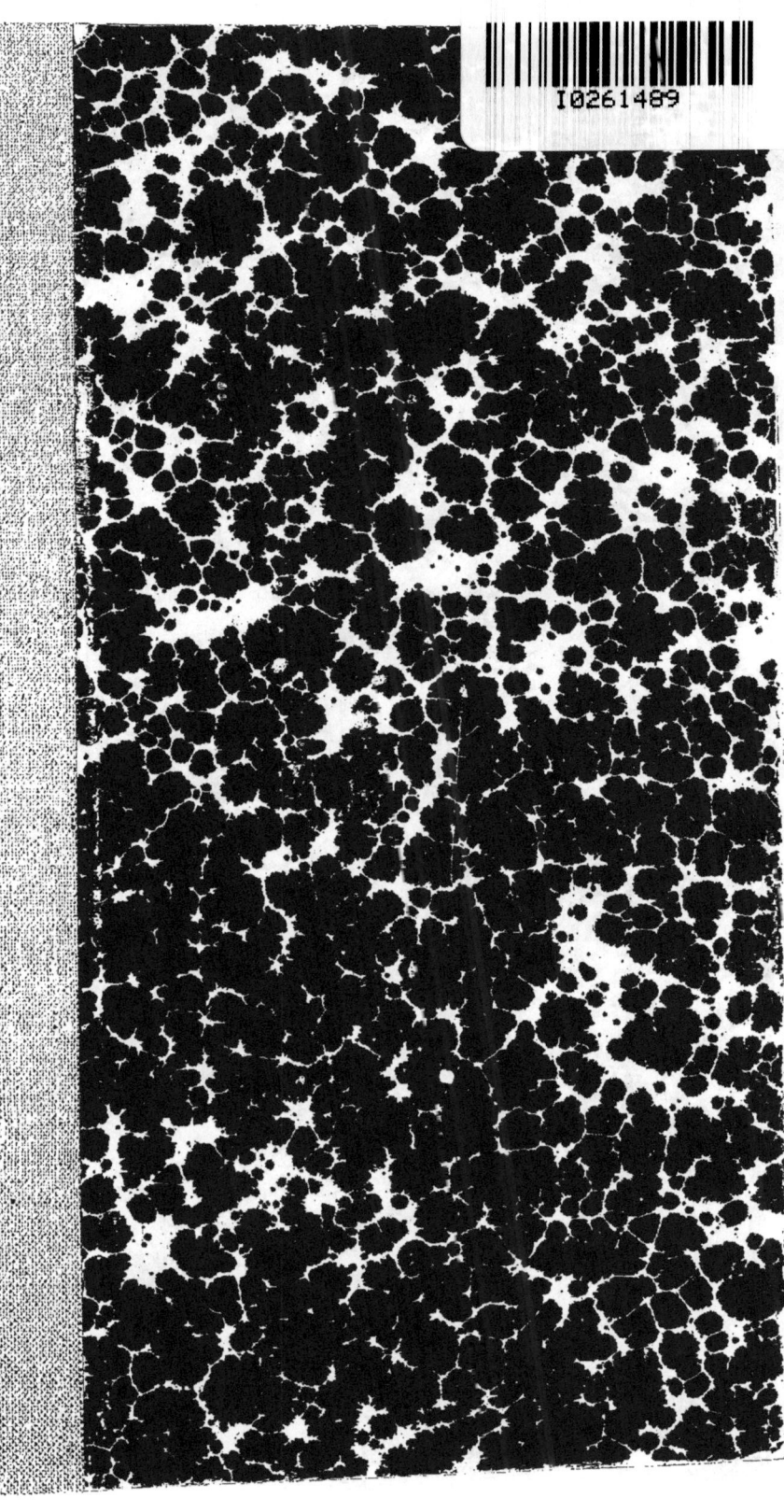

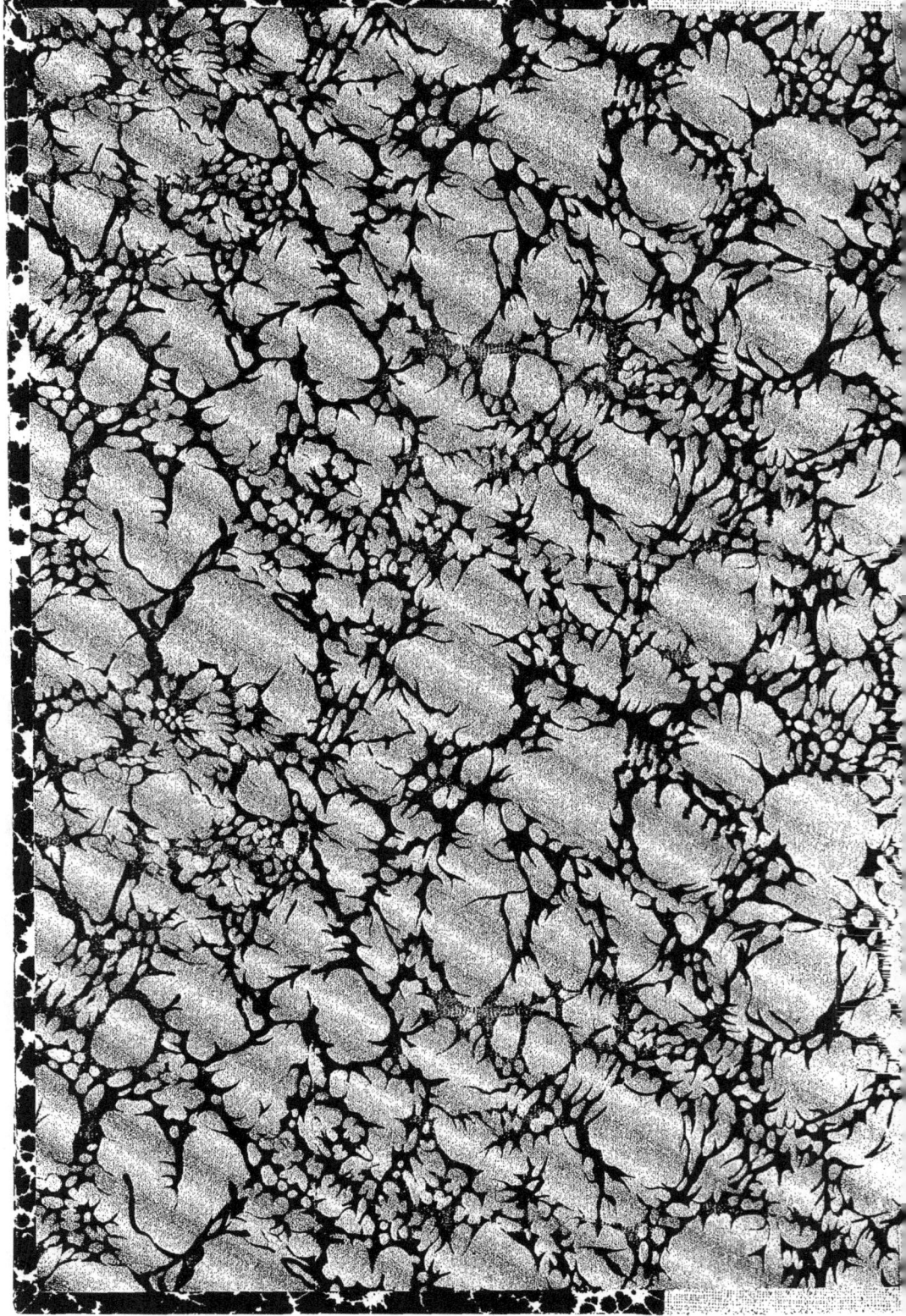

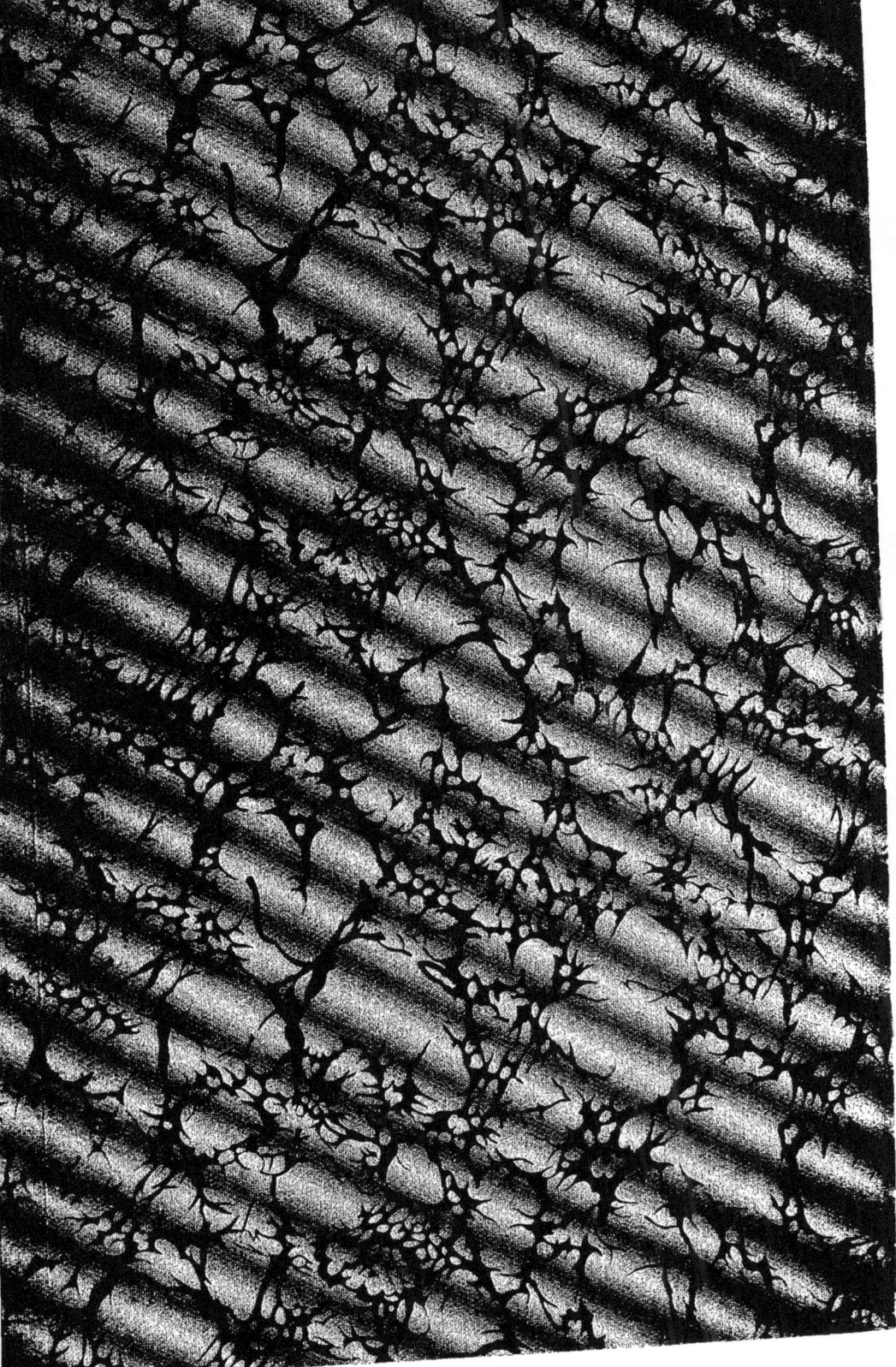

A. CHEVALIER

LES VOYAGEUSES

AU XIX₀ SIÈCLE

ILLUSTRÉ DE 43 GRAVURES SUR BOIS

TOURS

ALFRED MAME ET FILS

ÉDITEURS

LES VOYAGEUSES

AU XIXᵉ SIÈCLE

2ᵉ SÉRIE IN-4°

PROPRIÉTÉ DES ÉDITEURS

Constantinople et le Bosphore. (P. 24.)

A. CHEVALIER

LES VOYAGEUSES
AU XIXᵉ SIÈCLE

ILLUSTRÉ DE 43 GRAVURES SUR BOIS

DEUXIÈME ÉDITION

TOURS

ALFRED MAME ET FILS, ÉDITEURS

M DCCC LXXXIX

LADY HESTER STANHOPE

Depuis quelques années, la facilité des communications, en supprimant la distance, a généralisé le goût et l'habitude des voyages. Ce qui eût été une expédition aventureuse est maintenant une promenade de vacances. Les femmes comme les hommes subissent cet entraînement : les plus délicates escaladent le mont Blanc, pénètrent dans les forêts de la Norvège, traversent le Pacifique pour visiter des îles éloignées, ou s'engagent dans le désert, soit qu'elles accompagnent leurs maris ou leurs frères, soit qu'elles entreprennent seules ces courses lointaines. Des récits de voyages écrits par des femmes paraissent chaque année ; mais en remontant le cours de notre siècle, ils se font de plus en plus rares, et quelques noms seuls demeurent, méritant, par le talent d'écrivain ou l'audace des voyages accomplis dans des conditions bien plus pénibles que de nos jours, le titre de voyageuse célèbre.

Parmi ces noms, le premier en date et une des figures les plus originales, sinon les plus sympathiques, qu'on puisse rencontrer, est lady Hester Stanhope.

Elle était née en 1776 et sortait de bonne race : son père était ce gentilhomme anglais, démocrate et pratique, qui inventa une ingénieuse presse d'imprimerie et effaça son écusson de son argenterie et de ses meubles ; sa mère était la fille du premier William Pitt, le « grand comte de Chatham ». Ce fut à Burton-Pynsent, château de son illustre aïeul, qu'Hester Stanhope passa ses premières années, manifestant cette hardiesse et cet amour de l'indépendance qui furent ses traits distinctifs, dressant et montant les chevaux les plus rétifs, et scandalisant la société à laquelle elle appartenait par son dédain du qu'en-dira-t-on. Elle tenait de ses parents une grande force de caractère, des facultés intellectuelles d'un ordre supérieur, et sans doute une bonne part de son excentricité. Une éducation très étendue développa ses facultés, et, lorsqu'elle devint une femme, ses jugements pénétrants sur les hommes et les choses la firent traiter avec respect dans les cercles politiques les plus élevés. Son oncle, le second Pitt, « le pilote de l'Angleterre à travers la tempête », selon l'expression poétique, quoiqu'il soit en réalité mort au moment où cette tempête était dans toute sa force, recherchait souvent les conseils d'Hester, qui était fière de les lui donner; car son admiration pour le célèbre homme d'État n'avait pas de bornes. Dans les derniers mois de sa vie, déjà frappé d'une maladie mortelle et succombant sous le poids des désastres politiques, il fut entouré des soins infatigables de sa nièce, et ce fut à elle qu'au lendemain de la bataille d'Austerlitz il adressa ce mot mémorable, si tragique dans sa brève expression de découragement : « Roulez cette carte (la carte d'Europe), d'ici à deux ans on n'en aura plus besoin. »

Après la mort de Pitt, lady Hester abandonna le monde brillant où elle était fêtée et admirée, quoique son esprit mordant et satirique lui eût fait peu d'amis, et quitta pour jamais l'Angleterre. La société ne put s'expliquer cette défection ; qu'une femme de haute naissance et en possession d'une opulente fortune renonçât volontairement aux avantages de sa situation était un problème insoluble pour des esprits ordinaires, et elle partagea avec lord Byron l'avantage de défrayer la curiosité et les suppositions du public. Sa singulière indépendance de pensée et de caractère l'avait déjà investie d'une fâcheuse réputation d'*excentricité,* et cette excentricité eut tout le bénéfice du parti qu'elle venait de prendre. Quelques personnes, pour lui donner un reflet romanesque, attribuèrent sa détermination à des sentiments secrets pour un jeune général anglais tombé sur un des champs de bataille de l'Espagne; d'autres, se rapprochant davantage de la vérité, n'y virent que le goût des aventures. Mais au fond le motif dominant était l'orgueil, un orgueil colossal, absorbant, que pouvaient seuls satisfaire le pouvoir et la première place. La mort de son oncle lui ôtait forcément toute influence dans les conseils des ministres, et la vie mondaine n'ouvrait pas un champ suffisant à sa surabondante activité. Elle avait un esprit trop énergique, une intelligence trop pénétrante pour estimer, si peu que ce fût, le pouvoir éphémère que donne la richesse ou la beauté; elle voulait régner, gouverner, dominer, et, les sphères politiques lui étant fermées, elle résolut de chercher ailleurs un coin du monde où elle serait souveraine. Cette ambition sans frein, cet orgueil sans limite, obscurcissent la grandeur réelle de son caractère, et diminuent

Arabes du désert.

l'intérêt que cette femme extraordinaire ne peut manquer d'exciter chez l'observateur.

Après avoir passé quelque temps dans les principales capitales de l'Europe, elle arriva à Athènes, où elle fit la connaissance de lord Byron. Dans son langage emphatique, Moore conte qu'un des premiers objets qui frappèrent les yeux des voyageurs (lady Stanhope et M. Bruce), en approchant des côtes de l'Attique, fut le grand poète « se jouant dans son élément favori, sous les rocs de Colone ». Ils furent quelques jours plus tard présentés les uns aux autres par lord Sligo, et ce fut à sa table, dans le cours de cette première entrevue, que lady Hester, avec cette vive éloquence qui la rendait remarquable, attaqua l'auteur de *Childe Harold* sur la médiocre opinion dans laquelle il affectait de tenir l'intelligence féminine.

Peu disposé, s'il l'avait pu, à soutenir une telle hérésie contre une adversaire qui en était par elle-même la plus irrésistible réfutation, lord Byron se réfugia dans l'assentiment et le silence, et, aux yeux d'une femme d'esprit, cette déférence de bon goût équivalant à une concession, ils devinrent dès lors les meilleurs amis du monde.

A Constantinople, où elle se rendit ensuite, lady Hester séjourna plusieurs années. La vie d'Orient avait beaucoup de charmes pour son imagination et flattait sa plus grande faiblesse; elle se plaisait à cette soumission passive à ses moindres ordres, à l'obéissance presque servile que les Orientaux témoignent à leurs maîtres, à ce contraste frappant entre l'ancienne et la nouvelle civilisation. Mais elle finit par se fatiguer de la cité dorée, trop voisine encore des idées européennes, et ne lui offrant pas ce trône solitaire et indépendant que rêvait son ambition insatiable. Elle résolut d'aller le chercher dans les plaines de la Syrie, et s'embarqua dans ce but sur un navire de commerce anglais qu'elle avait chargé de ses trésors, de pierreries d'une valeur immense, et d'une foule de coûteux présents destinés à lui valoir l'hommage et la soumission des tribus syriennes. Assailli par une violente tempête, le bâtiment se brisa contre un récif près de l'île de Rhodes. Les vagues dévorèrent les trésors de lady Hester; elle-même faillit périr, et demeura vingt-quatre heures sur une petite île déserte, sans nourriture et sans abri; des pêcheurs levantins l'y recueillirent et la conduisirent à Rhodes.

Ce malheur ne la découragea pas; elle retourna en Angleterre, y rassembla les débris de son immense fortune, vendit une partie de ses propriétés, acheta un autre vaisseau et repartit une seconde fois pour l'Orient. Rien ne troubla ce second voyage, et lady Hester débarqua sans encombre à Latakié, petit port de Syrie, entre Tripoli et Alexandrette. Elle loua une maison dans le voisinage et commença l'étude de l'arabe, tout en faisant activement les préparatifs de son voyage en Syrie.

Lorsqu'elle eut acquis une connaissance suffisante du langage, des coutumes et des mœurs de ces populations, lady Hester organisa une nombreuse caravane et commença par visiter toutes les parties de la Syrie. Elle s'arrêta successivement à Jérusalem, à Damas, à Alep, à Balbeck et à Palmyre, menant un train presque royal. Sa majestueuse beauté ainsi que la splendeur dont elle s'entourait firent une telle impression sur les tribus d'Arabes errants, qu'ils la proclamèrent reine de Palmyre, et que tout Européen muni d'un sauf-conduit délivré par elle put dès lors circuler sans danger dans leur désert; mais à son retour elle faillit être enlevée par d'autres tribus arabes ennemies de celles qui lui avaient juré obéissance, et elle ne dut son salut qu'à la vitesse de ses chevaux.

Pendant quelques années, elle mena une vie errante comme ses nouveaux sujets, habitant tantôt Damas, tantôt quelque autre ville de la Syrie. Ses prétentions royales ne faisaient que croître à mesure que grandissait sa confiance dans leur succès; elle fixa enfin sa demeure dans une solitude presque inaccessible du mont Liban, près de Saïd, l'ancienne Sidon, où le pacha de Saint-Jean-d'Acre lui concéda les restes d'un couvent en ruines et le village de Djioun, habité par des Druses. Ce fut là qu'elle planta sa tente. Le couvent était une masse énorme et grisâtre de bâtiments irréguliers qui, par sa position ainsi que par la nudité triste et sévère de ses murailles, faisait l'effet d'une forteresse abandonnée; c'était jadis un grand monastère, et, comme tous ceux de la contrée, il avait été construit de façon à soutenir au besoin l'assaut d'ennemis qui, dépourvus des moyens de faire un siège en règle, étaient en revanche fort capables d'un coup de main. Hester Stanhope construisit un nouveau mur d'enceinte et créa à l'intérieur un charmant jardin dans le goût turc, avec des kiosques, des fontaines jaillissantes, des bosquets d'orangers et de citronniers. Elle peupla cette résidence d'une nombreuse suite de drogmans européens ou arabes, de femmes, d'esclaves noirs et d'une garde albanaise. Elle y vécut comme une souveraine indépendante, ayant sa cour, son territoire, et, nous devons l'ajouter, son code de lois particulier; entretenant des relations politiques avec la Porte, avec Beschir, le célèbre émir du Liban, et avec les cheiks des tribus du désert. Elle exerçait sur ces derniers une singulière influence. M. Kinglake rapporte qu'elle entra en relation avec les Bédouins, en commençant par faire un présent de cinq cents livres anglaises, somme énorme en piastres, au chef dont l'autorité était reconnue entre Damas et Palmyre. « Le prestige créé par les vagues rumeurs de son rang très élevé, que personne ne pouvait au juste définir, ainsi que de son immense fortune et de sa magnificence, était soutenu par son caractère impérieux et son indomptable bravoure. »

Lady Hester, en causant avec ses visiteurs européens, racontait parfois quelques-unes des circonstances qui l'avaient aidée à acquérir cette influence presque égale à une souveraineté de fait.

Le Bédouin, si souvent engagé dans des guerres de tribu, fouille sans cesse l'horizon du regard pour y découvrir un ennemi, absolument comme le marin y cherche une voile. Faute de télescope, une vue perçante est un privilège estimé, et lady Hester possédait cette faculté. Dans une circonstance où l'on avait de bonnes raisons de craindre une brusque démonstration d'hostilité, un des Arabes créa une grande agitation dans le camp en déclarant qu'il était certain de distinguer des objets en mouvement au point le plus éloigné où le regard pouvait atteindre; lady Hester, consultée, assura immédiatement qu'elle voyait bien une troupe de chevaux, mais que ces chevaux étaient sans cavaliers, assertion qui se trouva exacte. De ce jour, la supériorité de sa vue fut chose indiscutable, et son influence s'en accrut.

Nous citerons une autre anecdote qui a le double avantage de mettre en lumière, non seulement la nature de lady Hester, mais celle des peuplades errantes qu'elle ambitionnait de gouverner. Un jour, dans une de ses marches avec les guerriers de la tribu, elle s'aperçut qu'ils se préparaient à un combat, et en demanda la raison. Après avoir cherché quelque temps à éluder ses questions, le cheik lui apprit qu'on leur avait déclaré la guerre à cause de leur alliance avec la princesse anglaise, et qu'ils s'attendaient à se voir attaqués par des forces supérieures; il lui laissa voir que sa présence était le seul sujet de discorde, et que, s'il n'avait pas regardé comme un devoir sacré de protéger l'étrangère devenue leur hôte, la querelle eût été aisément apaisée. Les circonstances données, un désastre terrible menaçait la tribu. La résolution de lady Hester fut aussitôt prise; elle ne pouvait exposer ses amis à une calamité qu'il était en son pouvoir de détourner. Elle continuerait seule sa route, se confiant en elle-même et en son habileté pour éviter ou vaincre le péril. Naturellement le cheik combattit cette détermination et lui avoua avec franchise que bien que, si elle les quittait, ils pussent sur-le-champ conclure des arrangements pacifiques, ils ne pourraient obtenir qu'elle y fût comprise, et que les cavaliers de l'ennemi battraient le désert de façon à lui rendre impossible de passer dans une autre région. La crainte du danger ne put cependant émouvoir l'âme calme et courageuse de lady Hester. Elle dit adieu à la tribu, tourna dans la direction opposée la tête de son cheval, et s'éloigna seule dans la plaine. Les heures se passèrent : elle continuait sa route sous un soleil brûlant, à travers les solitudes de sable. Soudain ses yeux perçants discernèrent au loin des cavaliers ; ils s'approchaient de plus en plus, venant évidemment droit à elle ; bientôt elle se vit chargée par deux ou trois cents Bédouins armés, qui poussaient des cris farouches et brandissaient leurs lances altérées de son sang. Son visage à ce moment était, selon la coutume des femmes orientales, voilé par son *yashmack ;* mais à l'instant même où les lances des premiers cavaliers étincelaient autour de la tête de son cheval, elle se dressa sur ses étriers de toute sa hauteur, rejeta

Cèdres du Liban.

le yashmack qui cachait sa figure majestueuse, fit lentement avec le bras un geste de dédain, et cria d'une voix retentissante : « Arrière ! »

Les cavaliers reculèrent devant ce regard ; mais ce n'était pas sous l'empire de la terreur. Les hurlements menaçants des agresseurs se changèrent tout à coup en acclamations de joie et de respect, saluant la bravoure de la belle Anglaise, et ils déchargèrent leurs fusils en l'air de tous côtés en son honneur. En réalité, cette troupe appartenait à la tribu avec laquelle elle avait conclu alliance, et la feinte attaque comme la prétendue crainte d'un combat avaient été une ruse pour éprouver son courage. La journée se termina par une grande fête pour célébrer l'héroïne, et dès lors son pouvoir sur l'esprit de ces populations ne fit que grandir [1].

[1] Kinglake, *Eothen.*

Ce fut probablement la plus heureuse période de sa carrière, celle du moins où le succès couronna ses désirs. Son ambition se sentait satisfaite : elle était une puissance; son orgueil ne connaissait pas de blessure, sa volonté pas d'obstacles. Mais peu à peu des nuages s'amassèrent à l'horizon; ses sujets, en admettant qu'ils eussent jamais été ses sujets, s'irritèrent d'une domination qui ne remplaçait pas pour eux le gouvernement guerrier qu'ils auraient rêvé. Ses immenses dépenses entamèrent sa fortune, dont la diminution l'obligea à restreindre les présents qu'elle avait jusque-là prodigués d'une main trop libérale. Elle finit par s'apercevoir que son autorité reposait sur le sable. Pendant ce temps, la plupart des serviteurs qu'elle avait emmenés d'Europe étaient morts; les autres retournèrent dans leur pays natal. Elle demeura presque seule dans sa retraite du Liban, ne gardant que l'ombre de son ancienne puissance. Cette sensation d'échec dut être très amère; mais elle la supporta avec son orgueil accoutumé, et elle sut se garder de l'avouer ou de se plaindre. Sans accorder un regret au passé, elle affronta d'un visage calme le malheur et l'ingratitude, soutenant aussi hardiment leurs assauts que celui des Bédouins dans le désert. Elle ne fléchit ni devant la vieillesse qui la gagnait lentement, ni devant l'abandon des lâches ingrats qui avaient si largement profité de sa libéralité. Seule elle vécut, au sein de ces grandes montagnes dont les sommets entouraient sa demeure isolée, sans livres, sans amis, servie seulement par quelques jeunes négresses, quelques esclaves et une poignée d'Arabes qui cultivaient son jardin et veillaient sur sa personne. Cependant l'amour du pouvoir était encore si puissant au dedans d'elle, qu'elle chercha à remplacer par une autorité spirituelle l'autorité politique qui lui échappait. Son énergie et son extraordinaire force de caractère trouvèrent leur expression dans un système religieux où l'*illuminisme* de l'Europe se confondait, dans un singulier mélange, avec les subtilités des croyances orientales et les mystères de l'astrologie du moyen âge. On ignore jusqu'à quels égarements d'esprit ces idées la portèrent, mais il n'est pas douteux qu'elle ne se crût parfois investie d'une puissance surnaturelle.

De temps à autre, un visiteur venait distraire sa solitude et y apporter un écho du monde de l'Occident; il fallait pour cela obtenir sa permission spéciale; mais, si ce visiteur lui était sympathique, il réussissait alors à triompher de la muette réserve dont elle s'enveloppait, et ses confidences avaient toujours un vif intérêt.

M. de Lamartine, pendant son voyage en Orient, fut ainsi reçu par elle en 1832, quand elle était déjà au seuil de la vieillesse. Il a donné un récit tout poétique de cette entrevue. Il était trois heures de l'après-midi quand on vint l'avertir que lady Hester consentait à le recevoir. Quittant aussitôt Beyrouth, il atteignit le lendemain vers midi, après une longue course à cheval dans la montagne, coupée seulement de quelques heures de repos, le lieu sauvage où s'élevait la demeure de lady Hester. On l'introduisit avec ses compagnons dans de petites chambres nues, où ils dormirent en attendant que l'hôtesse invisible voulût bien se montrer. Au bout de plusieurs heures on vint réveiller Lamartine, et on le conduisit à travers une cour, un jardin, un kiosque à jour tapissé de jasmin et deux ou trois corridors sombres, jusqu'au cabinet de la mystérieuse maîtresse du logis. Une obscurité si profonde y régnait, qu'il eut d'abord peine à distinguer les traits graves, doux et majestueux de la femme en costume oriental qui se leva du divan et vint lui tendre la main. Elle lui parut avoir cinquante ans; en réalité elle en avait cinquante-six, et elle était encore belle, belle de cette beauté qui est dans la force même, dans la pureté des traits, dans la dignité, l'intelligence qui irradie la physionomie. Elle avait sur la tête un turban blanc d'où pendait une bande de laine pourpre lui couvrant le front et flottant sur ses épaules; un long châle de cachemire jaune, une ample robe turque en soie blanche, aux larges manches, l'enveloppaient de leurs plis, de sorte qu'on ne faisait qu'entrevoir, par l'ouverture de cette première robe, sur la poitrine un second vêtement en étoffe persane, rattachée à la gorge par une agrafe de perles; des bottines turques en maroquin jaune brodé de soie achevaient son costume, qu'elle portait avec une grâce royale.

« Vous êtes venu de bien loin, dit-elle à Lamartine, pour voir une ermite; soyez le bienvenu. Je reçois peu d'étrangers, un ou deux à peine par année; mais votre lettre m'a plu, et j'ai désiré connaître une personne qui aimait, comme moi, Dieu, la nature et la solitude. Quelque chose d'ailleurs me disait que nos étoiles étaient amies, et que nous nous conviendrions mutuellement. Asseyons-nous et causons. Nous sommes déjà amis. »

Dans une longue conversation à laquelle l'imagination de Lamartine a peut-être ajouté quelques traits en nous la rapportant, elle l'entretint de ses idées mystiques et de sa croyance au pouvoir des astres. Elle ne le laissa aller qu'à l'heure du dîner préparé pour ses hôtes, et auquel elle-même ne parut pas; elle était fort sobre et se contentait de pain et de quelques fruits. Aussitôt après elle fit rappeler Lamartine, qui la trouva en train de fumer une longue pipe orientale; elle lui en fit apporter une. Accoutumé à voir les femmes les plus élégantes de l'Orient se livrer à cette occupation, il ne fut ni surpris ni choqué de l'attitude gracieuse et nonchalante de lady Hester, ni des légers nuages de fumée odorante qui s'échappaient de ses belles lèvres. Ils revinrent longuement sur le sujet favori, « le thème unique et mystérieux de cette femme extraordinaire, magicienne moderne, rappelant tout à fait les magiciennes fameuses de l'antiquité, Circé des déserts. Il me parut que les doctrines de lady Hester étaient un mélange habile, quoique confus, des différentes religions au milieu desquelles elle s'est condamnée à vivre : mystérieuse comme les Druses, dont seule peut-être au monde elle connaît le secret mystique; résignée comme le musulman, et fataliste comme lui; avec le juif attendant un Messie, et avec le chrétien professant l'adoration du Christ et la pratique de sa charitable morale. Ajoutez à cela les couleurs fantastiques et les rêves surnaturels d'une imagination teinte d'Orient et échauffée par la solitude et les méditations, quelques révélations peut-être des astrologues arabes... Mais cette femme n'est point folle. La folie n'est point écrite dans son beau et droit regard; la folie ne s'aperçoit nullement dans la conversation élevée, nuageuse, mais soutenue, liée, enchaînée et forte de lady Hester... La puissante admiration que son génie a excité et excite encore parmi les populations arabes qui entourent les montagnes prouve assez que cette prétendue folie n'est qu'un moyen. Aux hommes de cette terre de prodiges, à ces hommes de rochers et de déserts, dont l'imagination est plus colorée et plus brumeuse que l'horizon de leurs sables et de leurs mers, il faut la parole de Mahomet ou de lady Hester Stanhope, il faut le commerce des astres, les prophéties, les miracles, la seconde vue du génie [1]. »

Elle voulut montrer elle-même son jardin au poète, dont le nom, déjà célèbre, n'avait pas encore pénétré dans sa solitude, trop éloignée des bruits du monde.

« Des treilles sombres, dont les voûtes de verdure portaient, comme des milliers de lustres, les raisins étincelants de la terre

---

[1] Lamartine, *Voyage en Orient*.

promise; des kiosques, où les arabesques sculptées s'entrelaçaient au jasmin et aux plantes grimpantes; des bassins où une eau, artificielle, il est vrai, venait d'une lieue de loin murmurer et jaillir dans les jets d'eau de marbre; des allées jalonnées de tous les arbres fruitiers de l'Angleterre, de l'Europe, de ces beaux climats; des pelouses vertes, semées d'arbustes en fleur, et des compartiments de

Intérieur oriental.

marbre entourant des gerbes de fleurs nouvelles pour mes yeux : voilà ce jardin. »

Quelques années plus tard, le brillant auteur d'*Eothen,* A.-W. Kinglake, pendant son voyage en Orient, se dirigea vers la demeure de lady Hester. Elle avait eu jadis sa mère pour amie; il ne lui fut pas difficile, en évoquant ce souvenir, de s'en faire ouvrir les portes.

Dans la première cour, un groupe de farouches soldats albanais, mal vêtus, sommeillaient paresseusement sur les dalles; deux d'entre eux fumaient leurs chibouques. M. Kinglake pénétra à l'intérieur du bâtiment, descendit de cheval et passa sous une arcade qui le conduisit d'une cour ouverte dans l'un des appartements du rez-de-chaussée. Il y fut reçu par le médecin de lady Hester, qui lui transmit de sa part une invitation à se reposer et à se remettre des fatigues du trajet en prenant quelques rafraîchissements. Après le repas, dont les mets étaient préparés à l'orientale, mais accompagnés de vin du Liban, le visiteur fut conduit dans la petite chambre où se tenait l'ancienne « reine de Palmyre ». Elle se leva cérémonieusement, lui dit quelques paroles de bienvenue, lui désigna une chaise droit en face de son divan, à une certaine distance, et resta debout, parfaitement immobile, le dominant de sa taille majestueuse, jusqu'à ce qu'il eût pris la place indiquée. Alors elle se replaça sur son divan, mais non à la manière orientale; ses pieds reposaient sur un tabouret, et elle avait les genoux couverts d'une masse de draperies blanches.

La femme que le jeune voyageur avait ainsi devant lui réalisait absolument l'image d'une prophétesse, « non pas, il est vrai, de la sibylle divine rêvée par le Dominiquin, mais d'une bonne prophétesse pratique, habituée aux affaires du métier ». Ses grands traits impérieux rappelèrent à Kinglake son grand-père, le fameux ministre; son visage était d'une surprenante blancheur; elle portait un énorme turban, composé de châles de cachemire de teintes très pâles, et arrangé de façon à cacher les cheveux; son costume, depuis le menton jusqu'à l'endroit où il disparaissait sous la draperie des genoux, était une espèce de surplis d'un blanc de neige aux plis accumulés. Telle apparaissait lady Hester Stanhope, la petite-fille de lord Chatham, la conseillère de Pitt, la reine de Palmyre, la prophétesse du Liban, celle qui dans sa vie avait joué tant de rôles, mais avait toujours lâché les rênes à sa passion dominante : l'orgueil.

Le moraliste qui, en s'étendant sur les effets désastreux de ce vice, aurait besoin d'un exemple, ne pourrait en choisir de plus frappant que la vie d'Hester Stanhope.

Deux esclaves noirs apparurent au signal qu'elle donna, et placèrent devant leur maîtresse des chibouques allumées et des tasses de café. « La coutume d'Orient autorise et prescrit même quelques moments de silence pendant que vous aspirez les premières bouffées parfumées. Lady Hester le rompit la première en m'adressant des questions sur ma mère et particulièrement sur son mariage; mais, avant que je lui eusse donné beaucoup de détails de famille, l'étincelle prophétique s'alluma au dedans d'elle, et bientôt elle écarta le sujet de mon cher Somersetshire, quoiqu'elle le fît avec tout le tact d'une femme du monde, et lança notre conversation dans d'autres régions. Pendant des heures et des heures, cette étrange Dame blanche n'interrompit pas ses discours, qui le plus souvent traitaient de tous les mystères sacrés et profanes; mais de temps à autre elle s'arrêtait dans son vol et redescendait vers la terre [1]. »

Son jeune intellectuel n'était pas moins sévère que ses austérités physiques. Elle ne jetait jamais les yeux sur un livre ou sur un journal, mais demandait toute sa science aux astres, et ses nuits se passaient en entretiens silencieux avec ces muets mais éloquents conseillers; elle dormait pendant le jour. Elle parlait avec dédain de la frivolité et de l'ignorance des Européens, qui n'entendent rien, non seulement à l'astrologie, mais aux plus simples phénomènes de l'art magique.

« A ce sujet, dit Kinglake, elle me raconta une histoire dont la conclusion tournait un peu contre elle et contre ses prétentions à posséder un pouvoir d'ordre supérieur. Elle me dit que d'immenses trésors étaient cachés, on le savait, dans un lieu qui, si je ne me trompe, d'après ses indications, devait être situé dans le voisinage de Suez; que Napoléon, avec sa bravoure toute profane, tenta de plonger son bras dans la caverne qui contenait l'or convoité, et que ce bras fut aussitôt frappé de paralysie. Sans se laisser effrayer cependant, il eut recours à ses ressources ordinaires et voulut forcer l'entrée du lieu magique avec son artillerie; mais l'homme ne peut lutter contre les démons, et le vainqueur de l'Égypte fut repoussé. Bien des années plus tard vint Ibrahim-Pacha, avec des armes et aussi avec de puissants secrets magiques; mais les gardiens infernaux du trésor furent plus forts que lui. Enfin lady Hester passa en ce lieu, et elle me décrivait, en accompagnant ses paroles de gestes pleins d'animation, comment la baguette divinatoire qu'elle tenait avait bondi violemment hors de ses mains dès qu'elle s'était approchée du caveau. Elle ordonna des fouilles, et nul démon n'osa s'opposer à son entreprise. Le vaste coffre qui avait renfermé le trésor fut enfin découvert; mais il se trouva plein de cailloux! Cet étrange récit peut donner une idée des croyances superstitieuses des Arabes au milieu desquels vivait lady Hester; elle n'avait pu échapper à cette contagion, malgré son esprit supérieur, car elle ne parlait

---

[1] Kinglake, *Eothen*.

presque jamais qu'à de vieux derviches qui recevaient ses aumônes et entretenaient ses idées extravagantes. »

Son médecin a donné quelques curieux détails sur sa manière de vivre pendant ses dernières années. Elle ne se levait qu'entre deux et cinq heures de l'après-midi, et ne se couchait guère qu'à l'heure correspondante, au milieu de la nuit. Elle ne commençait sa journée qu'au coucher du soleil; mais ses serviteurs ne restaient pas oisifs; elle leur traçait leur tâche la veille. Cette première occupation achevée, elle écrivait des lettres et se plongeait dans des conversations sans fin, qui semblent avoir été son seul, ou du moins son principal plaisir. Elle manifestait une répugnance naturelle chez une personne de son tempérament à mettre fin à sa journée en allant se livrer au sommeil. Son lit était presque celui d'un soldat : quelques planches clouées sur des tréteaux bas et recouvertes d'un unique matelas, quelques oreillers de soie et deux ou trois couvertures de laine le composaient. Mais elle avait pour habitude de ne jamais le trouver fait à son goût, et ses servantes étaient obligées chaque soir de le refaire en sa présence. Lorsque enfin elle était couchée, vêtue pour la nuit d'une veste blanche ouatée, d'une courte pelisse avec un turban sur la tête, un châle et un voile de laine attaché sous le menton comme pendant le jour, attirail avec lequel il semble difficile qu'elle pût dormir à l'aise, on allumait les lampes pour toute la nuit, et une de ses femmes se couchait tout habillée sur un matelas étendu sur le plancher. Personne du reste dans la maison de lady Hester ne pouvait jouir d'un instant de repos; sa sonnette se faisait entendre sans interruption, réveillant les malheureuses servantes, qui accouraient pour exécuter des ordres oubliés aussitôt que donnés.

Sa chambre était simple, à peine différente de celle de nos paysans. Dans deux niches profondes étaient amoncelés des objets de toute sorte avec un désordre absolu. Elle ne possédait ni montre ni horloge, et quand son médecin lui demandait pourquoi elle n'avait jamais acheté une chose aussi nécessaire à l'ordre et à la régularité d'une maison, elle répondait : « Parce que je ne puis supporter rien qui soit contre nature; le soleil est pour le jour, la lune et les étoiles pour la nuit; c'est par eux que j'aime à mesurer le temps. »

Tels étaient l'étrange intérieur et l'existence plus étrange encore de la petite-fille de lord Chatham. Il est impossible de ne pas déplorer l'obstination et l'égoïsme exagérés qui avaient amené à une telle situation une femme dont la puissante intelligence aurait pu être appliquée au bien de ses semblables. Il est impossible de ne pas se dire que sa vie fut une vie manquée et inutile.

Après sa mort, le major Élias Warburton fit une visite à ce lieu qu'elle avait habité si longtemps. Il décrit les bâtiments qui composaient le palais à peu près comme Lamartine; l'ensemble lui en parut irrégulier et confus, couvrant un vaste espace, mais n'ayant qu'un étage de haut. Des herbes folles grimpaient le long des portails ouverts; un rideau de roses et de jasmin barrait l'entrée de la cour intérieure, où les fleurs ne s'épanouissaient plus et où les fontaines avaient cessé de jaillir dans leurs bassins de marbre. A la tombée de la nuit, les hommes de l'escorte du major allumèrent leurs feux de veille, dont la lueur rougeâtre éclairait d'une manière étrange les massifs d'aubépine et de chèvrefeuille, les murs blancs et dégradés, et les arbres sombres que le vent agitait au-dessus d'eux. Ce tableau était complété par le groupe de sauvages montagnards, aux longues barbes et aux habits éclatants, qui se pressaient autour de la flamme joyeuse. Le lendemain, le major Warburton explora les jardins. « Tonnelles et treilles brisées s'effondraient sous des masses luxuriantes de fleurs, montrant quels avaient été jadis les soins prodigués à cette belle et sauvage retraite; un kiosque, entouré d'un parterre de rosiers qui poussaient maintenant à leur guise, s'élevait au milieu d'un bosquet de myrtes et de lauriers. C'était, pendant sa vie, le coin favori de lady Hester, et c'est dans cette silencieuse enceinte qu'elle repose paisible, après le fiévreux rêve de l'existence. »

Il est pénible de penser au lamentable abandon dans lequel elle mourut. M. Moore, le consul anglais de Beyrouth, ayant appris sa maladie, traversa les montagnes pour venir la visiter, accompagné d'un missionnaire américain, M. Thompson. Ils arrivèrent à la nuit; le silence régnait dans le palais; personne ne vint au-devant d'eux. Ils allumèrent eux-mêmes leurs lampes dans la cour extérieure et atteignirent, sans rencontrer un seul serviteur dans les cours ni les galeries, la chambre où ils la trouvèrent... morte. Un cadavre était l'unique habitant du palais, et cet éloignement de ses semblables, qu'elle avait cherché, était cette fois absolu. Le matin même, trente-sept domestiques obéissaient à son moindre coup d'œil; mais aussitôt que la mort eut fermé ces yeux dont ils redoutaient le regard, chacun s'enfuit avec sa part de pillage. Une petite fille, qu'elle avait élevée et adoptée, prit des bijoux et quelques papiers auxquels sa maîtresse attachait une valeur particulière, et disparut sans qu'on la revît jamais. Il ne resta rien dans la chambre, excepté les objets précieux qu'elle avait sur sa personne; à ceux-là, nul n'osa toucher; elle leur imposait même dans la mort. A minuit, son compatriote et le missionnaire la portèrent à la lueur des torches dans le jardin qu'elle aimait, et ce fut là qu'ils creusèrent la tombe de cette exilée volontaire.

MADAME HOMMAIRE DE HELL

Mme Hommaire de Hell s'est acquis une juste renommée, non seulement comme voyageuse infatigable, mais en servant de collaborateur et de secrétaire à son mari dans ses travaux scientifiques [1]. Ses essais poétiques, quoiqu'ils ne soient pas dépourvus de mérite, sont tombés dans l'oubli auquel n'échappent que les génies supérieurs; mais sa vie et son caractère méritent d'attirer l'attention.

Elle était née en Artois en 1819, et perdit sa mère de bonne heure; la tendresse vigilante d'une sœur aînée suppléa à cette perte. Son père était un de ces hommes sur lesquels semble s'acharner une mauvaise chance; il avait en outre un besoin perpétuel de changement qui lui faisait, sans motifs valables, déplacer continuellement sa résidence. Avant l'âge de sept ans, la petite Adèle avait déjà été transplantée de Franche-Comté en Bourbonnais, en Auvergne, et enfin à Paris, où elle fit son éducation dans un pensionnat. La mort de son père la replaça sous la tutelle de sa sœur, établie à Saint-Étienne. Peu de temps après son arrivée dans cette vile, elle eut l'occasion de rencontrer Xavier Hommaire de Hell, jeune ingénieur de l'École des mines, qui depuis est devenu un géologue célèbre. Quoique Adèle n'eût que quinze ans et qu'elle fût sans fortune, il n'eut pas un instant de repos qu'il n'eût obtenu de ses propres parents l'autorisation de l'épouser. Il était fort jeune lui-même (né en 1812)

---

[1] Mme H. de Hell, *Voyage dans les steppes de la mer Caspienne.* (Hachette.)

et tout à fait à l'entrée de sa carrière. Pour subvenir aux besoins de son ménage, M. de Hell obtint un poste dans une administration de chemin de fer, mais temporairement, car il était déjà résolu à chercher la renommée et la fortune à l'étranger. Il mit tant d'énergie dans ses démarches, que, dès la première année de son mariage (1833), il était engagé comme ingénieur par le gouvernement turc. Sa femme, qui venait d'avoir un enfant, ne put l'accompagner; la séparation fut douloureuse; mais tous les deux savaient que pour le moment il n'avait en France aucune chance de succès, et tous les deux avaient résolu que la séparation ne serait pas longue. En effet, avant un an écoulé, Mme de Hell, son enfant dans les bras, partait pour rejoindre son mari.

Ce séjour en Orient commença à développer ses facultés poétiques. Elle avait toujours été très sensible aux beautés de la nature, au charme des vers, à l'émotion des hautes pensées; mais elle n'avait jamais cherché à définir ni à formuler ses impressions. Les côtes et les îles de la Méditerranée avec leurs innombrables merveilles et leurs souvenirs historiques firent, pour ainsi dire, éclore son talent. Sous l'empire de ces émotions, elle s'essaya pour la première fois à revêtir ses pensées du rythme et de l'harmonie des vers. Il n'est pas difficile de s'imaginer quel effet devaient nécessairement produire sur une âme impressionnable et une imagination vive le panorama aux tons si riches des îles de la Grèce, et ce splendide coup d'œil de Constantinople et de la Corne d'or. Pendant quelque temps, elle nous le dit elle-même, elle vécut dans une sorte d'enivrement moral et intellectuel; il lui semblait être transportée dans un monde idéal qui l'étonnait tout en la ravissant.

La peste décimait alors les malheureuses populations musulmanes; mais ce fléau ne terrifiait pas nos enthousiastes voyageurs. Comme s'ils se savaient protégés par une influence magique, ils circulaient sans crainte, visitant tout ce qu'il y avait de curieux, et, malgré cela, incapables de satisfaire cette soif d'admiration qu'excitait la splendide nature dont ils étaient environnés. L'active imagination de Mme de Hell était vivement frappée des aspects pittoresques de la vie orientale, de son éclat de couleur, de ses formes gracieuses, si différents des banales réalités de l'Occident. Il lui semblait vivre au temps des califes, en pleines *Mille et une Nuits,* être contemporaine, par exemple, du juste Aroun-al-Raschid, quand elle voyait passer devant elle ces foules bigarrées où se mêlaient des Grecs aux bonnets pointus, des jongleurs indous souples et agiles, des femmes étroitement voilées, escortées d'esclaves noirs, des mendiants à barbe grise qui ressemblaient à des princes déguisés, et des Arméniens drapés dans leurs longs manteaux garnis de fourrures. Elle était ravie d'explorer, accompagnée de son mari, les recoins muets des rues montueuses et presque désertes des quartiers les moins fréquentés de Stamboul, où une fenêtre grillée ou bien une porte entr'ouverte lui inspirait tout un roman, ou la faisait rêver de palais merveilleux. A l'époque où Mme de Hell visita l'Orient, il était regardé comme dangereux pour les Européens de se montrer dans les rues de Constantinople, et ils ne sortaient pas des faubourgs de Péra et de Galata, exclusivement réservés à la population chrétienne, et séparés de la ville musulmane par le bras de mer connu sous le nom de Corne d'or. Et comme dans ces temps-là les touristes étaient rares, la présence d'un *giaour* dans le quartier mahométan devenait un événement extraordinaire. Quiconque aurait rencontré ce jeune ménage dont le regard curieux fouillait partout pour faire quelque nouvelle découverte, et qui s'égarait au hasard comme deux écoliers en rupture de classe, ne se serait certes pas douté qu'une terrible épidémie ravageait la ville, et sévissait le plus cruellement dans ces quartiers qu'ils choisissaient pour terrain d'exploration. Mais le danger de la contagion était moins grand peut-être que celui auquel ils s'exposaient en pénétrant sur le territoire sacré de l'Islam. Cependant la Providence les protégea, et leurs allures franches et insouciantes désarmèrent le fanatisme, car ils ne s'attirèrent ni insultes ni molestations.

Comme M. et Mme de Hell résidèrent plus d'un an à Constantinople; il est inutile d'ajouter que ce séjour suffit pour dissiper les illusions dont ils s'étaient plu à revêtir tout ce qui les entourait. Ces visions féeriques s'évanouirent, et à leur place ils virent les grossières réalités de l'ignorance, du fanatisme et des abus de tout genre; ils découvrirent que l'ordre et la liberté de l'Occident sont infiniment préférables à l'originalité pittoresque de la vie d'Orient. En 1838, ils partirent pour Odessa, où M. de Hell espérait obtenir une position digne de ses talents. Tout l'avenir du jeune couple reposait sur une lettre de recommandation pour le général Potier, qui les accueillit très cordialement. Le général, qui possédait dans les environs d'Odessa une vaste propriété où il se livrait à l'élevage d'une race fameuse de moutons mérinos, avait formé le projet d'élever des moulins sur le Dniéper. Il lui fallait un ingénieur; il accepta aussitôt M. Hommaire de Hell, l'emmena dans sa propriété de Kherson et le mit à l'œuvre. Pendant qu'il exécutait ce travail, M. de Hell conçut l'idée d'une exploration scientifique du bassin de la mer Caspienne, fort peu connue alors des géographes; et cette idée s'empara si fortement de son esprit, que quelques mois plus tard il renonça à sa position pour la réaliser. Dans une de ses excursions aux cataractes du Dniéper, où devaient s'élever les moulins, ses connaissances géologiques lui firent découvrir une riche mine de fer qui a été depuis exploitée avec succès.

« Cette période de ma vie, écrivait plus tard Mme de Hell, passée au milieu des steppes, loin de toutes les villes, m'apparaît à présent sous un jour si calme, si doux et si serein, que le moindre incident qui m'en fait souvenir m'émeut profondément. Rien que pour revoir la côte où nous passions des jours entiers à chercher des coquilles, rien que pour entendre le son des grandes vagues roulant sur le sable et les algues, rien que pour retrouver une seule des impressions de cette époque heureuse, je referais volontiers le voyage. »

M. de Hell fit, pendant l'hiver de 1838, des préparatifs considérables pour sa grande expédition scientifique, et, ayant obtenu du comte Worontzow, gouverneur de la Russie méridionale, des lettres pressantes de recommandation pour les fonctionnaires de toutes les provinces qu'il aurait à traverser, il partit avec sa femme au mois de mai 1839, accompagné d'un Cosaque et d'un excellent drogman qui parlait tous les dialectes de ces contrées. Ce n'était pas sans peine que Mme de Hell avait triomphé des hésitations de son mari à lui faire partager les fatigues de cet aventureux voyage, et elle en éprouvait une joie facile à comprendre, surtout chez une femme de vingt ans. « Tous les récits des voyageurs célèbres me revenaient à l'esprit, et je me répétais avec un certain orgueil que moi, une femme, une Parisienne, j'allais à mon tour explorer de lointaines contrées... Chose bizarre! prouvant bien ma vocation voyageuse, tout ce qui aurait épouvanté la plupart des femmes était précisément ce qui me charmait le plus dans la perspective de ce voyage, et l'énumération que me faisait mon mari des fatigues extrêmes, des privations, voire des dangers que nous aurions à essuyer, n'avait d'autre résultat que d'augmenter mon impatience de partir. »

Le début devait être encourageant, car jusqu'au Volga M. et Mme de Hell voyageaient en poste, à travers ces steppes que le printemps russe revêt d'un charme indéfinissable. Ils restaient encore au sein de la civilisation, soit qu'à Ekatérinoslaw ils retrouvassent les ruines du palais de la grande Catherine, et qu'à Taganrok ils allassent au bal chez le général Khersanof. Cependant il y avait aussi des incidents pittoresques : par exemple, l'hospitalité dans les paisibles colonies allemandes, formant comme des oasis dans le désert des steppes de la mer d'Azof; l'une d'elles, Sarepta, est habitée par des Frères

Cosaques des bords de la mer Caspienne.

moraves, qui y mènent une vie toute patriarcale. Mais c'était au bord du Volga que devait commencer le véritable voyage.

« Une ligne d'un blanc mat, que l'obscurité nous permettait à peine de distinguer, nous annonça la présence du fleuve. Nous le cotoyâmes pendant la nuit, l'apercevant de temps à autre à la pâle clarté des étoiles. Grand nombre de lumières brillaient le long de ses rives; c'étaient des lanternes de pêcheurs. Ces points lumineux, changeant à chaque instant de place, ressemblaient aux feux follets qui séduisent et trompent les voyageurs. Les campements des Kalmouks, masses noires qui semblaient glisser sur la surface du steppe; l'obscurité de la nuit, la rapidité avec laquelle notre *troïka* nous emportait à travers l'immensité de la plaine; la clochette de poste, dont le son aigu vibrait dans l'espace; et, bien au-dessus de tout cela, l'idée que nous étions dans le pays des Kalmouks, avaient produit en moi une excitation fébrile qui me tint constamment éveillée.

« Au point du jour, mes yeux se tournèrent ardemment vers le Volga, qui resplendit bientôt sous les teintes éclatantes du soleil levant. Avec quel sentiment d'enthousiasme et même d'orgueil j'envisageai alors ce beau fleuve, qui déroulait devant nous son cours tranquille et majestueux, ses méandres, et la multitude de ses îlots couverts d'aunes et de trembles, coupés de mille canaux! De l'autre côté du Volga s'étendaient à perte de vue les immenses steppes où campent les Khirghises, et dont la ligne, à l'horizon, était aussi unie que celle de l'Océan. Il eût été difficile d'imaginer un spectacle plus grandiose, plus en harmonie avec l'idée qu'éveille le Volga, auquel son cours de six cents lieues assigne le premier rang parmi les grandes rivières d'Europe. »

Assurément c'était tourner le dos à la monotonie de la vie quotidienne que de s'embarquer sur le Volga pour Astrakan, la belle ville perdue au milieu de tristes dunes de sable dont le moindre vent change l'aspect, et dont aucun bruit, aucun mouvement ne trouble la solitude, si ce n'est de temps à autre des troupes de chameaux venant s'abreuver au fleuve. Aussi quelle fut leur ravissement lorsqu'elle apparut tout d'un coup, avec ses églises, ses coupoles, ses forts en ruines! « Située dans une île du Volga, ses alentours ne sont pas, comme ceux des grandes cités, couverts de villages et de cultures; elle est seule, entourée de sable et d'eau, tout orgueilleuse de sa souveraineté sur ce beau fleuve, et du nom gracieux d'*Étoile du désert* dont l'a baptisée la poétique imagination des Orientaux. »

Ce qui refroidit leur enthousiasme fut la difficulté de s'y loger. Heureusement une charmante Polonaise leur ouvrit sa maison, et Mme de Hell saisit cette occasion pour remarquer qu'elle a toujours retrouvé chez les Polonais cette sympathie pour tout ce qui est français. Elle et son mari profitèrent de leur séjour pour aller rendre visite à un prince kalmouk qui habitait dans le voisinage.

« L'îlot qui appartient au prince Tumène se trouve complètement isolé au milieu du fleuve; à le voir de loin baigné par les vagues, on dirait un nid de verdure n'attendant qu'un souffle pour s'abandonner au cours rapide du Volga. A mesure qu'on avance, la plage se déroule, les arbres se groupent, le palais du prince laisse apercevoir une partie de sa blanche façade et les galeries à jour de ses tourelles. Tout paraît en relief, depuis la coupole de la mystérieuse pagode qu'on voit s'élever parmi les arbres, jusqu'à l'humble *kibitka*, resplendissant sous les teintes magiques du couchant. Ce paysage présentait un caractère calme, étrange et profondément mélancolique. C'était un monde nouveau que la fantaisie pouvait peupler à sa guise, une de ces îles mystérieuses qu'on rêve dans ses moments d'hallucination, une chose enfin comme on n'en retrouve pas deux fois sur ses pas de voyageur. »

La réception fut charmante, et Mme de Hell se plaignait presque de retrouver chez ce prince kalmouk le monde européen et la conversation française, dans cette luxueuse demeure qui rappelait par sa richesse les palais des nababs d'Asie. Cependant ce vieux prince Tumène, qui recevait si agréablement ses hôtes, s'était enfermé dans cette retraite à la suite d'amers chagrins, et s'y livrait aux pratiques les plus austères de la religion bouddhique. Le palais, construit dans le style chinois, était très bien situé sur la pente d'une colline, et dominait un massif d'arbres au milieu duquel s'élevait la coupole dorée d'une pagode dont le prince seul, avec les prêtres kalmouks les plus célèbres du pays, avait l'accès. De belles prairies, coupées de bouquets d'arbres, des champs bien cultivés, déployaient leur verdure à gauche du palais, et offraient une suite de tableaux variés, animés par le galop des cavaliers, les chameaux errants dans les riches pâturages, les officiers portant les ordres de leur chef aux nombreuses tentes groupées sur le bord de l'eau; le spectacle était aussi imposant qu'harmonieux dans son ensemble.

Mme de Hell reçut l'invitation d'aller visiter la belle-sœur du prince, qui, l'été, préférait le séjour de sa *kibitka* à celui du palais; cette princesse était, lui dit-on, très belle et très savante. Arrivée à la tente, Mme de Hell se vit introduite, en soulevant la portière, dans une pièce spacieuse, éclairée par en haut et tendue de damas rouge, dont le reflet jetait une teinte vive sur tous les objets; le sol était couvert d'un magnifique tapis turc et l'air chargé de parfums. Dans cette atmosphère rose et parfumée, la princesse était assise sur une estrade un peu basse, vêtue d'étoffes brillantes et immobile comme une idole; autour d'elle, une vingtaine de femmes en grande toilette se tenaient accroupies sur leurs talons. Après quelques minutes pour laisser à sa visiteuse le temps de l'admirer, la princesse descendit lentement les degrés, s'approcha avec dignité, lui prit la main, l'embrassa et la conduisit à la place qu'elle venait de quitter. « Une maîtresse de maison parisienne, dit Mme de Hell, n'eût pas agi avec plus de grâce. » Par l'intermédiaire d'un interprète arménien, elles entamèrent une conversation très animée, où la princesse déploya infiniment d'esprit et la curiosité la plus intelligente; puis elle donna l'ordre de commencer les danses. Une des dames d'honneur se leva alors et fit quelques pas en tournant lentement sur elle-même, tandis qu'une autre, restée assise, tirait des sons mélancoliques d'une *balalaïka* (espèce de guitare); les mouvements et les attitudes de sa compagne étaient du reste beaucoup plus une pantomime qu'une danse. Plusieurs fois la jeune fille étendit les bras et se mit à genoux comme pour invoquer un être invisible. Cette danse animée avait un caractère de tristesse profonde, dont Mme de Hell ne put démêler la signification.

La représentation dura assez longtemps pour lui permettre d'examiner la princesse et de reconnaître que sa réputation de beauté était méritée. Sa taille était imposante, et on en devinait l'élégance sous ses nombreux vêtements; une bouche fine, laissant apercevoir des dents de perle, une physionomie pleine de douceur, un teint un peu brun, mais d'une délicatesse exquise, l'auraient fait regarder, même en France, comme une très belle personne, si la coupe du visage et l'ensemble des traits, les yeux obliques, les pommettes saillantes, n'avaient pas rappelé un peu trop la race kalmouke. Sous sa robe, d'une précieuse étoffe persane toute galonnée d'argent, elle portait une tunique de soie ouverte par devant et descendant jusqu'aux genoux. Le corsage montant, tout à fait plat, étincelait d'une broderie d'argent et de perles fines. Autour du cou elle avait un fichu de batiste blanche, ressemblant assez aux cols de chemise d'hommes d'il y a quarante ans, et attaché par un bouton de diamant Ses magnifiques cheveux noirs retombaient sur sa poitrine en deux tresses épaisses; un bonnet jaune, bordé de belle fourrure et rappelant la forme des bonnets carrés de nos juges, était posé coquettement un peu en arrière de sa tête. Mais les deux articles de son costume qui surprirent le plus Mme de Hell furent un mouchoir de batiste brodé et une paire de mitaines noires, preuve évidente que les produits de l'industrie française se glissent jusque dans la toilette d'une dame kalmouke. Parmi les bijoux dont la princesse était chargée, il ne faut pas oublier une lourde chaîne d'or, tournée deux ou trois fois dans ses belles tresses, tombant de là sur sa poitrine et rattachée aux anneaux d'or qui ornaient ses oreilles. Les dames d'honneur avaient un costume analogue, moins opulent : « elles ne s'étaient pas émancipées jusqu'à porter des mitaines. »

La princesse permit même à sa fille et à son fils, un beau garçon de quinze ans, de danser à leur tour; et la danse des hommes parut à Mme de Hell beaucoup plus animée et plus intéressante que celle des femmes. Un concert et des rafraîchissements terminèrent la réception. En sortant, les invités se rendirent à l'endroit où étaient les chevaux en liberté; dès qu'on les aperçut, cinq ou six hommes à cheval s'élancèrent au milieu du *taboon* ou enceinte des chevaux, les yeux attachés sur le fils de la princesse, qui devait leur désigner l'animal qu'il fallait saisir. Sur un signal, ils enroulèrent leurs lassos autour d'un jeune cheval, à la crinière flottante, dont l'œil dilaté exprimait la terreur. Un kalmouk légèrement vêtu, qui suivait à pied, sauta sur le cheval, coupa les lacets qui garrottaient la bête furieuse, et engagea avec lui une lutte incroyable d'audace et d'agilité. Il était impossible d'imaginer un spectacle plus frappant. Parfois le cheval et le cavalier roulaient sur l'herbe, parfois ils fendaient l'air ainsi qu'une flèche, et s'arrêtaient brusquement comme si un mur se fût dressé entre eux. Tout d'un coup le cheval rampait sur le ventre ou se dressait de façon à arracher des cris d'effroi aux spectateurs; alors il partait d'une course folle à travers la troupe effarée, cherchant par tous les moyens possibles à se débarrasser de ce fardeau inaccoutumé.

Mais cet exercice, si violent et si périlleux qu'il paraisse aux Européens, n'était qu'un jeu pour le Kalmouk, dont le corps suivait tous les mouvements de l'animal avec tant de souplesse, qu'on eût pu croire que tous les deux ne faisaient qu'un. La sueur ruisselait des flancs de l'étalon, et il tremblait de tous ses membres. Quant au cavalier, son sang-froid aurait couvert de confusion les plus habiles écuyers d'Europe. Dans les moments les plus critiques, il trouvait encore le moyen d'agiter son bras en signe de triomphe, et maintenait toujours sa monture indomptée sous les yeux des spectateurs. Sur un nouveau signe du prince, deux cavaliers qui suivaient de près ce hardi centaure l'enlevèrent de la selle et l'emportèrent au galop; le cheval, rendu à la liberté, après un moment d'hésitation partit à toute vitesse pour se perdre au milieu des autres. Plusieurs cavaliers recommencèrent le même exercice, sans qu'un seul se laissât démonter; le dernier fut un enfant de dix ans, qui, comme les autres, n'ayant pour point d'appui que la crinière du cheval, montra autant d'intrépidité héroïque. C'est donc dès leur enfance que les Kalmouks se plaisent à dresser des chevaux sauvages, et les femmes même ne restent pas étrangères à cet amusement.

Un superbe dîner, mi-russe mi-français, fut présidé le soir par les deux princes Tumène; les vins de France, surtout le champagne, y furent prodigués; la princesse manifesta beaucoup de répugnance à prendre place à table : elle ne le fit que sur l'autorisation expresse de son beau-frère, auquel elle témoignait un profond respect. Après le repas, le prince permit à ses hôtes de visiter la mystérieuse pagode, remplie d'idoles monstrueuses et d'animaux fabuleux. En y entrant, ils furent accueillis par un épouvantable charivari. « Prêtres et musiciens, tous agenouillés, et ressemblant par leurs traits et leurs poses à des magots chinois, avaient des costumes de couleurs éclatantes, chargés de broderies d'or et d'argent, se composant d'une large tunique à manches ouvertes, et d'une espèce de camail à dents de loup. Quant à leur coiffure, elle avait assez d'analogie avec celle des anciens Péruviens, à cela près que les plumes étaient remplacées par des plaques d'argent couvertes de peintures religieuses; au centre de cette couronne se dressait en outre une espèce de houppe de soie noire, reliée de distance en distance, et partagée enfin en différentes tresses qui retombaient sur les épaules. Ce qui fit surtout l'objet de notre étonnement, ce furent les instruments de musique. A côté d'énormes timbales et du tam-tam chinois on voyait de grosses coquilles marines faisant fonction de cornets, et deux immenses tubes de cuivre de trois à quatre mètres de long, étayés par des supports. S'il y a complète absence de mesure, d'accord et de méthode dans la musique religieuse des Kalmouks, en revanche chacun fait le plus de bruit possible à sa manière et suivant la force de ses poumons. Le concert commença par un carillon de petites cloches d'un timbre argentin, puis vibrèrent bientôt les tam-tam et les cymbales, auxquels se mêla le glapissement aigu des coquilles, le tout couronné par les mugissements de deux grandes trompes, qui firent trembler toutes les voûtes du temple. Cette fois nous étions à des milliers de lieues de l'Europe, au cœur de l'Asie. »

Ce fut sans doute par amour des contrastes que, pour terminer la soirée, Mme de Hell organisa, avec les invités russes du prince, un bal improvisé; on découvrit un violon, une guitare et un flageolet, et la gaieté générale gagna même la princesse et sa fille, qui prirent part au galop avec un extrême plaisir. Cette journée faisait époque dans leur vie autant que dans celle de la Parisienne qui était venue les visiter.

Le portrait que Mme de Hell fait des Kalmouks est, somme toute, très favorable, et prouve qu'elle avait étudié de près leurs mœurs et les habitudes de leur vie journalière. Quant au physique, elle dit qu'ils ont les yeux obliques, les paupières peu ouvertes, des sourcils noirs très clairsemés, les pommettes saillantes, une forte dépression à la naissance du nez, la barbe et les moustaches rares, la peau d'un brun jaunâtre. Les lèvres des hommes sont épaisses et charnues; mais les femmes, surtout celles des classes élevées, ont des bouches en cœur d'un dessin exquis. Tous ont de grandes oreilles, très détachées de la

Voiture russe.

tête, et des cheveux invariablement noirs. Les Kalmouks sont en général petits, mais de tournure agile et bien prise. On voit chez eux peu de gens contrefaits, car, avec la sagesse de la nature, ils n'entravent en rien le développement de leurs enfants, et ne leur mettent même aucun vêtement jusqu'à ce qu'ils aient atteint l'âge de neuf ou dix ans. Dès qu'ils peuvent marcher, ils montent à cheval, et leur vigueur se développe par ces exercices, qui constituent le principal amusement des tribus.

Comme tous ceux qui vivent dans de vastes plaines, ils acquièrent une vue très perçante. Une heure après le coucher du soleil, ils peuvent apercevoir un chameau à une distance de plus d'une lieue. Mme de Hell nous dit que souvent, alors qu'elle ne voyait qu'un point à l'horizon, ils distinguaient nettement un cavalier armé d'une lance et d'un fusil. Ils ont aussi un talent extraordinaire pour retrouver leur route dans ce désert du steppe, où nul sentier n'est tracé. Ils font ainsi des centaines de kilomètres avec leurs troupeaux, sans jamais dévier de leur route, qui cependant ne leur est indiquée par aucun jalon apparent.

Le costume du peuple n'a rien de très particulier, sauf le bonnet, qui est toujours de drap jaune, doublé de peau d'agneau noir, et semblable pour les deux sexes. Mme de Hell penche à croire qu'ils y attachent quelque idée superstitieuse, par suite des difficultés qu'elle éprouva à s'en procurer un. Ils ont de larges pantalons, et les plus riches portent deux longues tuniques, dont une est attachée autour de la taille; mais l'habit du vulgaire ne consiste qu'en une veste de peau aux manches étroites. Les hommes se rasent une partie de la tête; le reste de leurs cheveux est rassemblé de façon à former une queue qui leur pend sur les épaules. Les femmes portent des tresses, seul détail de leur toilette qui la distingue de celle de leurs maris. Les princes ont adopté le costume circassien, ou l'uniforme des cosaques d'Astrakhan, corps auquel plusieurs d'entre eux appartiennent. La chaussure ordinaire consiste en des bottes rouges à talons très élevés, bottes en général trop courtes, les Kalmouks ayant pour les petits pieds la même partialité que les Chinois. Comme ils sont toujours à cheval, ce défaut de leur chaussure n'est pas pour eux un grand inconvénient; mais, par contre, ils sont très mauvais marcheurs, et fort embarrassés quand ils n'ont pas de monture.

Comme toutes les peuplades pastorales, les Kalmouks mènent une vie très frugale; ils ont peu de besoins, et leur existence nomade ne favorise pas chez eux le développement du luxe. Ils se nourrissent principalement de lait et de beurre; le thé est leur breuvage favori. Leurs menus comprennent aussi de la viande, et surtout celle du cheval, qu'ils préfèrent à toute autre; mais ils ne la mangent pas crue, comme certains écrivains l'ont prétendu. Quant aux céréales, si précieuses aux Européens, ils en connaissent à peine l'usage; ce n'est qu'à de lointains intervalles que quelques-uns achètent du pain ou des gâteaux d'avoine à leurs voisins russes. Leur manière de préparer le thé ne serait pas de notre goût. Ce thé leur vient de Chine en briques fort dures, composées des feuilles et de la partie la plus grossière de la plante. Après l'avoir fait bouillir pendant un certain temps dans l'eau, ils y ajoutent du lait, du beurre et du sel : le breuvage devient épais et d'un rouge terne. Mme de Hell, qui en avait goûté, le déclare détestable ; mais les Kalmouks disent qu'on s'y habitue facilement, et qu'on finit par le trouver délicieux. Il a du moins une qualité : en stimulant la transpiration, il sert d'excellent préservatif contre les rhumes. Les Kalmouks le boivent dans de petites sébiles de bois, rondes et plates, auxquelles ils attachent une extrême valeur. Mme de Hell en a vu qui étaient estimées *deux ou trois chevaux;* elles sont faites en général de racines importées d'Asie. Il est inutile de dire que les Kalmouks ne connaissent pas les théières, et font leur thé dans de grandes marmites de fonte. Ce qu'ils goûtent le plus après le thé, ce sont les liqueurs spiritueuses. Avec le lait de jument ou d'ânesse, ils fabriquent une espèce d'eau-de-vie ; mais, comme c'est un faible stimulant, ils recherchent avidement les liqueurs russes, et, pour éviter les conséquences fatales de cette passion, le gouvernement impérial a interdit d'ouvrir des débits de spiritueux au centre des hordes. Les femmes ne sont pas moins avides que les hommes de ces mortelles boissons ; mais elles sont tellement surveillées par leurs seigneurs et maîtres, qu'elles ont bien peu d'occasions de satisfaire ce goût dépravé.

Chez les Kalmouks, comme chez tous les peuples d'Orient, le sexe fort traite avec mépris les soins du ménage et les abandonne entièrement aux femmes, qui travaillent, élèvent les enfants, tiennent les tentes en ordre, fabriquent les vêtements, préparent les fourrures de toute la famille et s'occupent des troupeaux. C'est à peine si les hommes condescendent à panser leurs chevaux ; ils chassent, boivent du thé ou de l'eau-de-vie, fument, et dorment étendus sur leurs tapis de peaux. Ajoutez à ces occupations habituelles quelques jeux, comme les échecs et les osselets, et vous aurez le tableau complet de l'existence d'un père de famille kalmouk. Cependant les femmes ne se révoltent jamais contre leur pénible besogne ; elles sont accoutumées à ce fardeau et le portent gaiement ; mais elles vieillissent de très bonne heure, et après quelques années de mariage, non seulement elles perdent toute beauté, mais leurs traits grossis et leurs corps robustes rendent extrêmement difficile de les distinguer des hommes, d'autant que le costume est à peu près le même.

Après le séjour à Astrakhan, la partie la plus dangereuse comme la plus difficile de l'expédition allait commencer. Il fallait emporter des provisions pour ne pas mourir de faim dans le steppe. Une escorte était nécessaire, et, pour la commander, le gouverneur d'Astrakhan choisit un de ses meilleurs officiers, un jeune prince tartare, possesseur d'un faucon admirablement dressé dont il ne se séparait jamais; aussi, en le présentant aux voyageurs, le général, toujours préoccupé des privations qui les attendaient, leur dit en riant : « Maintenant ma conscience est en repos; je vous ai donné un brave soldat pour vous défendre, et un compagnon de route qui ne vous laissera pas mourir de faim. »

Ce faucon fut un amusement pour Mme de Hell et réussit à la distraire des ennuis de la route, très mauvaise, et du temps, qui ne l'était pas moins. Pendant trois mortels jours, l'orage les retint dans une misérable masure où ils manquaient des choses les plus nécessaires, et où la jeune femme avoue qu'elle se sentait prise d'accès de désespoir. Enfin ils purent se remettre en marche. Leur caravane offrait un coup d'œil original et plaisant; trois chameaux traînaient la *britschka*, tandis que plusieurs chevaux, montés par les Cosaques de l'escorte, suivaient avec les chameaux chargés des bagages. Tous les hommes étaient armés jusqu'aux dents, de peur d'une attaque des bandes de Kalmouks pillards qu'on leur avait signalées dans les environs, et le prince barbare chevauchait à la portière, son faucon sur le poing, tout prêt à transmettre les ordres à l'escorte, ou à s'élancer au galop au moindre signal de danger, tandis que le drogman se prélassait sur le siège avec un air de majestueuse indifférence. Ce fut ainsi qu'ils arrivèrent sur le bord de la mer Caspienne, dont les rivages leur parurent affreux. « Un ciel gris d'une teinte blafarde, traversé de temps à autre par des nuages noirs et pesants, donnait au sable, à la plage déserte, aux côtes basses et découpées qui allaient s'unir à la mer, quelque chose de terne, de lourd, de sinistre. Le même linceul funèbre semblait envelopper les maisons de bois bâties dans le sable... Je ne reconnaissais plus notre planète, et j'en étais à me demander si quelque nécromant ne m'avait pas jetée dans un de ces mondes relégués si loin du soleil, que ses rayons n'y transmettent qu'une ombre de vie. »

Pendant les six semaines qui suivirent, M. de Hell parcourut le steppe pour ses études scientifiques, et sa femme trouva un grand charme de nouveauté à vivre ainsi sous la tente, « en vrais Kalmouks, » seuls dans l'immense plaine, ne rencontrant même de campements qu'à de longs intervalles. Elle en arrivait à comprendre l'amour passionné de ces hordes demi-sauvages pour leur désert et leurs *kibitkas*. Ce fut avec regret qu'elle leur dit adieu pour rentrer dans les régions habitées.

Après quelques jours de repos à Vladimirofka, belle propriété où un gentilhomme russe d'une rare intelligence avait fondé une colonie agricole, ils reprirent leur voyage, s'avançant rapidement vers le Caucase, dont le sommet le plus élevé, le mont Elbrouz, leur montrait de temps à autre sa tête majestueuse, le plus souvent encapuchonnée de nuages, comme pour se voiler aux regards profanes. La tradition veut que sur son sommet se soit posée la colombe de Noé, pour y cueillir le mystique rameau d'olivier qui est devenu depuis le symbole de la paix et de l'espérance.

« Quoiqu'à peine hors des steppes, nous voyagions alors dans un pays enchanté; des lignes indécises qui se dessinaient et se coloraient dans l'horizon, selon l'état du ciel, nous annonçaient de plus en plus distinctement les Alpes caucasiennes. Elles nous apparurent d'abord en légères fantaisies de brouillards, en vapeurs transparentes qui semblaient nager dans l'air, selon le vent et les caprices de la lumière; mais peu à peu cette fantasmagorie aérienne se changea en montagnes couvertes de forêts, en gorges profondes, en dômes couronnés de vapeurs. Nous rencontrâmes plusieurs cavaliers en costume circassien, qui, par leur beauté mâle et fière, nous donnèrent un échantillon de cette race caucasique, la plus belle de l'Europe. Leur physionomie et leur équipement militaire annonçaient un peuple montagnard et guerrier, aussi habile à garder les troupeaux qu'à se servir de la carabine à l'occasion. Nos facultés avaient peine à suffire aux émotions multiples qu'éveillait en nous une nature riche et vigoureuse, étalant, malgré la saison avancée, une magnifique végétation et les teintes variées de ses forêts et de ses montagnes. Les perspectives déroulaient de plus en plus à nos yeux leur océan de pics, d'escarpements, de ravins, de sommets neigeux, dont nous pouvions saisir presque tous les détails. C'était beau, c'était magnifiquement beau, et surtout cela s'appelait le Caucase! Le Caucase, nom qui évoque dans l'esprit tant de grandes pensées, tant de souvenirs historiques, auquel se rattachent les traditions les plus reculées, les croyances les plus fabuleuses; le Caucase, d'où les historiens font descendre, dans les premiers âges du monde, les familles primitives, souches de tant de grandes nations! »

A Georgief, ils étaient sur le seuil du Caucase, et la nature la plus pittoresque allait les dédommager des monotones aspects de la mer Caspienne. Mais la route avait ses dangers; on avait déjà parlé aux voyageurs des brigands circassiens qui l'infestaient. Pour achever de bouleverser Mme de Hell, on lui montra l'endroit même où, l'année précédente, une jeune dame polonaise avait vu sa suite massacrée, et avait disparu elle-même sans qu'on eût pu retrouver son corps, ce qui faisait supposer qu'elle avait été emmenée captive, sort plus terrible que la mort. « Je voyais des brigands partout... Qu'on juge donc de ma terreur lorsque la brume, s'éclaircissant, nous permit de distinguer, à cent pas de la route, un groupe de cavaliers bien propre à réaliser les fantômes de mon imagination... Jamais je n'oublierai le regard de colère que chacun d'eux jeta en passant sur nos Cosaques. Du reste, ce fut la seule manifestation qu'ils se permirent, pour exprimer la haine qu'ils gardent au fond du cœur à tout ce qui leur rappelle la Russie. Sous la *bourka* noire qui les recouvrait à moitié, on voyait briller leurs pistolets et leurs poignards damasquinés. Au moment de disparaître à nos yeux, ils se dessinèrent en plein sur le sommet de la colline. Leur étrange aspect, leur tournure belliqueuse et leurs coursiers vigoureux empruntaient au brouillard quelque chose de fantastique qui me fit songer aux héros d'Ossian. »

Piatigorsk, célèbre par ses eaux minérales, était moins une ville qu'une réunion de gracieuses villas, habitées quelques mois de l'année par une aristocratie opulente. Tout y était brillant et coquet, avec ce cachet de luxe que les Russes aiment à répandre partout autour d'eux. Rien n'y blessait les yeux, rien n'y touchait le cœur; il n'y avait point de pauvres, pas de cabanes, pas de traces de misère. C'était un paradis terrestre où princes et grandes dames, courtisans et généraux ne trouvaient que d'agréables images, choisies dans tout ce que l'art et la nature ont de plus ravissant. Des sources thermales jaillissent sur presque toutes les hauteurs environnantes, et les travaux qui y donnent accès font honneur au talent des ingénieurs et à la libéralité du gouvernement russe. Sur un des pics les plus élevés, on avait construit un édifice octogone, surmonté d'une jolie coupole azurée, reposant sur des colonnes sveltes et élégantes, qu'environnait à leur base une gracieuse balustrade. Sous ce petit temple, le vieux médecin des eaux, le docteur Conrad, passionné pour la musique en véritable Allemand, avait placé une harpe éolienne dont les sons mélancoliques se prolongeaient doucement jusque dans la vallée. Du haut de cette terrasse on avait une vue incomparable.

En quittant Piatigorsk, la route de nos voyageurs suivait la large et profonde vallée de la Pod-Kuma, dont le cours est bordé à droite par des rochers amoncelés, semblables à des vagues pétrifiées, et présentant tous les signes d'un ancien bouleversement, tandis qu'à gauche de belles montagnes boisées montent d'étage en étage jusqu'à l'imposante chaîne du Kasbeck. Plus loin, la route quitte la vallée, devenue très étroite, et serpente sur une longue corniche, côtoyant le cours du torrent jusqu'à l'endroit où il s'enfonce dans la montagne. Là le sol boueux dont les chevaux avaient beaucoup de peine à se tirer, le ciel gris, l'atmosphère humide qui les avaient accompagnés jusque-là, furent soudain remplacés par un air sec, du froid, de la poussière et du soleil. Ce contraste brusque est particulier à ces régions élevées. Mme de Hell fut vivement frappée du caractère sauvage et pittoresque de cette partie du Caucase. « On ne voit de tous côtés qu'un océan de pics, de cônes, de mamelons, de pyramides, dont les proportions gigantesques et le sublime désordre impressionnent vivement l'imagination. Les Alpes caucasiennes, avec leurs grandes cimes, leurs neiges étincelantes et leurs abîmes, se déroulent majestueusement sous les regards, et semblent se confondre avec les nuages... On rencontre de distance en distance des huttes coniques en terre, d'une vingtaine de mètres de haut, servant de lieu d'observation à des sentinelles qui de là surveillent nuit et jour les alentours; leur silhouette, profilée sur le fond nébuleux du ciel, produit un singulier effet au milieu de la solitude qui les environne. » La vue de ces Cosaques, l'arme au bras, arpentant l'étroite terrasse au sommet de chaque éminence, était comme un gage de sécurité.

On se trouvait au milieu d'octobre, mais la végétation avait encore toute sa fraîcheur. Les pentes escarpées étaient couvertes d'un riche gazon, qui offrait une abondante pâture à des troupeaux de chèvres assez nombreux, dont les bergers, revêtus de peaux de mouton et portant, au lieu de la houlette traditionnelle, un long fusil en bandoulière, sans oublier deux ou trois cartouchières à leur ceinture, faisaient un piquant contraste avec le caractère semi-pastoral du paysage. Des aigles gigantesques, troublés dans leurs aires, volaient de rochers en rochers, monarques de ces montagnes. C'était bien ce qu'avaient rêvé nos voyageurs quand leur imagination évoquait le Caucase.

Mme de Hell a fait une description intéressante des habitants de ces régions avant qu'ils eussent été tout à fait subjugués par le despotisme russe.

Élevés dans des habitudes guerrières, ils marchaient toujours bien armés, portant une carabine, un sabre, un long poignard et un pistolet passés dans leur ceinture. Leur costume se composait d'un pantalon étroit et d'une courte tunique, serrée à la taille; cette tunique avait sur la poitrine des poches à cartouches; un bonnet rond, galonné d'argent et entouré d'une large bande de fourrure d'agneau blanc ou noir, était leur coiffure; dans les temps froids ou pluvieux, ils portaient un *bashlik* ou capuchon de poil de chameau, et tous étaient munis de la *bourka,* vaste manteau aussi nécessaire au Tcherkesse que ses armes. C'étaient de hardis et habiles cavaliers, et leurs chevaux, quoique petits, étaient remarquables par leur énergie et par leur ardeur; on sait fort bien qu'un cavalier circassien ferait au besoin en une nuit vingt-cinq à trente lieues. Poursuivis par les Russes, ils franchissaient d'un bond les plus rapides torrents. Si leurs coursiers étaient trop jeunes et peu accoutumés à de pareils exploits, ils les amenaient au galop jusqu'au bord de l'abîme, leur enveloppaient la tête de leurs bourkas et s'élançaient, presque toujours sans accident, par-dessus les plus larges ravins.

Il n'est pas nécessaire d'insister sur l'adresse avec laquelle ils se servaient de leurs armes à feu et de leurs poignards à double tranchant. N'ayant que cette seule arme, on les a vus, pendant leur longue et vaillante lutte pour défendre leur indépendance, bondir avec leurs chevaux par-dessus les rangs de baïonnettes moscovites, frapper les soldats, rompre et mettre en fuite des bataillons serrés. Enveloppés dans leurs châteaux et leurs villages, ne voyant plus de moyens d'échapper à la captivité, il leur est fréquemment arrivé d'immoler leurs femmes et leurs enfants, de mettre le feu à leurs demeures, et de périr héroïquement dans les flammes. Ils restaient jusqu'à la dernière extrémité près de leurs blessés et de leurs morts, et combattaient avec un courage obstiné pour éviter qu'ils tombassent aux mains de l'ennemi.

Mme de Hell n'est pas disposée à contresigner la réputation de beauté que tant d'écrivains ont cependant attribuée aux Circassiennes. Elle les trouve du reste, sous ce rapport, inférieures aux hommes. Sans avoir pu visiter les grands centres ni voyager parmi les tribus indépendantes, elle a vu plusieurs *aouls* sur les bords du Kouban, et elle a été reçue dans une famille princière sans rencontrer nulle part ces merveilleuses beautés que des voyageurs plus heureux ont célébrées. Ce qu'elle remarque chez ces filles de montagnes, c'est l'élégance de leurs formes et la grâce naturelle de leurs mouvements. Une Circassienne n'est jamais gauche. Vêtue de brocard ou couverte de haillons, elle adopte spontanément, et sans prétention aucune, les poses les plus charmantes. « Sous ce rapport, dit Mme de Hell, elle est incontestablement supérieure à tout ce que peut donner l'art parisien le plus achevé. »

Nous avons le récit d'une visite à la famille d'un prince circassien. L'habitation était une misérable hutte de boue, devant laquelle, sur une natte, le prince était assis en tunique de dessous et pieds nus. Il reçut ses visiteurs avec une politesse tout hospitalière, et, envoyant chercher ses plus beaux habits et ses chaussures les plus coûteuses, il commença sa toilette, ceignit ses armes, et les conduisit alors dans l'intérieur de la hutte, aussi nue et dépourvue de tout mobilier que la cabane d'un paysan irlandais : les seuls objets qu'on y voyait étaient une selle, quelques vases de terre ou de bois et un divan recouvert d'une natte de roseaux. Ses hôtes s'étant reposés quelques instants, le prince les présenta à sa femme et à sa fille, qui avaient appris leur arrivée et étaient impatientes de les voir. Ces dames occupaient une hutte particulière, composée, comme l'autre, d'une seule pièce. Elles se levèrent et saluèrent avec beaucoup de grâce; alors, faisant signe aux visiteurs de s'asseoir, la mère se plaça à la turque sur son divan, tandis que la fille s'appuyait contre celui sur lequel les étrangers avaient pris place. Ils remarquèrent alors avec surprise que le prince n'avait pas franchi le seuil, et se contentait de passer la tête à la porte pour répondre à leurs questions et échanger quelques mots avec sa femme. L'appartement de la princesse était plus élégant que celui de son mari, chose assez peu difficile. Il contenait deux larges divans, dont les coussins de soie étaient égayés de broderies d'or et d'argent, des tapis de fourrures teintes, plusieurs coffres et une très jolie corbeille à ouvrage. Un petit miroir russe et les panoplies d'armes du prince décoraient les murs. Mais le sol n'avait aucun plancher; les murs étaient revêtus de plâtre, et le jour et l'air n'entraient que par deux petites ouvertures garnies de volets. La princesse, femme de trente-cinq à quarante ans, ne soutenait en aucune façon la renommée de beauté des Circassiennes. Sa toilette avait son cachet : sous une pelisse de brocard aux manches courtes et aux coutures galonnées d'or, elle portait une chemise de soie, fort échancrée sur la poitrine, une coiffure de velours garnie d'argent, de belles nattes rassemblées sur le front en forme de cœur, un voile blanc tombant du sommet de la tête et recouvrant la taille, enfin un châle rouge négligemment jeté sur les genoux, et voilà tout. Sa fille était ravissante : elle avait une robe blanche serrée autour de la taille par un *kazaveck* rouge; ses traits étaient délicats, son teint d'une exquise blancheur et d'une transparence extrême, et une profusion de tresses noires comme l'aile du corbeau s'échappaient de sa coiffure.

L'amabilité cordiale des deux Circassiennes était au-dessus de toute louange; elles firent mille questions sur le pays de leurs hôtes, leurs occupations, le but de leur voyage. Les costumes européens, les chapeaux de paille surtout, les intéressèrent vivement. Cependant elles avaient un certain air de froide impassibilité, et la princesse ne sourit pas une seule fois. La conversation achevée, Mme de Hell lui demanda la permission de faire son portrait et d'esquisser l'intérieur de son habitation. Elle ne s'y refusa pas. Les dessins achevés, on servit une collation de fruits et de gâteaux au fromage. Le soir, les étrangers partirent, et, en sortant de la hutte, ils trouvèrent tous les habitants de l'*aoul* réunis pour assister à leur départ et pour leur faire honneur.

Il nous faut, après cette digression, reprendre les étapes de M. et de Mme de Hell. En se rendant de Piatigorsk à Stavropol, ils furent assaillis par un des plus magnifiques et des plus effrayants orages dont ils eussent jamais été témoins. Des ténèbres subites les enveloppèrent; les roulements du tonnerre étaient répercutés par tous les échos des cavernes et des abîmes, mêlés aux plaintes et aux craquements des arbres gigantesques, aux tourbillons d'un vent furieux, à toutes ces mystérieuses voix de la tempête qui viennent on ne sait d'où, mais qui remuent profondément le cœur et ont une harmonie si puissante, une telle sublimité, que l'esprit le moins superstitieux s'attend involontairement à quelque manifestation surnaturelle, quelque message d'un autre monde. La situation était d'autant plus critique, que l'*iemchik* (cocher) ne reconnaissait plus la route, qu'il ne pouvait distinguer qu'à la lueur des éclairs. Cependant les voyageurs échappèrent à la catastrophe qui les menaçait. Une pluie violente, dernier effort de la tempête, dégagea le ciel, qui se colora à l'occident de bandes pourpres, faisant un magique contraste avec l'obscurité qui enveloppait tout le reste de l'horizon. Un splendide arc-en-ciel, dont une extrémité s'appuyait sur la cime la plus élevée du Caucase, tandis que l'autre se perdait dans la brume, leur apparut pendant quelques instants comme un gage d'espérance et s'effaça aussitôt. Enfin ils arrivèrent à la station dans un triste état, mouillés, fatigués, étourdis, et fort surpris de se trouver sains et saufs après une telle journée.

Descendant les derniers éperons du Caucase, M. et Mme de Hell entrèrent le lendemain dans la région des plaines. La route était couverte de véhicules de toute sorte, de cavaliers et de piétons se rendant en foule à la grande foire de Stavropol, et on y voyait toutes les variétés de types des peuplades du Caucase : Circassiens, Cosaques, Turcomans, Tartares, Géorgiens ; les uns, en brillants costumes, caracolant sur leurs superbes chevaux persans ; d'autres, entassés avec leurs familles dans des charrettes couvertes de peaux ; d'autres, poussant devant eux d'immenses troupeaux de moutons et de porcs, en conduisant gravement une file de chameaux chargés de marchandises. Mme de Hell remarqua particulièrement un jeune chef circassien monté sur un cheval richement caparaçonné, qui ne quittait pas une *pavosk* ou litière d'une grande élégance, dont les rideaux étaient baissés. Cette litière éveilla sa curiosité, et suffisait dans ce pays étrange pour suggérer à une imagination vive un roman complet. À l'auberge encombrée où ils descendirent à Stavropol, ils rencontrèrent de nouveau le Circassien et virent apporter, avec des précautions infinies, une jeune femme tout enveloppée de voiles blancs et qui semblait mourante. Ceux qui l'accompagnaient lui prodiguaient les témoignages du plus profond respect. Tout ce que Mme de Hell put obtenir par ses questions aux gens de l'auberge, qui n'en savaient pas beaucoup plus qu'elle, c'est que cette jeune femme était venue à Stavropol consulter un célèbre médecin sur son état, qui laissait peu d'espoir ; elle n'en apprit pas davantage sur cette mystérieuse vision, qui avait éveillé vivement sa curiosité.

De Stavropol, ville fort agréable et animée par une de ces grandes foires qu'on retrouve fréquemment en Orient, M. et Mme de Hell se dirigèrent vers le Don avec une rapidité à donner le vertige ; le steppe étant uni comme un miroir, ils firent ainsi en poste près de trois cent seize verstes en vingt-deux heures. La chaleur était très forte, le ciel limpide, et partout voltigeaient un grand nombre de fils de la Vierge, qui couvraient tous les objets d'un léger voile de soie. Ce fut ainsi, dormant et mangeant dans la voiture, qu'ils atteignirent la rive du Don, où toutes les tribulations possibles les attendaient. A dix heures du soir, comme ils approchaient du fleuve, ils apprirent que le pont était en très mauvais état, et qu'il faudrait attendre le jour pour le traverser. Ce délai contraria leur impatience, d'autant qu'ils avaient en perspective bon gîte et bon lit chez un de leurs amis, à Rostof, pour le soir même. Une autre raison qui les pressait était un subit refroidissement de la température. Sourds à toutes les remontrances, ils continuèrent leur chemin et arrivèrent au pont, dont le mauvais état leur devint évident. Les abords en étaient encombrés de chariots dételés et de paysans couchés près de leurs voitures, attendant patiemment le jour. Les mêmes avertissements furent répétés; le pont n'était pas sûr. Mais la perspective de passer une nuit entière dans la *britschka,* exposés à ce froid âpre, tandis que s'ils traversaient ils pouvaient atteindre Rostof en deux heures, décida les voyageurs, que leur jeunesse rendait imprudents. Ils traverseraient le pont en prenant les précautions nécessaires. Le cocher et le Cosaque firent une exploration avec des lanternes, et revinrent dire que le passage n'était pas impossible, quoique dans certaines parties le pont menaçât de se disloquer. Mettant pied à terre, M. et Mme de Hell suivirent la voiture, que le cocher conduisait lentement, tandis que le Cosaque, sa lanterne à la main, indiquait les endroits dangereux. « Je ne crois par que, dans le cours de ce long voyage, nous nous soyons trouvés dans une situation aussi effrayante. Le danger était imminent; les craquements du pont, l'obscurité, le bruit de l'eau qui se faisait jour à travers le plancher à demi brisé que nous sentions fléchir sous nos pieds, les cris d'alarme que jetaient à chaque instant le Cosaque et le cocher, tout se réunissait pour nous plonger dans une mortelle épouvante. Cependant la pensée de la mort ne me vint pas, ou plutôt mon esprit était trop bouleversé pour qu'une pensée distincte s'y fît jour. Plus d'une fois la voiture se trouva engagée entre des planches tout à fait rompues : c'étaient des moments de cruelle anxiété; mais à force de persévérance nous réussîmes enfin à gagner la rive opposée sans avoir aucun malheur à déplorer. Ce passage avait duré plus d'une heure; il était temps qu'il finît, car je pouvais à peine me soutenir. L'eau qui couvrait le pont nous était venue plus haut que la cheville. Est-il nécessaire de dire avec quelle satisfaction chacun reprit sa place dans la voiture ? Longtemps encore il nous sembla entendre le bruit des vagues qui se brisaient contre le pont. Mais nos aventures nocturnes n'étaient pas terminées.

« A quelques verstes du Don, notre mauvaise étoile nous gratifia d'un cocher ivre. Après avoir perdu la route je ne sais combien de fois, après nous avoir fait traverser des fossés et des terres labourées sans s'inquiéter des soubresauts de la voiture, ce malheureux ne s'avisa-t-il pas de nous ramener juste en vue du pont auquel nous ne pouvions songer sans frissonner! Le seul parti à prendre était d'attendre le jour dans une *kâte,* ou cabane de paysan; mais notre abominable cocher, que la vue du fleuve avait subitement dégrisé, et qui devait s'attendre pour le moins à une forte volée de coups de bâton, se jeta à nos genoux et nous supplia si instamment de reprendre le chemin de Rostof, que nous nous laissâmes attendrir. Le difficile était de regagner la route; il y eut un moment qui menaça de devenir tout à fait tragique : la voiture, en traversant un fossé, reçut une si forte secousse, que le cocher fut arraché violemment de son siège, ainsi qu'Antoine (le drogman), qui tomba sur le brancard et s'y empêtra de telle façon, qu'on eut mille peines à l'en tirer. Exprimer la confusion de cette scène serait impossible. Les cris de : *Stoy! stoy!* (Arrête!) poussés par le malheureux interprète étaient si furieux, que nous crûmes qu'il avait tous les membres cassés. Quant au *iemchik,* se relevant avec un sang-froid imperturbable, il remonta sur son siège comme si rien d'extraordinaire n'était arrivé. A le voir reprendre tranquillement ses guides, on eût dit qu'il venait de quitter un lit de roses; tel est le stoïcisme du paysan russe. A trois kilomètres de Rostof, pris subitement du sommeil de l'ivresse, il refusa d'aller plus loin; il fallut que le Cosaque d'escorte le forçât d'avancer à coups de knout. » Pour achever cette série de malheurs, le consul d'Angleterre chez lequel les voyageurs devaient descendre, étant absent, avait chargé un commis de les recevoir; cet homme grossier, dérangé au milieu de la nuit, refusa d'ouvrir sa porte, et, le cocher étant déjà parti avec ses chevaux, il fallut passer la nuit dans la rue. Le froid rendait cette situation plus pénible encore; en cette seule nuit, le vent glacé de l'Oural avait amené l'hiver. Quand, quelques jours plus tard, les voyageurs se retrouvèrent sur les bords de la mer d'Azof, la glace, l'âpreté du vent, le sol durci, l'atmosphère de plus en plus livide, leur annoncèrent ce qu'ils allaient avoir à souffrir pour gagner Odessa; car les premières neiges et les ouragans, très fréquents à cette époque, rendaient le trajet très difficile. Ce fut au prix de bien des fatigues qu'ils y arrivèrent enfin et éprouvèrent, après tant d'impressions multipliées, la jouissance de se retrouver chez soi avec un petit cercle de bons amis.

Mme de Hell et son mari passèrent l'hiver à Odessa, et au mois de mai suivant ils partirent pour une excursion en Crimée, sur un brick appartenant au consul des Pays-Bas. Cette courte traversée leur fournit cependant en abrégé tous les ennuis et les plaisirs d'un voyage en mer, et le matin du second jour, par un soleil radieux, ils aperçurent la côte de cette péninsule redoutée, cette antique Tauride, dont les habitants, disaient les anciens, massacraient les malheureux qu'un hasard jetait sur leur rivage. Les infortunes d'Oreste, immortalisées par le poète grec dans un drame grandiose et douloureux, ont attaché à jamais leur souvenir à cette côte sauvage et déserte. Aussitôt que Mme de Hell put distinguer la ligne de rochers qui se dessinait vaguement à l'horizon, elle demanda qu'on lui montrât le cap Partheniké, où la tradition place l'autel de la déesse farouche à laquelle la prêtresse Iphigénie fut sur le point de sacrifier son frère. Aidée du capitaine, elle découvrit enfin, sur une pointe de roc, une chapelle isolée qu'on lui dit être dédiée à la Vierge Marie, dont le culte doux et pur avait succédé à celui de la sanguinaire *Taura*, qui exigeait des victimes humaines.

En cet endroit, la côte est stérile et déserte; une barrière de rochers semble exclure l'étranger de cette presqu'île, enviée des nations commerçantes et ravagée par les nations guerrières. Richement douée par la main libérale de la nature, la Crimée a toujours été un objet de convoitise pour les peuples d'Europe et d'Asie. Les races pastorales se sont disputé ses montagnes; les peuples marchands, ses ports et son détroit; des tribus guerrières ont planté leurs tentes dans ses vallons fertiles. Mais depuis le XVIIIe siècle toutes ces luttes avaient pris fin, et, sous la domination du czar, la Crimée jouissait alors d'une complète tranquillité, qui n'a été troublée qu'une fois par la guerre de 1855.

« La péninsule qui sépare la mer Noire de la mer d'Azof, dit M. Kinglake[1], était un coin presque oublié du globe, loin des grandes voies de commerce et des voyageurs, loin des capitales du monde européen. On y voyait rarement quelqu'un arrivant de Paris, de Vienne ou de Berlin. Y venir de Londres était un voyage bien plus difficile que de traverser l'Atlantique, et un fonctionnaire qui, dans cette province lointaine, recevait ses instructions de Saint-Pétersbourg obéissait à une autorité dont le bras s'étendait à travers la moitié de l'Europe. Le long des petits cours d'eau qui sillonnaient le sol s'élevaient des villages et se déroulaient d'étroites bandes de terre labourée, avec des jardins et des vignes fertiles; mais la plus grande partie de cette Crimée n'était que steppes et montagnes arides, revêtus à l'occident d'herbe haute et dure, ou d'une petite plante parfumée. La majorité de ses habitants était de race tartare, mais ne ressemblait plus guère à ce qu'ils avaient été au temps où les nations

---

[1] Kinglake, *Invasion of the Crimea*.

tremblaient à l'approche de la Horde d'or, et quoiqu'ils conservassent la foi musulmane, leur religion avait perdu son ardeur guerrière. Heureux d'être dispensés du service militaire et loin des champs de bataille de l'Europe et de l'Asie, ils vivaient paisibles, ne sachant de la guerre que ce que la tradition leur en transmettait vaguement dans les chants monotones légués par le passé. Ils s'inquiétaient plutôt de suivre les coutumes de leurs ancêtres que de la nature de ce sol, qui avait jadis nourri le peuple d'Athènes; car ils négligeaient le labourage et persistaient dans leurs habitudes pastorales. Gardant leurs troupeaux, ils restaient pendant de longues heures immobiles sur les tertres gazonnés, et quand ils s'avançaient sur les collines avec leurs grandes robes flottantes, ils avaient la majesté mélancolique de pâtres descendus de guerriers. »

Dans cette presqu'île retirée, Mme de Hell portait son rare talent d'observation et de description. Ils entrèrent dans le port de Balaklava, ce lieu qu'un combat sanglant a depuis rendu célèbre. De la mer, son aspect est agréable, car la ville est entourée de montagnes, dont la plus haute porte une forteresse en ruine qui rappelle l'ancienne domination génoise, tandis que la jolie ville grecque élève au-dessus des flots bleus ses terrasses chargées de masses de feuillage et de gracieuses maisons à balcons ressemblant aux cités de l'Archipel. C'était un dimanche, et la population, en habits de fête, était répandue sur la plage et les hauteurs verdoyantes. Des matelots, des Arnautes au pittoresque costume, des groupes de jeunes filles, aussi gracieuses que leurs sœurs grecques, montaient le rapide sentier de la forteresse, ou dansaient gaiement aux sons criards de la *balalaïka*.

Le lendemain de l'arrivée, on entreprit une promenade en bateau pour explorer la côte au point de vue géologique, et jouir du lever du soleil en mer; les flots semblaient pailletés d'or. Les rameurs débarquèrent sur une délicieuse petite plage couverte de coquillages et de plantes marines, et entourée d'une haie d'arbustes en fleur; le bruit du marteau de M. de Hell faisait envoler une foule d'oiseaux, que personne n'avait jusque-là troublés dans leur retraite. Au retour, les bateliers se couronnèrent et décorèrent leurs barques de branches d'aubépine et de fleurs de pommier. Dans son enthousiasme poétique, Mme de Hell, en contemplant le ciel sans nuages, la mer calme, et ces rameurs grecs qui, sur une côte étrangère et après tant de siècles écoulés, conservaient les riantes coutumes de leurs ancêtres, évoquait le souvenir des députations antiques dont, chaque année, les navires chargés de fleurs entraient au Pirée pour prendre part aux brillantes fêtes d'Athènes.

De Balaklava les voyageurs se rendirent à Sébastopol, dont Mme de Hell fait une excellente description, à laquelle les événements survenus depuis ont cependant ôté sa valeur. Mais celle de Bagtché-Séraï, l'ancienne capitale de la Chersonèse, qui, avant la conquête moscovite, luttait de richesse et de puissance avec les grandes cités de l'Orient, n'a rien perdu de son intérêt. La route qui y conduit est admirable, adossée à une chaîne de montagne et serpentant au milieu de villages et de vraies forêts d'arbres fruitiers en fleur. Partout des aqueducs, des ponts, des tours en ruines, attestent une civilisation disparue. Grâce à un ukase de Catherine II, qui permit aux Tartares de rester possesseurs de Bagtché-Séraï, la ville conserve de nos jours son originalité d'aspect. Elle n'est ni modernisée ni russianisée. En errant dans ses rues étroites, en visitant ses mosquées, ses boutiques, ses cimetières, on se sent en plein Orient, et dans les cours et les jardins de son antique palais on peut se croire transporté dans un « intérieur » de Bagdad ou d'Alep.

Ce palais a été chanté par le poète russe Pouchkine; mais il est impossible d'en rendre le charme, qui semble avoir fait une vive impression sur l'imagination poétique de Mme de Hell. « Ce n'est pas une tâche facile, s'écrie-t-elle, de décrire la magie de cette demeure superbe et mystérieuse, où les khans oubliaient les épreuves et les douleurs de la vie. Je ne puis le faire comme pour un de ces palais d'Occident, en analysant le style, les détails, l'arrangement de sa splendide architecture, en déchiffrant la pensée de l'artiste dans la régularité, la grâce et la simplicité de ce noble édifice. Tout cela peut être aisément compris ou dépeint, mais il faut quelque chose du cerveau et du cœur d'un poète pour apprécier ces palais orientaux, dont le charme est moins dans ce qu'on voit que dans ce qu'on sent. »

Le *séraï* ou palais est situé au centre de la ville; il est environné de murailles et d'un fossé, et remplit le fond d'une vallée entourée de montagnes d'inégale hauteur. En entrant dans la cour principale, on se trouve à l'ombre de lilas fleuris et de hauts peupliers, et l'oreille est frappée du murmure d'une fontaine qui chante sous des saules. Le palais proprement dit a extérieurement l'irrégularité de l'architecture orientale; mais son défaut de symétrie disparaît pour celui qui contemple ses vastes colonnades, ses éclatantes peintures, ses pavillons légers et sa profusion de grands arbres. L'intérieur est une

Bagtché-Séraï.

page des *Mille et une Nuits*. Dans le premier vestibule se trouve la célèbre *fontaine des Larmes*, à laquelle Pouchkine a dédié de si beaux vers; ce nom pathétique lui vient du doux et triste murmure de ses filets d'eau en retombant dans leur bassin de marbre. L'aspect sombre et mystérieux de cette salle augmente encore la disposition qu'on éprouve à oublier la réalité pour les rêves de son imagination. Le pied foule sans bruit des nattes égyptiennes; les murs sont couverts de sentences du Coran écrites en vers sur un fond noir, avec ces étranges caractères turcs qui ressemblent à des arabesques magiques. Du vestibule on passe dans un vaste salon, où une double rangée de vitraux représente toutes sortes de scènes champêtres. Les plafonds et les portes sont richement dorés, et le travail de ces dernières est exquis. De larges divans de velours cramoisi règnent tout autour de la pièce; au milieu, un jet d'eau s'élance et retombe dans une cuve de porphyre. Tout est magnifique; mais l'effet de l'ensemble est atténué par les singulières peintures des murailles, qu'un art fort imparfait a recouvertes de châteaux, de villages, de ponts, de ports de mer fantastiques, jetés pêle-mêle, avec plus d'imagination que de perspective, tandis que dans des niches au-dessus des portes sont réunis toutes sortes de jouets d'enfants, placés, comme des curiosités précieuses, sous des vitrines. Cette singulière collection avait été rassemblée par un des derniers khans, qui, prétend-on, venait chaque jour s'enfermer dans cette salle pour l'admirer en détail. Mais Mme de Hell lui pardonne cette puérilité et le bariolage des murs, en considération du ravissant jardin rempli de fleurs rares attenant au salon. La salle du Divan est d'une grande magnificence, et les moulures du plafond, en particulier, sont exquises. Mais chaque salle offre quelque preuve du goût et de l'opulence de ses anciens maîtres. Les moins intéressantes ne sont pas celles qui servirent d'appartement à la belle comtesse Potocki[1]. Cette jeune Polonaise, par une étrange destinée, inspira une passion violente à l'un des derniers khans de Crimée, qui l'enleva, et la fit maîtresse absolue de ce palais de fées, où elle languit dix ans dans les larmes et le regret de sa patrie. « L'officier russe, notre cicerone, nous fit remarquer une croix sculptée sur la cheminée de la chambre à coucher. Ce symbole mystérieux, au-dessus d'un croissant, traduisait éloquemment le côté poétique de cette vie de souffrances. Il me semblait, au milieu de ce

---

[1] Le poète polonais Mickiewicz lui a consacré un admirable sonnet.

vestibule, de ces salons déserts éclairés par le soleil couchant, voir glisser l'ombre de la belle Polonaise et entendre sa voix dans le murmure des fontaines. »

Pour visiter toutes les constructions comprises dans l'enceinte du palais, il faut traverser une succession indéfinie de jardins et de cours intérieures. Celle qui entoure le harem porte le nom gracieux de Petite-Vallée-des-Roses. C'est un parterre de rosiers où jaillissent une foule de sources, et au milieu de ces fleurs s'élève le gracieux édifice arabe. Aucun bruit du dehors ne peut arriver jusque-là; on n'y entend que la chanson de l'eau et les gazouillements des rossignols. Une tour fort élevée, avec une terrasse garnie de grillages qui peuvent s'élever ou s'abaisser à volonté, domine la cour principale, et servait aux femmes pour assister, sans être aperçues, aux jeux guerriers qui s'y célébraient. De cette terrasse on a une vue à vol d'oiseau sur toute la vallée; les mille voix de la ville, resserrées dans un horizon étroit, y arrivaient distinctement, surtout à cette heure du soir où l'appel à la prière, qui descend du haut des minarets, se mêle aux bêlements des troupeaux lassés et aux cris des bergers revenant du pâturage.

Dans le cimetière on voit les tombeaux de tous les khans qui ont régné sur la Tauride pendant la domination tartare. Comme tous les cimetières d'Orient, celui-ci voile sous les fleurs l'idée sombre de la mort. Le Tartare qui le gardait apporta à Mme de Hell un bouquet cueilli sur la tombe d'une Géorgienne, épouse chérie du dernier de ces princes. Ce palais, jadis dans un abandon et un délabrement affreux, fut restauré par les soins de l'empereur Alexandre Ier, qui avait été frappé de sa beauté mélancolique.

Avant de quitter la Crimée, Mme de Hell fit une visite à Karolez, village tartare perdu dans la montagne où résidait, dans un site merveilleux, la princesse Adil-Bey. Elle craignait de ne pas être admise dans ce palais, où beaucoup de dames russes n'avaient pu pénétrer.

« La maison des étrangers avait été préparée avec l'ostentation naturelle aux Orientaux. Nous passâmes, en traversant le vestibule, au milieu d'une double haie de serviteurs, dont l'un des plus âgés nous introduisit dans un salon disposé à la turque. Le fils de la princesse, charmant enfant de douze ans, parlant fort bien le russe, vint se mettre à notre disposition, et voulut se charger lui-même de veiller à ce que rien ne nous manquât. Je lui remis ma lettre d'introduction pour sa mère, et peu de temps après il vint m'annoncer, à mon extrême satisfaction, qu'elle me recevrait aussitôt sa toilette terminée. Je comptai les minutes jusqu'au moment où un officier, suivi d'une vieille femme voilée, vint me prendre pour m'introduire dans le palais mystérieux.

« Chose convenue entre nous, mon mari essaya de me suivre, et, voyant qu'on n'y mettait nul obstacle, franchit sans plus de cérémonie la petite porte donnant entrée dans le parc, traversa ce dernier, monta hardiment sur une terrasse attenant au palais, et finit par se trouver, non sans être surpris de cette bonne fortune, dans un petit salon faisant partie des appartements intérieurs de la princesse. Mais tout se borna là. L'officier qui nous avait introduits, après nous avoir servi de l'eau glacée, des confitures et des pipes, vint prendre mon mari par la main, et le conduisit hors du salon avec une promptitude significative. A peine eurent-ils disparu, qu'une portière soulevée au fond de la pièce donna passage à une femme d'une beauté éclatante, vêtue d'un riche costume, laquelle s'avança vers moi avec un air de dignité remarquable, me prit les mains, m'embrassa sur les deux joues, et s'assit à mon côté en me faisant mille signes d'amitié, avant que j'eusse le temps de me reconnaître. Elle portait beaucoup de rouge; ses sourcils, peints en noir, selon la mode orientale, et réunis au bas du front, donnaient à sa physionomie quelque chose de sévère, sans nuire pourtant à la grâce toute féminine de son visage. Une veste en velours garnie de fourrures serrait sa taille encore élégante. Tout, dans son ensemble, surpassait l'idée que je m'étais faite de sa beauté. Nous restâmes plus d'un quart d'heure à nous considérer mutuellement, échangeant tant bien que mal quelques mots russes, insuffisants pour traduire nos pensées. Mais, en pareil cas, le regard supplée à la parole, et le mien dut faire comprendre à la princesse l'admiration que me causait sa vue. Quant au sien, je dois avouer humblement qu'il paraissait plus surpris que charmé de mon costume de voyage : il me vint même un véritable scrupule de m'être présentée à elle sous un vêtement qui devait lui donner une singulière idée des modes européennes.

« Malgré mon désir de voir ses filles, la crainte d'être indiscrète me décida à prendre congé d'elle; mais un geste gracieux me retint, tandis qu'elle me disait avec beaucoup de vivacité : *Pastoy! Pastoy!* (attendez!) tout en frappant dans ses mains à diverses reprises. A ce signal, une esclave s'empressa d'accourir et d'ouvrir, sur l'ordre de sa maîtresse, une porte à deux battants.

« Qu'on rêve aux plus délicieuses sultanes dont la poésie et la peinture aient essayé de donner l'idée, et l'on sera loin encore des ravissants modèles que j'avais sous les yeux. Elles étaient trois, aussi belles, aussi gracieuses, aussi poétiques l'une que l'autre. Les deux aînées portaient des tuniques de brocart cramoisi, ornées sur le devant de larges galons d'or; ces tuniques, ouvertes, laissaient apercevoir des robes de cachemire, avec des manches très étroites terminées par des franges d'or. La tunique de la plus jeune, en brocart bleu de ciel, avait des ornements d'argent. Toutes trois possédaient de magnifiques cheveux noirs, s'échappant en tresses innombrables d'un fez en filigrane d'argent; toutes trois étaient chaussées de babouches brodées d'or, et portaient des pantalons bouffants serrés à la cheville du pied. Le calme répandu sur les traits de ces charmantes créatures n'avait jamais été troublé par aucun regard profane; seul celui de leur mère leur avait dit jusqu'alors combien elles étaient belles, et cette pensée leur donnait à mes yeux un charme infini, ce charme divin de pureté et d'ignorance. Lorsqu'elles m'eurent embrassée, elles se retirèrent dans le fond du salon, où elles restèrent debout, avec ces poses orientales que nulle femme en Europe ne saurait imiter. Une douzaine de suivantes, enveloppées de mousseline blanche, et dominées par un sentiment de curiosité et de respect, se pressaient à la porte du salon. Leurs silhouettes, se dessinant sur un fond sombre, ajoutaient encore au pittoresque de la scène que j'avais devant moi. »

Le lendemain, Mme de Hell et son mari gravirent la montagne de Mangoup-Kalé, toute couverte de tombeaux hébraïques ou tartares. Sur un large plateau triangulaire s'élevait une forteresse en ruines, dans l'intérieur de laquelle Mme de Hell découvrit un vrai champ de lilas en fleurs, poétique contraste qui ne pouvait manquer de la frapper, ainsi que la vieille église chrétienne, croit-on, qu'on voit encore tout auprès. Du haut de ce plateau la vue embrasse un immense horizon, et les conteurs tartares ont peuplé ce lieu de légendes merveilleuses, qui s'associent bien avec son aspect étrange. La Crimée n'est pas du reste sans souvenirs plus récents : on montre à Parthenit le grand noisetier sous lequel le prince de Ligne écrivait à Catherine II; à Gaspra, la résidence momentanée de Mme de Krudner, cette femme enthousiaste et mystique qui exerça une influence si puissante sur l'esprit du czar Alexandre Ier, influence qu'elle employa en 1814 en faveur de la France; Koreis, retraite de cette princesse Galitzin qui fut l'âme de tant d'intrigues politiques, et plus tard l'une des amies de Mme de Krudner; et la petite ville au bord de la mer, où mourut, en 1823, la soi-disant comtesse Guacher, qu'on sait maintenant n'avoir été autre que la fameuse Mme de la Motte, tristement connue par l'affaire du collier.

A Soudagh, vallée voisine d'Oulou-Ouzen, Mme de Hell vit une des femmes les plus remarquables de ce temps, la chanoinesse de Kopsen (Mlle Jacquemart). Peu d'existences ont été aussi romanesques. Très jeune, sa beauté, son esprit et ses talents, lui valurent des succès qu'on obtient rarement dans la position d'institutrice, qu'elle avait dû prendre à seize ans. Du jour où elle quitta Paris pour Saint-Pétersbourg, elle occupa une situation unique dans la société russe. Soudain, sans raison apparente, elle se retira en Crimée, renonçant à tout ce qui l'avait ravie jusque-là, et se condamnant volontairement à une vie de retraite pour laquelle on l'aurait crue moins faite que toute autre femme. En la voyant, dans son costume semi-masculin, étudiant la géologie, la peinture, la musique et la poésie sans l'ombre d'une prétention, on se demandait ce qui avait pu lui faire adopter cette existence bizarre. Ayant été informée, la veille, de la visite de Mme de Hell, elle vint à sa rencontre et la reçut avec une cordialité sincère; ses hôtes cependant ne pouvaient la regarder sans surprise. Vêtue d'une longue jupe brune et d'une veste qui cachait sa taille, elle avait quelque chose de viril en harmonie du reste avec son genre de vie.

Sa *chaumière* méritait littéralement ce nom; elle ne consistait qu'en une seule pièce qui servait de chambre à coucher, de salon, de salle à manger; cette pièce était décorée d'une guitare, d'un violon, d'une collection de minéraux, avec des objets d'art et des armes. L'extrême solitude dans laquelle elle vivait, n'ayant pas même une servante, l'exposait à de fréquentes attaques nocturnes, et une paire de pistolets était toujours suspendue au chevet de son lit. Ses fruits, ses volailles, et même ses ceps de vigne suffisaient à attirer les maraudeurs; elle était continuellement sur le qui-vive, et un attentat dont elle avait failli être victime prouvait que ses craintes n'étaient pas illusoires. Un Grec, s'étant présenté chez elle pour lui demander du travail et du pain, parut fort irrité de ne recevoir que quelques légers secours. Le surlendemain, comme elle revenait d'une excursion géologique, à la nuit tombante, tenant encore à la main la hachette qui lui servait à casser des cailloux, elle s'aperçut que cet homme marchait furtivement derrière elle. A peine eut-elle le temps de se retourner, qu'elle se sentit saisie par la taille et frappée sur la tête d'une pluie de coups, jusqu'à ce qu'elle tombât évanouie. Quand elle reprit connaissance, l'assassin avait disparu. Elle ne put jamais expliquer comment elle revint chez elle. Pendant des mois sa vie et sa raison furent en danger, et à l'époque de la visite de Mme de Hell elle souffrait encore de douleurs atroces.

En dépit de la solitude où elle vivait, beaucoup de personnes étaient attirées par sa réputation d'esprit et sa singulière existence. Peu de temps auparavant, une femme jeune et belle, évidemment de haute naissance, vint passer un jour entier à Soudagh. Mlle Jacquemart, dont la curiosité était vivement excitée, lui dit en souriant au moment de son départ : « Reine ou bergère, laissez-moi votre nom, qu'il puisse me rappeler un des plus charmants souvenirs de ma vie d'anachorète.

— Eh bien! répliqua l'inconnue sur le même ton, passez-moi votre album, et vous connaîtrez une admiratrice sincère de votre mérite. »

Elle traça quelques lignes sur l'album et partit à la hâte, pendant que Mlle Jacquemart lisait ce quatrain improvisé en son honneur, et signé *princesse Radzivill* :

> Reine ou bergère, je voudrais
> Dans ce doux lieu passer ma vie,
> Partageant avec vous, amie,
> Ou ma cabane ou mon palais.

« Quelques jours plus tard, dit Mme de Hell en achevant le récit de cette visite, j'étais à bord du *Saint-Nicolas*, regardant avec un inexprimable regret les côtes de la Crimée, qui s'amoindrissaient de plus en plus à l'horizon, et dont la silhouette dentelée finit par se confondre avec les vapeurs du soir. »

L'hiver de 1841 se passa à Odessa. L'année suivante, M. et Mme de Hell reprenaient la direction de la France, en s'arrêtant en Moldavie, pays qui commençait à se réveiller de l'abrutissement et de la servitude où il était si longtemps demeuré sous la domination turque. Grâce aux intelligents efforts de l'aga Assalski, deux journaux, *l'Abeille moldavienne* et *le Glaneur*, y annonçaient la résurrection de la pensée et du sentiment patriotique dans des articles littéraires presque tous signés de noms moldaves, et écrits dans la langue nationale. Mme de Hell apprit à connaître et à aimer dans la jeune princesse Morousi, fille de l'aga, un charmant esprit et une nature rare ; elle étudiait les poètes français, Lamartine surtout, avec enthousiasme, et sa grande ambition était alors de visiter la France, ne se doutant guère qu'elle appartiendrait un jour à ce pays par son mariage avec Edgar Quinet.

Dans les steppes du Caucase, la vie de Mme de Hell avait été singulièrement calme; en Moldavie, elle fut agitée et troublée par une foule d'obligations mondaines : réceptions officielles, bals, concerts, spectacles, et les mille et une chaînes de la société. Fatiguée de ce cercle monotone de prétendus plaisirs, elle retournait souvent avec regret, par la pensée, dans ses chères solitudes de la mer Caspienne. Cependant l'événement qui lui rendit sa liberté lui apporta de vives inquiétudes. Son mari fut atteint des fièvres dangereuses du Danube, et, pour recouvrer la santé, il dut rompre l'engagement qu'il avait contracté et rentrer immédiatement en France, après plusieurs années de travaux et d'explorations incessantes.

A leur arrivée, tous deux obtinrent l'accueil que méritaient leurs recherches patientes et leurs infatigables efforts. Tandis que le jeune et déjà célèbre ingénieur était récompensé par la croix de la Légion d'honneur, sa femme, qui avait partagé tous ses travaux et ses périls, et collaboré à son grand ouvrage sur les *Steppes de la mer Caspienne* (publié en 1845), dont les deux volumes de partie descriptive ont été entièrement écrits par elle, reçut de M. Villemain, alors ministre de l'instruction publique, des témoignages d'estime spéciale. Peu après son retour, elle donna au public un volume de poésies, intitulé *Rêveries d'un voyageur*.

Dès 1848, ils repartaient pour l'Orient; mais la santé de Mme de Hell l'obligea à rester à Constantinople, pendant que son mari allait remplir en Perse une mission à laquelle sa mort vint brusquement mettre un terme; il mourut à Ispahan, en 1848. Sa veuve revint à Paris, écrasée sous sa douleur, et n'ayant d'autre désir que de rejoindre celui qu'elle avait profondément aimé. Mais elle avait une intelligence trop élevée et une âme trop énergique pour ne pas sentir bientôt qu'il lui restait des devoirs en ce monde; il lui fallait élever ses enfants et surveiller la publication des travaux importants qu'avait laissés son mari. Elle-même écrivit plusieurs articles sur l'Orient dans divers journaux. En 1856, elle publia son récit personnel de leur voyage dans les steppes du Caucase. De grands changements politiques sont survenus dans ces régions depuis le séjour qu'y fit Mme de Hell, et y ont profondément altéré l'état des choses et le caractère des populations; de sorte qu'il faut, en lisant ses descriptions, faire des réserves nécessaires, mais qui n'ôtent rien à l'incontestable mérite de leur auteur comme précision et force d'observation. Elle est douée d'un talent peu ordinaire pour apprécier et décrire le côté pittoresque de la nature, et l'expression est chez elle toujours élégante et piquante. Elle manie aisément et avec puissance un habile pinceau; ses tableaux sont fidèles et pleins de couleur.

Sa vigueur morale et son activité n'avaient pas diminué avec l'âge. Elle a fait un tour en Belgique, un autre en Italie, un séjour en Angleterre, et plusieurs excursions dans le midi de la France. En 1868, elle alla à la Martinique, où son fils aîné était établi depuis plusieurs années. Sous le titre *A travers le monde,* elle a écrit des études et des récits de voyage. Mais il nous faut prendre congé de Mme de Hell, en lui rendant cet hommage, qu'elle mérite un rang élevé parmi les voyageuses modernes par ses vives sympathies pour le beau et pour le bien.

MADAME LÉONIE D'AUNET

Sous le pseudonyme de Léonie d'Aunet, Mme Biard, la femme du peintre célèbre, a écrit de nombreux romans et un charmant volume de lettres sur les pays du nord de l'Europe[1]. Née en 1820, elle avait vingt ans de moins que son mari, qu'elle accompagna en 1845 dans un voyage au Spitzberg, qu'ils commencèrent, en façon de prologue, par un tour rapide à travers la Belgique, la Hollande, le Danemark et la Norvège. Le brillant récit qu'elle en a donné au public se lit avec un extrême plaisir, son expérience littéraire lui constituant un grand avantage sur la plupart des voyageuses, dont les notes et les journaux, faute de cette expérience, sont souvent secs, diffus et sans couleur. Peut-être pourrait-on reprocher à Mme d'Aunet de juger plus avec l'intelligence qu'avec le cœur ; mais son esprit est si incisif, si prompt à saisir les faits les plus curieux, à découvrir les traits saillants et caractéristiques, que même lorsqu'elle parle de contrées et de populations qui nous sont bien connues, elle nous force à l'écouter et enchaîne notre attention. Son livre est composé comme un roman, et dans ses descriptions on sent parfois un défaut de simplicité, une certaine affectation. Aussi est-elle surtout agréable quand elle se montre bien elle-même, oubliant les lecteurs, sur lesquels elle sait pouvoir compter d'avance, et quand elle écrit spontanément, entraînée par son sujet.

Dans les premières pages, consacrées à la Hollande et au Danemark, Mme d'Aunet a des mots heureux, qui peignent spirituellement une ville ou un pays. Elle dit, par exemple, des Hollandais : « Ce peuple

---

[1] Mme Léonie d'Aunet, *Voyage d'une femme au Spitzberg*. (Hachette.)

n'a pas l'amour de la propreté, il en a le culte. » — « Saardam est une page, Broëk une vignette de l'histoire des Pays-Bas. »

A propos de l'île de Falster, elle raconte cette jolie légende dont la morale est la sagesse de Dieu et la vanité de nos désirs. « Il y a très longtemps, une bourgeoise fort riche s'imagina d'y faire construire une église à ses frais. Lorsque l'église fut bâtie, elle ajouta à son œuvre pieuse le vœu insensé de durer aussi longtemps que son monument : Dieu l'exauça. Plus de trois siècles se sont écoulés depuis cette époque, et la femme vit toujours ; mais sa décrépitude est arrivée à un tel degré, qu'elle n'entend plus, ne remue plus, ne voit plus, ne respire même plus. On l'a couchée dans un grand coffre de chêne près duquel un prêtre veille constamment. Chaque année, le jour anniversaire de la fondation de son église, un souffle de vie ranime cette perpétuelle moribonde, et elle reprend assez de force pour demander : « Mon église est-elle encore debout ? » Sur la réponse affirmative, elle soupire tristement en disant : « Plût à Dieu qu'elle « fût détruite de fond en comble ! je pourrais alors mourir !... » Et elle retombe dans son immobilité. »

Le rendez-vous pris à jour fixe au cap Nord avec l'expédition scientifique à laquelle M. Biard devait s'adjoindre, l'obligea à précipiter son voyage à travers la Norvège. Mme d'Aunet visita Christiana, Drontheim et une partie de la côte ; mais elle ne pénétra pas assez dans l'intérieur pour avoir une idée complète de l'aspect de ce pays. Au cœur des montagnes du Dovrefield, on trouve de grandioses paysages, des pics et des ravins, des cataractes et des forêts qui ne sont pas inférieurs aux sites fameux de la Suisse ; ainsi la Norvège peut se vanter de posséder la plus belle cascade d'Europe, celle du Riukanfoss, aussi majestueuse que celle de Gavarnie ou que la chute du Rhin à Schaffhouse, et qu'on a même comparée au Niagara.

Mme d'Aunet fait une gracieuse description des fermes norvégiennes perdues dans ces pittoresques montagnes.

« Le *gaard* se compose d'une vaste habitation entourée de petits corps de logis servant de granges, d'étables, etc. La maison, faite de troncs de sapins à peine équarris, dont les interstices sont bouchés avec de la mousse, sert d'habitation au maître et à sa famille ; les domestiques et les bestiaux logent dans les bâtiments d'exploitation. Les grandes distances et la rigueur des hivers obligent ces familles de paysans à prévoir tous les besoins de la vie ; aussi sont-ils fort industrieux. Les femmes filent le lin et le chanvre, tissent la toile et fabriquent une sorte de drap grossier et solide dont les hommes se vêtent. Les hommes sont tour à tour laboureurs, forgerons, maçons, charpentiers, et au besoin cordonniers et tailleurs. Les jeunes filles ont non seulement de bons vêtements et des meubles suffisants, mais quelques dentelles, quelques bijoux, des fichus de soie rapportés de la ville par le père; et puis dans chaque maison on aperçoit, respectueusement posé sur un bout de tapis, le gros volume, bibliothèque du pauvre, le livre qui remplace et dépasse tous les autres, la Bible,

Vue de Norvège.

et chaque petit enfant saura vous en lire un verset. Douce et paisible existence! froide, pure et égale comme l'azur du ciel du Nord, région sereine et humble, sans rayons, sans orages, que les cœurs fatigués regardent avec envie. »

On connaît le type norvégien, blond et robuste, un teint frais, des yeux bleu pâle; les femmes sont grandes et souvent jolies. Mme d'Aunet acheta deux costumes de fête; celui de l'homme rappelait tout à fait les modes Louis XV : grand habit à boutons brillants, culotte de peau, long gilet brodé, souliers à boucles et large chapeau de feutre; celui de la femme était dans un tout autre style : une longue et étroite jupe de drap vert brodée en laines de couleurs vives, un bonnet en soie noire brochée de vert, garni d'une dentelle d'argent, et une pièce d'estomac en drap rouge brodée de perles et de clinquant, avec quantité de bouffettes de petits rubans et de dentelles d'argent.

La cathédrale de Drontheim, dédiée à saint Olaf, l'un des saints de la Norvège, est un admirable monument gothique, qui depuis la réforme a été mutilé et appauvri. Mme d'Aunet visita aussi la vieille citadelle de cette ville, bâtie dans un îlot de rochers où l'on a élevé un phare duquel on découvre un splendide horizon. « A gauche, la grande mer déroule ses larges plaines et adoucit ses teintes azurées jusqu'à ce qu'elles se confondent avec le ciel, tandis qu'à droite les pilotis des maisons de Drontheim, peints de couleurs vives, lui font une ceinture à raies bariolées; derrière le port, les petits toits écrasés de la ville s'échelonnent sur des pentes pittoresques, protégés par la cathédrale et par le large vaisseau de la forteresse de Christianstern, au loin, les crêtes aiguës des montagnes du Dovre déchirent çà et là leur rideau de nuages, et forment comme les créneaux de l'immense muraille de rochers qui entoure le vallon de Drontheim. »

Le trajet de Drontheim à Hammerfest, la ville la plus septentrionale de l'Europe, se fait en bateau à vapeur. Le passage de ce bateau, pendant l'été, est une distraction et une fête pour tous les petits ports auxquels il touche; il leur apporte des nouvelles du monde, dont le terrible hiver les sépare entièrement pendant neuf mois. Sur ce bateau Mme d'Aunet remarqua un jeune homme pâle et silencieux, qui emportait avec des précautions infinies un petit bouquet de roses et de géraniums. Un hasard l'ayant amenée à lui parler, il lui expliqua que ce bouquet était pour sa mère, une Anglaise, « qui n'avait pas vu de roses depuis dix ans, » et à qui ces précieuses fleurs allaient rappeler « son beau pays, où il fait chaud, où il y a des rosiers en pleine terre ». Pour ce Norvégien, l'Angleterre c'était le Midi.

Les maisons d'Hammerfest sont en bois, le froid faisant fendre la pierre. Le port a la forme d'un croissant, qu'entourent de hautes et noires montagnes d'où chaque année, au dégel, d'énormes quartiers de roc roulent au milieu de la ville. Mme d'Aunet y eut pour la première fois la surprise du *soleil de minuit*. A Hammerfest, en effet, il y a réellement trois mois de jour et trois mois de nuit. Pendant l'été, les navires arrivent en assez grand nombre dans ce petit port, y apportant tout ce qui est nécessaire à la vie. Des barques de peaux de phoques, montées par d'étranges rameurs, apparaissent aussi; ce sont des Lapons, qui viennent trafiquer avec les Russes du produit de leur pêche. L'huile de poisson est un objet de grand commerce. On la fabrique à Hammerfest dans un immense hangar, où, dit Mme d'Aunet, le curieux n'a pas envie de retourner deux fois. Vers le mois de septembre, les Russes partent les premiers, parce qu'il leur faut regagner Arkhangel avant que les glaces ne leur en barrent le chemin. Peu à peu le port devient désert, les nuits allongent, jusqu'à ce que l'obscurité continue s'étende sur ce lugubre pays; le froid descend à 35 degrés au-dessous de zéro. Cependant Mme d'Aunet trouva plus loin encore, tout près du cap Nord, une dernière habitation perdue

Type norvégien.

dans ce désert glacé. C'était celle d'un riche marchand norvégien nommé Ullique, dont le père, en 1795, avait reçu deux jeunes étrangers qui faisaient une excursion au cap Nord; l'un de ces jeunes gens, il l'apprit plus tard, s'appelait Louis-Philippe d'Orléans. La famille Ullique avait conservé comme une tradition le souvenir de la simplicité et de l'amabilité gracieuse du prince, et en avait gardé un grand enthousiasme pour tout ce qui portait le nom de Français. Mais le voyageur de 1795, devenu roi, n'avait pas oublié non plus l'hospitalité norvégienne, et le navire français qui devait conduire la commission scientifique au Spitzberg était chargé, pour le marchand d'Havesund, d'un beau buste en bronze de Louis-Philippe, souvenir royal qui fut reçu avec ravissement. Les jeunes filles de la maison dépouillèrent, pour l'orner, leur petite serre, où, avec des miracles de soins, elles arrivaient à faire éclore quelques fleurs, dont les Norvégiennes ont toutes la passion. Mme d'Aunet raconte que si la présence d'une Parisienne était déjà chose assez rare à ce degré de latitude, il y avait cependant dans la maison quelque chose de plus rare et de plus étrange encore : un perroquet! Mais un perroquet chauve, muet, paralysé par le froid, et qui ne s'éveillait qu'en voyant briller le soleil, « cinq ou six fois par an tout au plus. »

« A peu de distance de Havesund, à la pointe de l'île de Mageroë, on aperçoit une énorme masse de rochers ayant quelque ressemblance avec une tour carrée colossale demi-ruinée : c'est le cap Nord ! »

Le 17 juillet, l'expédition à laquelle se joignaient Mme d'Aunet et son mari quitta Hammerfest, et le 31 ils arrivaient à la baie Madeleine, au Spitzberg, but de ce voyage. « Une flottille d'îles de glace entourait la corvette et couvrait la mer à perte de vue. Ces glaces du pôle, qu'aucune poussière n'a souillées, aussi immaculées aujourd'hui qu'aux premiers jours de la création, sont teintes des couleurs les plus vives. On dirait des rochers de pierres précieuses : c'est l'éclat du diamant, les nuances éblouissantes du saphir et de l'émeraude, confondues dans une substance inconnue et merveilleuse. Ces îles flottantes, sans cesse minées par la mer, changent de forme à chaque instant; par un mouvement brusque, une aiguille se transforme en un champignon, une colonne imite une immense table, une tour se change en escalier, tout cela si rapide et si inattendu, qu'on songe malgré soi à quelque volonté surnaturelle présidant à ces tranformations subites. Du reste, au premier moment il me vint à l'esprit que j'avais sous les yeux les débris d'une ville de fées, détruite tout à coup par une puissance supérieure et comdamnée à disparaître sans laisser même de vestige. Je voyais se heurter autour de moi des morceaux d'architecture de tous les styles et de tous les temps. On se représente, n'est-ce pas ? ce lieu, où tout est froid et inerte, enveloppé d'un silence profond et lugubre. Eh bien ! c'est tout le contraire qu'il faut se figurer. Rien ne peut rendre le formidable tumulte d'un jour de dégel au Spitzberg.

« La mer, hérissée de glaces aiguës, clapote bruyamment; les pics élevés de la côte glissent, se détachent et tombent dans le golfe avec un fracas épouvantable; les montagnes craquent et se fendent, les vagues se brisent furieuses contre les caps de granit; les îles de glace, en se désorganisant, produisent des pétillements semblables à des décharges de mousqueterie; le vent soulève des tourbillons de neige avec de rauques mugissements; c'est terrible et magnifique. On croit entendre le chœur des abîmes du vieux monde préludant à un nouveau chaos.

« Si le spectacle de la baie m'apparut magique, celui de la côte était sinistre. De tous côtés le sol était couvert d'ossements de phoques et de morses, laissés par les pêcheurs qui venaient autrefois faire de l'huile de poisson jusque sous cette latitude élevée; depuis quelques années ils y ont renoncé. Je quittai ce charnier, et, me

Fiord d'Hammerfest.

dirigeant avec précaution sur le terrain glissant, je m'acheminai vers l'intérieur du pays. Je me trouvai bientôt au milieu d'une espèce de cimetière; cette fois c'étaient bien des restes humains qui étaient gisants sur la neige. Plusieurs cercueils à demi ouverts et vides avaient dû contenir des corps, que la dent des ours blancs était venue profaner. Dans l'impossibilité de creuser des fosses à cause de l'épaisseur de la glace, on avait primitivement mis sur les cercueils un certain nombre de pierres énormes, destinées à servir de remparts contre les bêtes farouches; mais les robustes bras du *gros homme en pelisse* (comme les pêcheurs norvégiens appellent pittoresquement l'ours blanc) avaient déplacé les pierres et ravagé les tombes.

« J'étais saisie d'un invincible effroi au milieu de ces sépultures. La pensée que je pouvais venir prendre ma place près d'elles m'apparut soudain dans toute son horreur; j'avais été prévenue des dangers de notre expédition; j'en avais accepté et cru comprendre les risques; cependant ces tombes me firent un moment frissonner, et pour la première fois je jetai un regard de regret vers la France, vers la famille, les amis, le beau ciel, la vie douce et facile que j'avais quittés pour les hasards d'une pérégrination si dangereuse. »

Cependant ces pressentiments lugubres ne devaient pas se réaliser, et tout dans le voyage de Mme d'Aunet se passa de la façon la plus heureuse. Comblée d'attentions par ses compagnons, elle occupait à bord l'appartement du capitaine, où, malgré toutes les précautions prises, elle souffrait encore beaucoup du froid. Du reste le navire n'était pas disposé pour un hivernage, et, au bout de six semaines de séjour à la baie Madeleine, il fallut songer au départ, afin de ne pas s'exposer, comme tant de navigateurs, à être pris par les glaces. « Un jour cependant, un seul jour, il nous fut donné de voir le Spitzberg égayé; c'était le 10 août. Dès le matin les grands rideaux de brume qui voilaient sans cesse l'horizon furent tirés comme par une main invisible, et le soleil, un vrai, beau, éclatant soleil apparut; la baie devint admirable, les nuages coururent dans le ciel emportés comme de légers flocons, les grands rochers laissèrent glisser leurs manteaux de neige, la mer s'agita et frémit sous les glaces étincelantes qui s'y abîmaient de toutes parts. Hélas! au Spitzberg, le dégel, le printemps, l'été, tout cela dure quelques heures! Le lendemain même de ce beau jour, la brume obscurcit le ciel, le froid revint plus intense, la rafale gémit lugubrement, les glaces restèrent immobiles, se soudant de nouveau aux rochers, et tout commença à se rendormir de ce sommeil glacé et funèbre qui dure plus de onze mois. »

Le 14 août fut le jour du départ; le navire repassa devant les Trois couronnes, ces colossales pyramides de glace qui dominent l'Océan. A mesure qu'ils redescendaient vers le sud, la vie reparaissait, et enfin, le 26, après avoir essuyé un coup de vent assez violent, l'expédition française rentrait dans le port d'Hammerfest. Mme d'Aunet et son mari avaient résolu de traverser la Laponie et la Suède; ils visitèrent les mines de cuivre de Kaafiord, exploitées par une compagnie anglaise qui, avec le génie de cette nation, avait su créer au bord de l'Océan Glacial une petite colonie d'ouvriers et un village riche et prospère où se retrouvait le *comfort* britannique. Ce fut de Kaafiord, à peu de distance d'Hammerfest que s'effectua le départ définitif pour ce trajet plus difficile en cette saison qu'en hiver, où les traîneaux offrent un rapide moyen de locomotion; il fallait voyager à cheval, et emporter avec soi une tente pour les jours où l'on manquerait de gîte; un Lapon nommé Abo était le conducteur de la caravane. Il est inutile de donner toutes les étapes de cette marche souvent pénible, et où une femme délicate comme Mme d'Aunet eut bien des fatigues à supporter.

Ils rencontrèrent plusieurs campements lapons; les tentes sont petites, circulaires; sur leur carcasse de bois de bouleau est ajustée une grossière étoffe de laine noire ou brune, avec un trou au centre pour laisser passer la fumée du foyer, formé simplement de grosses pierres, et sur lequel une énorme marmite est toujours suspendue par une chaîne de fer. Tout autour sont rangées les peaux de rennes servant de lit, et les coffres de bois qui composent tout l'ameublement du Lapon riche ou pauvre. Dans ce pays, la richesse n'a qu'une forme : les troupeaux de rennes, qui sont pour le Lapon ce que sont les chameaux pour l'Arabe; ils ont aussi des chiens d'une espèce particulière, avec la fourrure noire d'un ours, la tête fine d'un renard, et qui n'aboient jamais.

La Laponie est un pays triste et monotone qui n'a que deux aspects : la plaine pierreuse et le marais. Le sol est partout dépourvu d'arbres, sauf quelques maigres bouleaux, coupés d'étangs et de cours d'eau ou couvert d'une épaisse couche de *mousse de renne,* sorte de lichen jaunâtre.

A Kantokeino, la ville laponne, agglomération de quelques maisons de bois autour d'une église, Mme d'Aunet, brisée de fièvre, dut séjourner plusieurs jours; elle eut l'occasion d'observer ainsi la vie des Lapons, qui s'entassent pêle-mêle, maîtres, enfants, serviteurs, animaux, dans ces huttes presque aussi petites que les tentes; elle assista à leurs repas composés de poisson et de chair de renne, et largement arrosés de lait de renne et d'huile de poisson; la malpropreté qui y régnait lui ôta toute envie d'y prendre part. Ce peuple lui parut doux, paresseux et borné.

A partir de Karesuando, autre ville laponne, les voyageurs s'embarquèrent sur le Muonio, large fleuve qui va se jeter dans le golfe de Bothnie, et dont le cours est interrompu par de fréquentes cascades; les bateliers finlandais les franchissent avec une habileté extraordinaire dans leurs légers et longs bateaux plats, qui ne peuvent contenir plus de deux voyageurs, deux rameurs et un pilote, et où les premiers sont obligés de se coucher au fond pour ne pas faire chavirer le bateau. Le Muonio fait la limite de la Finlande suédoise; les premières villes finlandaises qu'on rencontre prouvent qu'on a changé de pays; les maisons sont propres, presque élégantes, et ressemblent à des chalets suisses, quoique les populations soient encore très pauvres. Mme d'Aunet reçut l'hospitalité dans une de ces métairies finlandaises. Sur le seuil, une vieille femme sèche et droite la fit entrer de bonne grâce, et lui offrit du lait et une place sous le manteau de la vaste cheminée. La pièce était large, dallée de pierre, les murs blanchis à la chaux, point de plafond, et de gros écheveaux de chanvre pendant aux solives de la toiture. Sur des planches étaient posés des vases de bouleau et des jattes de bois vernissé à fleurs peintes qui viennent de Russie. Une table de sapin et quelques gros escabeaux meublaient la salle, et dans la cheminée six grosses bûches flambaient gaiement. Une robuste jeune fille blonde tissait au métier une grosse étoffe de laine fort originale, à large raies de couleurs éclatantes. Le jour tombant, elle prit des bûchettes de sapin longues et minces, les fit entrer en faisceaux dans des anneaux de fer attachés à la muraille, et alluma ces torches d'un nouveau genre, à la lueur desquelles elle continua adroitement son travail. Cet éclairage vacillant produit les plus singuliers effets de lumière; en outre, il badigeonne de fumée le haut des murailles, et les chambres sont mi-parties noires et blanches, ce qui leur donne un aspect très étrange. Les hommes de la ferme étant rentrés, Mme d'Aunet partagea le repas de la famille.

Les Finlandais forment une race à part qui n'a rien de commun avec les Lapons; grands, blonds, la peau très blanche, ils sont forts et vigoureux, d'un caractère paisible, loyal et reconnaissant; presque tous laboureurs ou pêcheurs, ils ont des habitudes d'ordre et de travail, et sont même relativement instruits. Leur langage et leurs mœurs ont conservé leur originalité, mais ils ont abandonné leurs anciens et curieux costumes; seulement, pour les grandes fêtes et surtout pour les noces, on voit reparaître les habits d'autrefois : la fiancée porte une couronne d'or, une robe brodée, ses cheveux flottent sur ses épaules, et toute sa personne est chargée de bijoux d'or et d'argent.

Enfin, arrivée à Haparanda, Mme d'Aunet retrouva une auberge et un lit, bien-être qui depuis plusieurs semaines lui était inconnu.

Haparanda, la ville suédoise commerçante et gaie, même en hiver, où les Lapons et les Finlandais viennent sur leurs traîneaux, est posée sur une rive de la Tornéa, en face de Tornéa, la ville russe, morne et déserte, avec ses dômes couverts de plomb et surmontés de croix de fer. D'Haparanda à Uméa on traverse d'immenses forêts de sapins, dont la monotonie fatigue promptement le voyageur. Au delà, le pays devient plus varié, et enfin on entre dans la province de

Lapons.

Gestnikland, une des plus belles de la Suède. C'est dans cette province que se trouvent les fameuses mines de cuivre de Fahlun, que Mme d'Aunet ne manqua pas de visiter.

« Avant de commencer ce voyage dans le noir, on nous fit revêtir une grande robe de laine à pèlerine, un chapeau de feutre à larges ailes et des bottes fortes; ainsi accoutré, on est sûr de préserver ses vêtements des brûlures des acides qui suintent sans cesse le long des parois humides. Cinq mineurs, mal vêtus, à la physionomie souffrante, pâles sous la poussière noire qui les couvrait, nous furent donnés pour guides; l'un d'eux portait une énorme brassée de bûchettes de sapin; ces bûchettes, réunies dans un anneau de cuivre, se tiennent commodément allumées à la main et répandent une clarté au moins égale à celle des torches. Nous prîmes chacun notre torche, et nous commençâmes à descendre. L'escalier des mines est taillé dans le sein même de la colline; le plus souvent, de simples traverses de bois retiennent la terre et forment les marches. A gauche, on a le flanc de la montagne; à droite, une légère barrière derrière laquelle on devine des gouffres. Par moments on descend entre deux murailles rapprochées; mais cela dure peu, et bientôt après on côtoie de nouveau des précipices. Quand l'œil s'est habitué à la faible clarté des torches, on distingue au-dessus de soi les mares d'eau noire et huileuse formées du continuel suintement des voûtes; cet escalier inégal et humide est parfois remplacé par des sentiers en pente, rapides, glissants et dangereux. Les galeries sont hautes, voûtées, soutenues de loin en loin par de larges contreforts en bâtisse et des poutres entre-croisées; ces précautions contre les éboulements rassurent imparfaitement, si l'on vient à songer à l'énorme masse de terre qui pèse sur ces voûtes. Figurez-vous un labyrinthe inextricable, immense, de rues obscures qui se croisent, montent, descendent, se rapprochent, s'éloignent; figurez-vous de temps en temps des carrefours qui sont comme les nœuds de ces routes souterraines; figurez-vous enfin une sorte d'écheveau sombre et effrayant de rues, de corridors, de ponts, de sentiers, d'escaliers et de rampes, dans lequel, même bien accompagné, on frissonne à chaque instant, dans la crainte de ne pas s'y retrouver. A mesure qu'on descend, l'air se raréfie; à cent cinquante ou deux cents pieds sous terre on est fort incommodé par une vapeur épaisse d'exhalaisons sulfureuses; dans les rares moments où l'on peut distinguer les objets, les parois des galeries brillent par places comme des murailles féeriques; les filons de cuivre mêlés de fer, d'argent, d'or, de colbat, ont donné au minerai des teintes violacées, irisées, bronzées, chatoyantes, du plus superbe effet; de temps en temps un morceau de grenat ou de cristal de roche étincelle sous un rayon de lumière.

« Vers le milieu de la mine, on a creusé un puits d'une immense profondeur et d'un diamètre de dix à douze pieds; il reçoit les eaux des galeries de tous les étages, qui viennent y aboutir à cet effet. Lorsque nous fûmes à une fenêtre de l'étage inférieur, deux mineurs placés à l'orifice du puits y jetèrent d'énormes brassées de sapin enflammées, les bûchettes, en s'éparpillant, lançaient de vives clartés, et à mesure qu'elles passaient devant les grandes fenêtres, elles éclairaient les mystérieuses profondeurs des galeries. On avait alors, pendant quelques secondes, un coup d'œil fantastique et admirable; le tourbillon de feu descendait en pétillant, faisant briller chaque goutte d'eau des murailles comme un diamant, et remplissant de lueurs éclatantes toutes ces sombres voûtes qui s'entre-croisaient, puis il allait s'éteindre avec bruit dans l'eau plate et noire. Nous descendîmes à plus de trois cents pieds sous terre; là la route prend un autre aspect, celui d'une poutre traversée de branches de fer, comme un perchoir de perroquet, et elle disparaît sous cette forme dans les entrailles de la mine. Je m'arrêtai là, pensant en avoir assez vu, et, après m'être reposée un moment sur un bloc de pierre, j'entrepris de remonter au jour. Cette dernière partie de mon expédition ne fut pas la plus facile, et je souffris beaucoup de la boue glissante, de la vapeur empestée et des gouttes glacées; je mis près de deux heures à venir retrouver l'air pur. J'arrivai enfin; je revis le ciel, la nature, les arbres, la lumière et la sauvage vallée de Fahlun, sa ville triste, laide et enfumée; tout cela me parut un paradis, comparé à ce dédale de ténèbres d'où je sortais. »

Mme d'Aunet s'arrêta quelques jours à Stockholm, « la rivale de Constantinople, si elle avait le soleil, » et, comme tous les voyageurs, elle en admira l'incomparable situation. « Placée juste à l'endroit où le lac Mélar se verse dans la Baltique, elle réunit les éléments les plus divers du pittoresque : un lac, la mer, des îles, des canaux, des touffes de verdure agréablement disséminées; puis, entourant tout cela, un horizon immense où l'œil ne rencontre que les plaines agitées de la mer ou les sommets ondoyants des forêts. Les clochers des églises, les mâts des navires, la fumée du toit des maisons, ajoutent à ce splendide paysage le mouvement et la vie, et en complètent la grandiose harmonie. »

La femme qui savait décrire avec tant de talent les contrées qu'elle avait parcourues borna cependant aux régions polaires sa curiosité de voyageuse; du moins, parmi les ouvrages qu'elle a publiés depuis, n'en trouve-t-on aucun d'analogue. Elle est morte à Paris en 1879.

MADAME IDA PFEIFFER

Les motifs qui déterminent à entreprendre de grands et périlleux voyages varient, pour ainsi dire, avec les tempéraments. Chez les uns, c'est l'impulsion de la curiosité; chez d'autres, la soif du changement; pour un certain nombre, un puissant et sincère amour de la science; ou bien encore une impatience naturelle de l'inaction, une rébellion contre la banalité et la monotonie de l'existence ordinaire; enfin le goût des aventures. Cependant on peut diviser en général les voyageurs en deux classes : ceux qui découvrent et ceux qui observent; ceux qui pénètrent dans des régions que n'a pas encore foulées le pied de l'homme civilisé et enrichissent de nouvelles contrées les cartes géographiques, et ceux qui suivent simplement les traces de précurseurs plus hardis ou plus heureux, recueillant à la suite de ceux-ci des données qui complètent les leurs propres et les surpassent parfois en précision.

C'est à cette dernière catégorie qu'appartiennent nos voyageuses, parmi lesquelles on ne saurait trouver d'émule ni de rivale aux grands pionniers comme Livingstone, Barth ou Franklin, à une seule exception près, et cette exception est la femme extraordinaire dont nous allons parler. On peut dire de Mme Ida Pfeiffer qu'elle a droit de figurer au premier rang des voyageurs célèbres, et que les résultats scientifiques de ses explorations sont aussi curieux qu'intéressants. Quelqu'un a fait à son sujet cette observation, que si une nature douée d'autant de persévérance, de courage, de ténacité, avait eu à son service des forces masculines, l'histoire compterait un capitaine Cook ou un Magellan de plus. Mais ce qui nous paraît le plus remarquable, c'est l'extrême simplicité de son caractère et de sa conduite, l'absence de prétention avec laquelle elle accomplit ses grands travaux, et sa réelle modestie. Elle se promène à travers le monde comme dans les rues de Vienne, avec autant de réserve et de sang-froid, sans paraître se douter qu'elle s'expose à la mort ou à des périls pires que la mort. Son courage est si calme et si naturel, qu'on en oublie presque à quel point son héroïsme fut grand, sa patience sublime et son audace extrême. la même réserve se devine à chaque page des livres qu'elle a publiés; elle ne prétend à aucun talent littéraire; elle ne tente pas de descriptions poétiques; elle dit elle-même qu'elle n'a pas assez d'esprit pour que ses livres soient amusants; elle raconte ce qu'elle a vu de la façon la plus simple et la plus sincère. Par suite de cela, elle nous communique la conviction qu'elle n'a entrepris ces voyages extraordinaires ni sous l'empire de la vanité ni par l'ambition d'une vaine renommée, mais par goût et par un insatiable désir d'accroître ses connaissances. « Absolument, écrit-elle, comme l'artiste sent une invincible impulsion de peindre, et le poète de donner un libre essor à sa pensée, ainsi j'étais entraînée par un invincible désir de voir le monde. » Et elle le vit comme aucune autre femme ne l'a jamais vu.

Ida Reyer naquit à Vienne le 15 octobre 1797; elle était le troisième enfant d'un riche négociant, et l'unique fille au milieu de sept garçons. Aussi, dès sa première enfance, manifesta-t-elle une extrême antipathie pour les occupations et les divertissements propres à son sexe : ils semblaient trop tranquilles à sa nature ardente, et elle leur préférait les jeux bruyants de ses frères. Jusqu'à neuf ans elle vécut constamment en leur compagnie, portant des habits semblables aux leurs, partageant tous leurs jeux et dédaignant les poupées pour les fusils et les tambours. Elle dit elle-même qu'elle était plus vive et plus hardie que ses frères aînés, qui surpassaient pourtant sous ce rapport les garçons de leur âge. Leur père les élevait à la spartiate, leur refusant parfois les choses les plus justes pour leur apprendre à se dominer; elle acquit à ce rude système ce courage, cette persévérance, cette indifférence à la douleur et au dénuement qui lui permirent d'accomplir tant de choses difficiles. La nature l'avait douée d'une forte constitution, aussi robuste au physique qu'au moral; sa volonté héroïque lui faisait aimer d'instinct tout ce qui était héroïque dans l'histoire ou la poésie. Guillaume Tell fut une de ses idoles, et un jour on la trouva au jardin, une pomme sur la tête, servant, sans sourciller de but aux flèches de ses frères; tels étaient la solidité de ses nerfs et son mépris du danger. Pleine d'enthousiasme patriotique, elle détestait dans Napoléon l'envahisseur de sa patrie; elle avait vu, en 1809, les Français entrer à Vienne et s'y installer en vainqueurs. Sa mère l'ayant forcée d'assister à une revue, elle ferma résolument

Vue de Trieste.

les yeux, et put dire ainsi qu'elle n'avait jamais vu l'oppresseur de son pays.

Lorsqu'on voulut lui faire quitter ses costumes de garçon, elle tomba malade de chagrin, et ses parents durent lui rendre la blouse et la casquette auxquelles elle tenait tant; cette concession la guérit comme par magie. Ce ne fut qu'à treize ans qu'elle comprit, bien à contre-cœur, qu'il fallait y renoncer. Les travaux féminins, avoue-t-elle, excitaient son mépris. L'étude du piano surtout lui semblait une occupation tellement odieuse, que, pour échapper à ces « exercices », qui ont du reste désespéré plus d'une pensionnaire, il lui arrivait de se couper les doigts et de se blesser sérieusement. Nous avons parlé de son goût pour l'histoire; elle ne dévorait pas avec moins d'avidité les récits de voyages, et tous les livres d'ailleurs qui satisfaisaient son goût pour les aventures. Tout enfant, elle s'échappait pour voir partir les chaises de poste, enviait le sort du postillon, et rêvait des heures, après les avoir suivies des yeux aussi loin que possible; elle pleurait à la vue des montagnes se perdant dans un lointain où elle ne pouvait atteindre.

Une telle organisation, offrant des ressources remarquables, avait besoin d'être redressée par une direction sage. Elle avait perdu son père en 1806. Quand elle eut quatorze ans, sa mère confia son éducation à un jeune professeur qui reconnut ses grandes qualités, et, avec une bonté et une délicatesse infinies, se donna la tâche de les développer et de les mûrir. Ida finit par être sensible à son dévouement; elle chercha à répondre à ses soins, et ne fut désormais heureuse que lorsqu'il était satisfait de ses efforts. Ses caprices disparurent; elle s'occupa des travaux qu'elle avait dédaignés jusque-là, et apprit même à coudre et à tricoter. L'enfant volontaire était devenue une jeune fille modeste et charmante; elle découvrit à dix-sept ans qu'elle ne pourrait aimer et épouser que celui qui l'avait ainsi transformée. Leur affection étant mutuelle, il la demanda en mariage; mais la mère d'Ida lui refusa sa fille, alléguant qu'il n'avait pas assez de fortune. Ils persistèrent quelque temps; alors le jeune homme sentit que le devoir les obligeait à respecter la volonté maternelle, et il rompit tous rapports entre eux. Ida fut trois ans sans le revoir; au bout de ce temps, ils se rencontrèrent par hasard; leur émotion les empêcha d'échanger une parole, et la secousse fut si forte, qu'Ida fut prise d'une fièvre cérébrale dont elle faillit mourir.

A vingt-deux ans, cédant enfin à la volonté de sa mère, elle consentit à se marier, et parmi les nombreux prétendants qu'attirait sa fortune, elle choisit, ne voulant faire qu'un mariage de raison, un homme déjà mûr, veuf et père d'un fils de vingt ans, le docteur Pfeiffer, avocat distingué de la ville de Lemberg; elle se maria en 1820. Cette union ne fut pas heureuse. Son mari était un homme estimable et intelligent, mais dont l'intégrité sévère lui fit des ennemis; sa carrière se trouva entravée, son humeur s'en ressentit; il mena grand train, administra mal la dot de sa femme, et finit par réduire celle-ci à la gêne. Elle dut donner des leçons, travailler en secret pour nourrir ses fils, à l'éducation desquels elle se livrait avec un dévouement passionné. Malgré le prosaïsme de sa vie journalière, elle parvenait à se distraire de ses soucis en continuant en secret ses rêves de voyages et d'aventures. Dans un séjour à Trieste, la vue de la mer réveilla ses anciennes aspirations, et les fantaisies de l'enfant devinrent la résolution fixe et sérieuse de la femme.

Bien des années s'écoulèrent avant qu'elle pût la mettre à exécution. Enfin l'avenir de ses fils fut assuré; son mari, séparé d'elle d'un commun accord, s'était retiré à Lemberg; sa mère était morte quelque temps auparavant, et l'héritage qu'elle lui avait laissé, quoique

Rio-Janeiro.

modeste, permettait à Mme Pfeiffer de suffire aux dépenses qu'entraînait l'accomplissement de ses projets, d'autant mieux, elle le disait elle-même, qu'une somme qui aurait à peine suffi à un voyageur comme Chateaubriand ou Lamartine pour une excursion de quinze jours, lui suffisait, à elle, et elle le prouva, pour faire en trois ans le tour du monde. Elle avait quarante-cinq ans, et pouvait, ajoutait-elle en souriant, voyager seule; en effet, quoique une femme ait rarement à cet âge l'idée de quitter son foyer, cela simplifiait une entreprise qu'entouraient encore assez de difficultés.

Ayant achevé ses préparatifs, elle commença son premier grand voyage en mars 1842, et pour cacher son dessein, elle dit seulement qu'elle allait à Constantinople visiter une amie. Il était naturel que la terre sainte attirât une personne vraiment pieuse; elle visita les lieux sacrés, et l'impression qu'ils lui produisirent prouve que l'âge et les soucis n'avaient pas refroidi sa nature enthousiaste. Elle revint d'Égypte par la Sicile et l'Italie. Sur les instances de ses amis, elle consentit à écrire le récit de son pèlerinage : *Voyage d'une Viennoise en terre sainte.* Le livre eut du succès, quoique ses mérites n'aient rien de littéraire et que tout son charme soit dans la simplicité et la vérité de la relation; le lecteur se rend compte que l'écrivain auquel il a affaire ne cherche pas à le tromper, à diminuer ou à exagérer les faits, pas plus qu'à les adapter à des notions préconçues. Il faut dire cependant que si les observations de Mme Pfeiffer sont exactes, elles manquent de profondeur.

De l'Orient brûlant elle passa aux régions glaciales du Nord, et le résultat de sa promenade en Suède, en Danemark et en Norvège fut un livre intéressant : *Voyage dans le nord de la Scandinavie et en Islande,* où elle raconte avec un plaisir d'une sincérité évidente des aventures accompagnées de dangers que beaucoup d'hommes ne se soucieraient pas d'affronter.

Mais ces voyages n'étaient que les préliminaires de sa grande entreprise, et lui servaient seulement à essayer ses forces. Elle résolut d'employer son expérience acquise, et l'argent que ses livres lui avaient rapporté à faire le tour du monde, et elle n'eut de repos que lorsqu'elle l'eut commencé.

En 1846, dans sa cinquantième année [1], elle s'embarqua pour Rio-Janeiro, laissant croire à ses fils qu'elle n'allait qu'au Brésil. Elle arriva dans cette capitale au mois de septembre, et y séjourna assez longtemps. Faisant de nombreuses excursions dans l'intérieur du pays. Dans une de ces excursions, elle faillit tomber sous le couteau d'un meurtrier. Elle et son compagnon, le comte Berchtold, furent attaqués dans un lieu solitaire par un nègre qui s'élança sur eux, cherchant à les entraîner avec son lasso pour les tuer dans la forêt. Ils n'avaient aucune arme, car on leur avait dit que la route était sûre; leurs seuls moyens de défense étaient leurs parasols et un couteau de poche que Mme Pfeiffer tira, résolue à vendre chèrement sa vie si c'était possible. Ils parèrent d'abord les coups de leur adversaire avec leurs parasols, mais celui de Mme Pfeiffer se cassa bientôt

---

[1] Mme Ida Pfeiffer, *Voyage d'une femme autour du monde.* (Hachette.)

dans la lutte; la courageuse femme fit un effort pour saisir le couteau du nègre qui venait de tomber à terre; il la repoussa, et, reprenant son arme, lui porta deux coups furieux dans le bras gauche. Elle se crut perdue, et de désespoir chercha à faire usage de son propre couteau, dont elle réussit à blesser grièvement l'agresseur à la main, tandis que le comte, blessé lui-même, saisissait le meurtrier par derrière et permettait à Mme Pfeiffer de se relever. Tout cela se passa en moins d'une minute. Le nègre grinçait des dents comme une bête féroce; il brandissait son couteau, et la lutte inégale se serait probablement terminée par la mort des deux voyageurs si des pas de chevaux ne s'étaient fait entendre. Le nègre s'enfuit aussitôt; deux cavaliers étant apparus au détour de la route et ayant entendu le récit des victimes, que leurs blessures confirmaient trop éloquemment, se jetèrent dans la forêt à la poursuite du meurtrier et le ramenèrent avec l'aide de deux autres nègres, l'accablant de tant de coups, que Mme Pfeiffer avait peur de voir le crâne du misérable se briser. Elle apprit plus tard le motif de cette agression : l'esclave, châtié pour quelque délit, voulait se venger des blancs, et s'était imaginé qu'il pouvait le faire avec impunité en attaquant ces voyageurs isolés.

Les beautés de la nature tropicale impressionnèrent vivement Mme Pfeiffer. En faisant une de ses excursions, elle s'enfonça dans les profondeurs de la forêt vierge, suivant un étroit sentier qui longeait les rives d'un cours d'eau. De majestueux palmiers élevaient leur couronne au-dessus des autres arbres, qui entrelaçaient leurs inextricables branches, formant les plus délicieux bosquets; chaque tige, chaque rameau était enguirlandé de fantastiques orchidées, qui faisaient de vraies murailles de fleurs où voltigeaient des oiseaux inconnus à nos pays. Il lui semblait être dans un parc de fées. Accompagnée d'un seul guide, elle se risqua même jusque dans les villages indigènes, y dîna de rôti de singe, qu'elle déclare excellent, et passa la nuit au milieu des Indiens sans la moindre frayeur.

De Rio-Janeiro, Mme Pfeiffer s'embarqua pour Valparaiso sur un bâtiment anglais. En descendant vers le sud, le navire toucha à Santos, où les voyageurs célébrèrent la nouvelle année, et atteignit le 11 janvier l'embouchure de la Plata. Dans ces latitudes, la constellation de la Croix du Sud resplendit au ciel et sert de point de repère pour le regard. Vers la fin du mois, Mme Pfeiffer voyait les rochers stériles et les montagnes nues de la Patagonie, les rocs volcaniques, battus des vents et usés par les vagues, de la Terre-de-Feu. Par le détroit de

Lemaire, le bâtiment dépassa la pointe extrême du continent américain et doubla le fameux cap Horn, dernier éperon de la puissante chaîne des Andes, masse énorme de rochers basaltiques, entassés dans un gigantesque désordre comme par la main d'un Titan.

Une tempête furieuse les assaillit pendant plusieurs jours dans les environs du cap Horn, et ils expérimentèrent à leur tour à quel point le grand Océan méridional mérite peu son nom de Pacifique. « Une tempête semblable, écrit Mme Pfeiffer, suggère bien des réflexions. Vous êtes seul sur l'Océan sans bornes, loin de tout secours humain, et vous sentez plus que jamais que votre vie est entre les mains du Très-Haut. L'homme qui dans ces moments solennels et terribles peut soutenir encore qu'il n'y a pas de Dieu doit être atteint d'un aveuglement moral vraiment incurable. En face de ces convulsions de la nature, je me sens toujours envahie par un sentiment de paix et de confiance. Il m'est arrivé de me faire attacher sur le pont et de laisser les vagues énormes se briser sur moi, pour ne rien perdre de ce spectacle grandiose : jamais je n'ai éprouvé de frayeur; mais j'ai toujours été remplie de calme et de résignation à la volonté de Dieu. »

Elle arriva le 2 mars à Valparaiso. L'aspect de cette ville lui déplut; deux grandes rues s'allongent au pied de tristes collines qui se composent de rochers recouverts d'une mince couche de terre et de sable. Quelques-unes sont chargées de maisons; sur une autre est situé le cimetière; les dernières sont stériles et désertes. Les deux principales rues sont larges et très féquentées; le Chilien naît cavalier, et on le voit presque toujours sur une monture digne de lui. Les maisons de Valparaiso sont de style européen, avec des toits plats à l'italienne. De larges degrés conduisent à un vaste vestibule, duquel, par de belles portes vitrées, on passe dans le salon et les autres appartements. Le salon est l'orgueil, non seulement du colon européen, mais du Chilien indigène; les pieds s'y enfoncent dans d'épais et coûteux tapis; les murs sont tendus de belles tapisseries; les meubles et les glaces viennent d'Europe et sont d'un luxe extrême.

Le 18 mars, la voyageuse, résolue à poursuivre son tour du globe, s'embarqua pour la Chine sur un bateau hollandais. Le 26 avril, la vue de « l'Éden des mers du Sud », Tahiti, la plus grande et la plus belle des îles de la Société, venait la dédommager d'une traversée longue et assez monotone. Depuis l'époque où Bougainville la découvrit jusqu'à la récente visite « du Comte et du Docteur [1] », Tahiti a fait

---

[1] *The Earl and the Doctor. South sea Bubbles.*

l'admiration des voyageurs par les charmes de ses paysages. Sa masse pyramidale se dresse au sein d'une végétation luxuriante, qui descend jusqu'au bord d'une mer aussi bleue que le ciel; de fraîches vallées vertes s'enfoncent dans ses montagnes, et leurs pentes sont chargées de bosquets d'arbres à pain et de cocotiers. Les habitants, physiquement parlant, sont dignes de leur demeure; c'est une belle et robuste race, dont les traits seraient agréables sans leur habitude d'aplatir le

Chiliens.

nez des enfants aussitôt après leur naissance; ils ont des cheveux noirs et très épais et de beaux yeux noirs; la couleur de leur peau est cuivrée. Les deux sexes, à l'époque du voyage de Mme Pfeiffer, conservaient encore la coutume du tatouage; les dessins qu'ils traçaient sur leur corps étaient souvent ingénieux et très finement exécutés.

Mme Pfeiffer entreprit une excursion au lac Vahiria, et pour cette circonstance elle adopta un costume masculin plus pratique qu'élégant, composé de forts souliers, de pantalons et d'une blouse tombant jusqu'aux genoux. Ainsi équipée, elle partit avec son guide, et, comme début, il lui fallut passer soixante-deux fois un torrent assez large, où souvent elle perdait pied, et qu'elle devait traverser en nageant; elle se déchirait les mains et les pieds en tombant sur les pierres des étroits ravins qu'il fallait franchir. On se sent rempli d'admiration devant l'énergie de cette femme résolue, qui persistait à continuer sa route quoique les difficultés allassent croissant. En avançant, elle remarqua que les arbres fruitiers disparaissaient, et que les pentes étaient couvertes d'arbustes tellement touffus, que l'on avait peine à s'y frayer un chemin. En huit heures, marchant, nageant ou grimpant, elle avait franchi une distance d'environ trente kilomètres, et atteint une élévation de six mille mètres. Le lac n'est visible que lorsqu'on arrive sur ses bords, car il est tout au fond d'une sorte de cratère dominé par des montagnes vertes et escarpées, qui descendent à pic dans ses eaux sombres. Quant à la traversée, il faut la faire à la nage, ou se confier à un fragile bateau que les naturels construisent sur-le-champ avec une extraordinaire rapidité. Ce n'était pas l'audace qui manquait à Ida Pfeiffer, et, sur son ordre, le guide arracha plusieurs troncs de bananiers, qu'il lia ensemble avec des herbes et recouvrit de feuilles; alors il mit ce radeau à flot et engagea Mme Pfeiffer à s'y embarquer. Elle avoue qu'elle eut une légère hésitation; mais elle aurait eu honte de la laisser voir, et monta « à bord » sans mot dire. Son guide entra dans l'eau comme un canard, et poussa le singulier esquif, qui fit cependant la traversée du lac, aller et retour, sans accident.

Après avoir, du sommet de la montagne, contemplé longuement le lac et ses environs, elle redescendit par le même sentier jusqu'à un endroit abrité, où le guide construisit un toit de feuillage et alluma du feu en frottant deux morceaux de bois qui ne tardèrent pas à s'enflammer, et qu'il jeta dans un tas d'herbes sèches. Une flamme brillante jaillit; Mme Pfeiffer sécha ses habits transpercés, et fit un maigre souper de bananes grillées; puis elle se coucha sur un amas de feuilles, et s'efforça d'y dormir de son mieux. La nuit se passa sans accident, et, le lendemain, elle refit pour le retour le même pénible trajet.

Le 17 mai, elle quitta Tahiti, le navire hollandais où elle avait pris passage repartant pour les Philippines. Ils abordèrent le 1er juillet à ce merveilleux groupe d'îles, et dès le lendemain ils entraient dans la dangereuse mer de la Chine. Bientôt ils arrivèrent à Hong-Kong, qui, depuis 1842, était devenu une dépendance anglaise. Mais Mme Pfeiffer voulait voir les Chinois chez eux; et, malgré les conseils qu'on lui donna, car la Chine était encore fermée aux Européens, elle prit ses pistolets et s'embarqua tranquillement sur une petite jonque chinoise, pour se rendre à Canton par la voie du fleuve. Aucun de ses compagnons de voyage ne parut irrité de sa présence ; le long du rivage, elle observa avec étonnement les immenses champs de riz et les jolies maisons de campagne, avec leurs toits dentelés, couverts de tuiles de toutes les couleurs. En approchant de la ville commerçante, l'animation devint très grande; la rivière était presque couverte de vaisseaux et de bateaux-habitations, parmi lesquels on voyait les formes les plus étranges : des jonques aussi vastes que les vieux galions espagnols, et dont la poupe s'élevait au-dessus de l'eau à la hauteur d'une maison, ayant des fenêtres et un toit; des navires de guerre chinois, larges et plats, portant vingt à trente canons; des bateaux de mandarins, si jolis, avec leurs portes et leurs fenêtres peintes, leurs galeries découpées et leurs petits pavillons de soie flottant de tous côtés; et enfin les *bateaux de fleurs,* décorés de guirlandes et d'arabesques; autour de tout cela, des milliers de petits canots se croisant dans tous les sens. En quittant la jonque, Mme Pfeiffer se rendit tranquillement à pied chez le commerçant européen pour lequel elle avait une lettre de recommandation. Ce ne fut qu'en lui parlant qu'elle comprit le danger auquel elle s'était exposée; il ne pouvait comprendre qu'elle eût traversé toute la ville sans être insultée ou même lapidée par la populace. Elle avait bien remarqué qu'on la montrait du doigt en criant, et qu'une foule peu à peu grossissante se mettait à la suivre; mais elle s'était dit que la seule chose à faire était de continuer bravement, et sans doute on ne lui fit rien précisément parce qu'elle ne montra aucune crainte.

Ce qui la caractérise du reste, c'est qu'elle obtint l'accès d'endroits que nulle femme d'Europe n'avait visités avant elle. Elle pénétra même dans un temple bouddhique, celui de Honan, réputé l'un des plus beaux de la Chine. Un mur élevé ferme l'enceinte sacrée; dans une première cour, un portique énorme conduit à une cour intérieure. Sous ce portique, les statues des dieux de la guerre se dressent, hauts de dix-huit pieds, avec des visages hideux et des attitudes menaçantes, pour défendre le sanctuaire de l'approche des mauvais génies. Ce sanctuaire, dans lequel on est introduit par un second portique, a cent pieds de long et autant de large; son toit plat repose sur des piliers de bois, et du plafond pendent des lampes, des lustres, des guirlandes de rubans et de fleurs artificielles; tout autour on voit des statues, des candélabres, des vases merveilleux. Mais l'œil est surtout attiré par la triple statue peinte de Bouddha, symbolisant le passé, le présent et l'avenir.

Quand Mme Pfeiffer visita le temple, on y célébrait les funérailles de la femme d'un mandarin. Le veuf lui-même était prosterné devant l'autel, ayant à ses côtés deux porteurs d'éventails; il baisait fréquemment la terre, et chaque fois on lui mettait dans les mains de minces bougies de cire parfumée, qu'il élevait en l'air et remettait ensuite aux prêtres pour les éteindre et les placer devant les idoles. Le temple résonnait du bruit des instruments de trois musiciens, dont l'un frappait sur une boule de métal, l'autre pinçait une sorte de guitare, et le dernier tirait d'une flûte des sons perçants.

Le temple principal est entouré de nombreux sanctuaires plus petits, décorés d'idoles grossièrement taillées, mais éclatantes d'or et de vives couleurs; ces dernières ont quatre, six et même huit bras. Les visiteurs furent aussi conduits à la demeure des pourceaux sacrés : il n'y en avait alors qu'un seul couple, logé dans une vaste salle dont l'atmosphère n'avait cependant rien d'agréable. Durant le cours de leur paisible existence, ces pourceaux sont soignés avec respect, abondamment nourris, et jamais le couteau du boucher ne vient trancher le fil de leurs jours.

De la Chine Mme Pfeiffer fit voile vers l'Hindoustan, donnant au passage un coup d'œil à Singapour, établissement britannique qui est le rendez-vous des commerçants de l'Asie méridionale. Le pays environnant est d'un aspect riche et agréable, et l'île entière est extraordinairement fertile. Le voyageur trouve fort agréable de s'y promener dans les plantations de girofle et de muscade, en respirant un air chargé d'un parfum tout particulier, qui est la condensation de mille odeurs délicieuses. Les plantations de poivre sont aussi une des curiosités de l'île, qui en outre est un splendide verger; on y obtient des mangoustes exquises, des ananas de quatre livres, des *saucroys* aussi gros que l'ananas, verts à l'extérieur, blancs ou jaune pâle au dedans, et ayant le goût et le parfum de la fraise. De Singapour à Pointe-de-Galles, dans l'île de Ceylan, la traversée fut de dix jours. L'aspect ravissant de cette île excita l'admiration de Mme Pfeiffer, comme elle excite celle de tous les voyageurs. « Je n'ai rien vu de plus magnifique, écrit-elle, que cette île s'élevant graduellement de la mer, et nous montrant d'abord ses hautes montagnes dont les sommets éclairés par le soleil se détachaient sur le ciel, tandis que les épais bois de cocotiers, les collines et les plaines restaient ensevelis dans l'ombre. » Partout où le regard se porte, il rencontre le feuillage le plus touffu, des vallons couverts de verdure, des pentes semées de fleurs. Ce paradis terrestre est dominé par la masse énorme et violette du pic d'Adam, au sommet duquel on prétend retrouver l'empreinte d'un pied de *deux mètres* de long, que les mahométans et les bouddhistes disent être celui du premier homme.

A Pointe-de-Galles on remarque un curieux mélange de races : Cingalais, Kanditores, Tamils venus du sud de l'Inde, Maures avec

Singapour.

leurs caftans rouges et leurs têtes rasées constituent la masse de cette foule qui se presse dans les rues; mais à côté d'eux il y a des Portugais, des Chinois, des Juifs, des Arabes, des Parsis, des Malais, des Hollandais, des Anglais, sans parler des métis; et de temps à autre passe à travers les groupes une femme arabe soigneusement voilée. Sir Charles Dilke parle quelque part de « ces groupes silencieux qu'au premier regard nous prîmes pour de grandes et élégantes jeunes filles, vêtues de jupes et de camisoles blanches, et dont les cheveux passés dans un anneau de bijouterie étaient relevés très haut derrière la tête avec un peigne d'écaille. En approchant, nous leur découvrîmes des moustaches, et nous aperçûmes, circulant au milieu d'eux, les vraies femmes, nues jusqu'à la ceinture, sans peigne et sans bijoux, et beaucoup plus vigoureuses et plus « mâles » que leurs époux. Les jupes et les chignons sont, à Ceylan, la propriété du sexe fort. »

Avec une infatigable énergie d'esprit et de corps, Mme Pfeiffer visita Colombo et Candy, les deux principales cités de l'île. Dans cette dernière, elle obtint de pénétrer dans le temple de Dagoba, où l'on garde précieusement une dent de Bouddha. Le lieu sacré qui la renferme est une étroite chambre plongée dans l'obscurité, car elle n'a pas de fenêtres, et un rideau retombe sur la porte pour exclure le moindre rayon du jour ; de belles tapisseries couvrent toutes les parois ; l'autel étincelle de plaques d'argent incrustées de pierres précieuses. Une riche boîte, en forme de cloche, en renferme successivement six autres de plus en plus petites, et dans la dernière est la fameuse dent, aussi grosse que celle d'un bœuf, ce qui laisse à supposer que le grand philosophe des Indous avait une monstrueuse mâchoire.

Le 30 octobre, Mme Pfeiffer arriva à Madras, et elle se rendit à Calcutta, la ville des palais, en remontant l'Ougly, un des sept bras du Gange. Sur Calcutta, cette ville de palais, elle ne nous apprend que ce que tant de voyageurs ont dit depuis. Pendant tout son voyage dans les Indes, elle éprouva une grande répugnance à se faire transporter en palanquin ; il lui semblait honteux de traiter les hommes comme des bêtes de somme. A l'opposé de la plupart des touristes dans l'Inde, elle voyageait sans suite, avec un seul domestique ; cependant elle put aller partout et voir tout ce qu'il y avait de curieux. On peut dire qu'elle réduisit ses dépenses à l'extrême minimum, en se soumettant, il est vrai, à des privations que d'autres trouveraient insupportables, mais qui ne lui paraissaient pas pouvoir entrer en balance avec les jouissances que ses voyages lui donnaient; et elle vit du reste, grâce à cela, beaucoup de choses qui lui auraient échappé si elle avait suivi la méthode ordinaire des voyageurs plus exigeants dans leurs habitudes.

A Bénarès, elle vit les bazars, les temples et les palais, les colossals escaliers de pierre que descendent chaque matin cinquante mille fidèles pour aller se baigner dans le Gange en invoquant Brahma; elle vit brûler les morts sur les rives du fleuve sacré; mais ce qui la frappa le plus, ce furent les horribles tortures que s'imposaient volontairement les fakirs. Elle passa à Allahabad, à la jonction de la Djemnah et du Gange. Le fort de cette ville a une légende. Lorsque le sultan Akbar le commença, un oracle déclara qu'on ne l'achèverait que si un homme se dévouait à la mort ; il s'en trouva un pour accomplir ce sacrifice, et on consacra à sa mémoire un temple souterrain que des pèlerins visitent en foule chaque année. A Agra, Mme Pfeiffer vit le Taj-Mahal, ravissant monument élevé par le sultan Djihan à la mémoire de son épouse préférée, et dont les splendeurs font mieux comprendre les merveilleuses descriptions des *Mille et une Nuits*. Elle visita aussi les célèbres temples d'Adjunta et d'Ellora, creusés dans la montagne, et non moins remarquables par leur architecture étrange que par les sculptures et les restes de peintures qui les décorent.

« Les temples (d'Adjunta), au nombre de vingt-sept, sont taillés dans des pans de rochers élevés à pic et à moitié circulaires. Ils forment deux étages superposés. On y arrive par des marches pratiquées dans le roc, mais si étroites et si dégradées, que souvent on sait à peine où poser le pied. Au-dessous de soi sont béants de profonds abîmes dans lesquels vient s'engloutir un torrent rapide. Au-dessus on voit encore les flancs des rochers perpendiculaires dépasser cent mètres. En général, les temples forment des carrés à l'intérieur desquels on pénètre par des arcades et de beaux portails qui semblent porter des montagnes de pierre. Les murs des temples sont couverts de gigantesques statues de bons et de mauvais génies. Les sculptures et les bas-reliefs taillés dans le roc, qui ornent à profusion les colonnes, les chapiteaux, les frises et même les plafonds, sont du goût le plus pur et d'une beauté extraordinaire ; la variété des dessins et des sujets est inépuisable. Il paraît incroyable que des hommes aient pu produire ces chefs-d'œuvre et en même temps ces constructions colossales ; aussi les brahmanes les attribuent-ils à des êtres surnaturels. »

Mme Pfeiffer mit sept semaines à aller de Delhi à Bombay. Elle s'embarqua le 23 avril 1848 pour Bassora, remonta le Tigre, et arriva à Bagdad, cette vieille cité d'Asie, dont le seul nom rappelle tant de légendes merveilleuses et tant de récits de voyageurs non moins merveilleux ; l'antique capitale du grand Haroun Al-Raschid, dont les contes arabes nous ont fait connaître la sagesse et l'équité. C'est une ville riche et populeuse ; ses minarets et ses coupoles, revêtus de briques de couleur, jettent un vif éclat au soleil ; la plupart de ses maisons sont entourées de jardins en fleur ; ses bazars sont remplis des marchandises de tout l'Orient, et ses terrasses descendent jusqu'aux rives du Tigre jaunâtre, bordé de dattiers et de palmiers; au-dessus se déploie un ciel d'un bleu étincelant.

De Bagdad Mme Pfeiffer fit une excursion aux ruines de Babylone, masses énormes de décombres où l'on retrouve de gigantesques fragments de murs et de piliers. Le 17 juin elle se joignait à une caravane qui partait pour Mossoul; c'était un voyage de douze à quatorze jours à travers une contrée inhospitalière et déserte; une mule devait la porter, elle et son bagage. Elle avait la perspective d'être rôtie par le soleil et de coucher la nuit sur le sol brûlant, se contentant pour nourriture d'un peu de pain et de quelques dattes. Elle avait appris plusieurs mots arabes, et se faisait mieux encore comprendre par signes. Ce trajet fut très pénible; un jour, poussée par la faim, elle parcourut un petit village, et parvint à s'y procurer un peu de lait et trois œufs, qu'elle fit cuire sous la cendre; elle remplit au Tigre sa gourde de cuir et regagna fièrement le camp; ce repas, conquis avec tant de peine, lui parut le meilleur qu'elle eût fait de sa vie. Le lendemain, pendant que tous se reposaient par les heures les plus chaudes de la journée, le conducteur de la caravane, pour lui procurer un peu d'ombre, étendit une couverture sur des pieux enfoncés en terre; mais la place était si étroite, et cette tente improvisée si peu solide, qu'elle fut obligée d'y rester sans bouger pour ne pas la faire crouler au moindre mouvement. La chaleur croissant toujours, elle ne trouva pour se rafraîchir que de l'eau tiède, et son dîner se composa d'un concombre et d'un morceau de pain si dur, qu'elle dut absolument le faire tremper. Pourtant elle ne se repentit pas un instant de s'être exposée à ces privations excessives.

La caravane séjourna deux jours dans une bourgade; Mme Pfeiffer logea chez le conducteur, qui avait un domicile en cet endroit. Le premier jour, sa patience fut mise à une rude épreuve : les femmes du voisinage accoururent toutes pour contempler l'étrangère. Elles commencèrent par inspecter ses vêtements, puis elles voulurent lui ôter son turban. Mme Pfeiffer, pour circuler à Bagdad sans attirer l'attention, avait pris le costume des femmes de cette ville. Enfin, excédée de leurs importunités, elle en prit une par le bras et la mit si vivement à la porte, que celle-ci n'eut le temps de faire aucune résistance. Après cette mesure énergique, elle fit comprendre aux autres qu'un traitement semblable les attendait si elles ne s'éloignaient pas sur-le-champ, et traça autour du siège qu'elle occupait un cercle qu'elle leur défendit de franchir. Cette défense fut scrupuleusement respectée ; mais il fallut encore faire entendre raison à la femme du conducteur, qui l'accablait de demandes de cadeaux et l'aurait totalement dépouillée. Heureusement son mari rentra, et Mme Pfeiffer lui adressa ses plaintes, feignant de vouloir quitter sa

Le Tigre à Bagdad.

maison ; car elle savait que l'Arabe regarde le départ d'un hôte comme le plus grand des déshonneurs. Il ordonna aussitôt à sa femme de la laisser tranquille. « Partout, dit à ce propos Mme Pfeiffer, je suis parvenue à faire respecter ma volonté, tant il est vrai que l'énergie et le sang-froid en imposent aux hommes, qu'ils soient Arabes, Bédouins ou autres. » Vers le soir, elle vit, à sa grande joie, une marmite contenant de la viande de mouton bouillir devant le feu ; son estomac réclamait une nourriture plus fortifiante que celle qu'elle avait eue depuis son départ. Mais cet appétit diminua en voyant préparer le ragoût : la vieille mère du guide mit à tremper dans un pot d'eau plusieurs poignées de graines rouges et une quantité d'oignons ; puis elle pressa le tout avec ses mains sales, mâcha les graines, qu'elle remit dans le pot, et, saisissant un chiffon malpropre, fit passer cette sauce et la versa sur la viande de la marmite. Mme Pfeiffer résolut de ne pas toucher à un pareil plat ; mais, quand elle sentit l'agréable odeur qu'il répandait, la faim fut la plus forte, et elle regretta seulement que la cuisine se fût faite sous ses yeux. La soupe, d'une couleur bleu foncé et d'un goût assez aigre, la ranima et la réconforta ; elle aurait beaucoup donné pour en avoir une pareille le lendemain avant le départ. Mais l'Arabe ne connaît pas de telles prodigalités, et il fallut se contenter de quelques concombres sans vinaigre ni sel.

Le 28 juin, la caravane s'arrêta à Erbil (Arbèle), lieu de la fameuse victoire d'Alexandre, et deux jours après elle passa le Sab sur des radeaux dont l'origine devait remonter à une haute antiquité : ils se composaient d'outres en cuir, gonflées, reliées au moyen de quelques perches, et sur lesquelles on pose des planches et une couche de roseaux. Les bêtes passaient à la nage, traînées avec une longe par un homme à califourchon sur une outre gonflée. Une dernière nuit de marche forcée les conduisit, à travers les solitudes nues de la Mésopotamie, jusqu'à Mossoul. Lorsqu'elle fut un peu reposée, Mme Pfeiffer alla visiter près de cette ville les ruines de Ninive. On commençait alors les fouilles qui ont mis au jour les superbes bas-reliefs, les grands taureaux ailés, et ces inscriptions nombreuses qui ont permis à la science de reconstituer l'histoire et la civilisation assyriennes.

Une caravane partait pour Tauris en faisant de grands détours. Mme Pfeiffer s'obstina cependant à s'y joindre, quoique le consul anglais qui l'avait reçue à Mossoul l'avertît qu'elle ne rencontrerait pas un Européen dans le pays qu'elle devait traverser. Nous avons vu qu'elle ne connaissait pas la crainte, et que rien ne pouvait la détourner d'une résolution prise. Elle voulait aller en Perse ; elle irait à tout prix ! Craignant d'être dévalisée et tuée en route, elle expédia à ses fils ses papiers et ses notes. La caravane franchit d'abord les collines qui séparent la Mésopotamie du Kurdistan. Cette dernière contrée n'a jamais joui d'une bonne réputation pour les voyageurs, et Mme Pfeiffer en fit l'expérience. Pendant une marche de nuit au clair de lune, la caravane, peu nombreuse, traversait un champ récemment moissonné. Une demi-douzaine d'hommes, armés de bâtons, surgirent de derrière les tas de blé, et, arrêtant les chevaux par les brides, proférèrent des exclamations violentes et effrayantes. Heureusement un des voyageurs sauta de cheval, saisit un des brigands à la gorge, et le menaça avec son pistolet chargé. Cet acte de vigueur eut un effet immédiat; les voleurs renoncèrent à leur attaque, et, au bout de quelques instants, ils engageaient une conversation pacifique avec ceux qu'ils avaient voulu dépouiller, et auxquels, moyennant un pourboire, ils indiquèrent le meilleur campement.

Quelques jours plus tard, la caravane, partie à deux heures du matin, traversa un imposant défilé que les eaux d'un torrent avaient creusé dans la montagne. Un étroit sentier en suivait le cours, et heureusement la lune brillait de tout son éclat, car, quoique leur pied fût sûr, les chevaux auraient eu peine à gravir ce sentier périlleux, encombré d'énormes rochers. Cependant ils grimpaient comme des chamois sur les rebords aigus, et faisaient passer leurs cavaliers le long d'horribles abîmes que ceux-ci ne pouvaient regarder sans frissonner. Cette scène avait quelque chose de si saisissant, avec les contrastes de lumière et d'ombre, que les grossiers compagnons de Mme Pfeiffer en subirent l'influence; tous se turent, et on n'entendit que les pas sonores des chevaux et les pierres roulant dans le ravin. Tout à coup la lune se voila, et ils furent environnés de ténèbres si épaisses, que chacun d'eux ne pouvait voir celui qui le précédait. Le guide battait le briquet pour faire jaillir des étincelles qui éclairassent un peu la route, mais les bêtes trébuchaient à chaque pas. Il fallut rester dans une immobilité complète jusqu'au point du jour. Dès que les voyageurs purent distinguer les objets qui les entouraient, ils se virent au milieu d'un cercle de grandes montagnes s'entassant les unes au-dessus des autres, et dominées par un colosse puissant coiffé de neiges. La marche fut reprise; mais bientôt le chemin se montra semé de taches de sang, et, en plongeant leurs regards dans l'abîme, ils purent voir deux cadavres, l'un à cent pieds au-dessous d'eux, l'autre qui avait roulé plus bas encore, à demi caché par un énorme roc. Ils se hâtèrent de quitter ce lieu sauvage, et, après avoir monté et redescendu bien des pentes, ils arrivèrent à Ravandus, vrai nid d'aigle, construit sur un cône et entouré de montagnes. Mme Pfeiffer eut l'occasion d'y étudier les mœurs des Kurdes. Les maisons de Ravandus étaient construites en terrasse, et leurs toits plats servaient de rues aux maisons supérieures. Elle logea chez le principal négociant de la ville, dont le logis était un vrai taudis sombre et malpropre. Les femmes lui parurent paresseuses et ignorantes; les hommes travaillaient le moins possible et volaient autant qu'ils pouvaient. Malgré leurs défauts grossiers, elle les trouva doux et hospitaliers; tous s'empressèrent de fournir à l'étrangère ce qu'ils pensaient lui être agréable. Ayant fait honte aux femmes de leurs vêtements déchirés, elle leur montra à les raccommoder, et eut bientôt une école de couture rassemblée autour d'elle. Le costume des femmes se compose de larges pantalons et de bottes rouges ou jaunes; elles jettent sur elles une longue robe bleue qui tomberait plus bas que la cheville si elle n'était retroussée dans la ceinture, et un large châle également bleu; elles tournent des châles noirs en turban autour de leurs têtes, ou portent le fez rouge, bordé d'un petit mouchoir de soie et surmonté d'une courte frange noire formant diadème; les cheveux retombent sur les épaules en nattes fines et nombreuses; une grosse chaîne d'argent est rattachée au turban. Cette coiffure est très gracieuse, et il faut ajouter qu'elle accompagne souvent de très beaux visages, des traits réguliers et des yeux pleins d'éclat.

Ce fut avec les difficultés et les mésaventures les plus pénibles que Mme Pfeiffer arriva au lac salé d'Ourmiah, qui, sous certains rapports ressemble à la mer Morte. Elle y reçut l'hospitalité chez des missionnaires protestants qui lui fournirent un guide pour achever son voyage, et enfin elle arriva à Tauris, ayant été attaquée encore une fois par des voleurs, qui la laissèrent passer, lui trouvant une mine trop pauvre pour exciter leur cupidité. Les Européens de cette ville ne pouvaient comprendre comment une femme isolée, sans savoir la langue du pays, avait pu traverser de telles contrées. Tauris, résidence d'un vice-roi, est une belle ville, avec de nombreuses manufactures de soie et de cuirs; ses rues sont propres, mais le passant n'y voit rien de plus que dans toutes les villes d'Orient; les maisons ne présentent que de grands murs sans ouvertures, car les fenêtres donnent sur une cour intérieure garnie d'arbres et de fleurs, à laquelle s'adjoint un beau jardin.

Mme Pfeiffer partit pour Natschivan dans une voiture de poste; à Arax, elle franchit la frontière russe, et à Natschivan se joignit à une caravane qui se rendait à Tiflis. Les conducteurs étaient Tartares; elle observa qu'ils n'avaient pas la même frugalité que les Arabes : chaque soir un savoureux pilau, fréquemment garni de pruneaux ou de raisins secs, était préparé pour leur repas. La route de la caravane traversait les fertiles et larges vallées qui s'étendent à la base de l'Ararat; entre les deux pics de sa plus haute cime existe une petite plaine où l'arche de Noé s'est arrêtée, et où on la trouverait encore,

Un caravansérail.

prétendent les légendes, si on pouvait déblayer la neige sous laquelle elle est ensevelie, et qui ne fond jamais.

Dans le voisinage d'une ville nommée Sidin, Mme Pfeiffer eut une étrange aventure. Elle revenait d'une promenade quand elle entendit le bruit de chevaux de poste et vit passer une voiture découverte où se trouvaient un Russe et un Cosaque armés. La voiture s'arrêta brusquement, et le Cosaque, sautant à terre, la prit par le corps, l'y fit monter de force malgré ses protestations, et repartit au galop; tout s'était passé si rapidement, qu'elle ne put donner l'alarme à ses compagnons de voyage, qui campaient tout près de là. Bâillonnée, retenue brutalement, la vaillante femme rassembla ses idées, et comprit qu'on avait dû la prendre pour un espion déguisé. Enfin ils atteignirent la maison de poste; elle fut enfermée dans une chambre, le Cosaque montant la garde à sa porte. Elle y passa toute la nuit sans nourriture, et le lendemain, lorsqu'elle eut pu se faire apporter ses bagages et montrer son passeport, on la congédia sans explication et sans excuse de cet injurieux traitement. « Oh! mes bons Arabes! Turcs! Persans! Hindous! ce n'est pas chez vous que pareille aventure me serait arrivée! » s'écrie-t-elle en ajoutant des remarques peu flatteuses sur la grossièreté russe. A travers la Géorgie elle gagna Kertch, sur la mer d'Azof, puis Odessa, et enfin Constantinople. Elle n'y séjourna que quelques jours et se hâta de se rendre à Athènes. Là elle foulait une terre de souvenirs. Chaque ruine, chaque temple, chaque colonne brisée lui rappelait une action héroïque ou un nom illustre. Mme Pfeiffer n'était pas une femme savante, mais elle avait assez lu pour contempler avec intérêt, du haut de l'Acropole, les plaines de l'Attique et les flots de la mer Égée. Elle n'était pas artiste, mais elle avait le sentiment du beau, et elle admira avec une vive jouissance le Parthénon et tant d'autres monuments célèbres. Enfin, par Corfou, elle rentra à Trieste. Son entreprise hardie s'achevait le 30 octobre 1848, et elle pouvait se glorifier justement d'être la première femme qui eût fait le tour complet du globe. Son voyage avait duré deux ans et demi. Elle obtint toute l'admiration qu'elle méritait, et son très simple récit du *Voyage d'une femme autour du monde* fut favorablement accueilli du public.

Après son retour, elle déclara tout d'abord que ses expéditions lointaines étaient achevées, et qu'à l'âge de cinquante et un ans elle ne désirait plus que la paix et le repos. Mais son activité, sa soif de science, son besoin de voir des scènes nouvelles, ne purent longtemps être réprimés; et comme elle se sentait toujours forte et bien portante, aussi énergique que dans sa jeunesse, elle résolut de recommencer un second voyage de la même importance que le premier. Le gouvernement autrichien lui accorda une somme de quinze cents florins pour l'aider à subvenir à ses dépenses, et, après deux ans et demi d'intervalle, elle se remit en route le 18 mars 1851, alla à Londres, et se rendit de là au Cap, d'où elle avait pensé pénétrer dans l'intérieur de l'Afrique jusqu'au lac Ngami. Mais elle changea d'intention, ce projet étant d'exécution trop difficile, et se décida à visiter une partie de l'Océanie. Elle s'embarqua donc pour Sarawac, dans l'île de Bornéo, où un riche Anglais, d'une héroïque énergie et doué d'extraordinaires capacités d'organisation, le rajah Brooke, s'était créé, dans un but de civilisation, une principauté indépendante qui prospérait, sous son gouvernement équitable et ferme, depuis une dizaine d'années. Son neveu, aujourd'hui son successeur, reçut fort bien Mme Pfeiffer, et, dès qu'elle se fut procuré les moyens nécessaires, elle s'enfonça au cœur même de l'île, région presque inconnue des Européens. Cette entreprise, la plus audacieuse de sa vie, suffirait à prouver que son courage égalait celui des explorateurs les plus hardis ; car, pour endurer les souffrances et les périls qu'elle dut subir, il lui fallut non seulement une remarquable énergie physique, mais une force morale non moins grande. Que de nuits elle passa dans les profondeurs de l'immense forêt de Bornéo, n'ayant qu'un peu de riz pour toute nourriture, marchant tout le jour à travers des buissons épineux qui lui lacéraient les pieds, traversant à la nage des rivières, ne reculant devant aucun genre de danger, si inattendu fût-il, et étonnant les sauvages eux-mêmes par son courage et sa patience. Elle s'était vêtue d'un costume fort simple et très commode, marchait pieds nus, et se couvrait la tête d'une large feuille de bananier par-dessus son chapeau de bambou, pour se garantir du terrible soleil des tropiques. Les circonstances les plus critiques ne la prirent jamais au dépourvu, et l'histoire des découvertes et des voyages n'a peut-être pas de chapitre plus étonnant que celui des explorations de Mme Pfeiffer dans le centre de Bornéo.

Nous lui devons des détails intéressants sur les usages et les mœurs des Dayaks ou population indigène. Leur férocité est proverbiale en Asie ; ils ont un goût particulier pour les têtes humaines, trophées dont ils décorent leurs demeures ; et, s'ils ont juré de s'en procurer une, il la leur faut à tout prix, celle d'un ami ou d'un ennemi. Leur œil est aussi perçant que celui d'un tigre ; leur flèche ne manque jamais son but. Quand nous aurons ajouté que ces sauvages sont cannibales, qu'ils n'avaient jamais vu de femme européenne, et qu'Ida Pfeiffer s'aventura parmi eux sans escorte, on pourra se faire une idée des risques qu'elle courait. L'audace est souvent récompensée. Cette femme seule, sans défense, excita le respect et l'admiration de ses étranges hôtes ; elle put circuler de village en village avec une complète sécurité. Aussi, à part les petits défauts que nous avons signalés, fait-elle l'éloge des Dayaks, qu'elle déclare bons et honnêtes. Les Battaks, avec lesquels elle fit ensuite connaissance à Sumatra après avoir parcouru dans l'intervalle l'île de Célèbes, sont bien plus cruels encore; ils se désaltèrent de sang humain et pratiquent le cannibalisme comme un art. On dit que certaines tribus achètent des esclaves en guise de bétail, pour les dévorer; il est bien entendu que les prisonniers de guerre ou les naufragés qu'une tempête jette sur leurs côtes sont aussitôt victimes de ces barbares. Les voyageurs ajoutent qu'ils mangent également

Une forêt de Bornéo.

les vieillards qui ont cessé d'être utiles à la tribu. Ils attachent leur proie à un arbre, et la découpent vivante sans manifester la moindre émotion à la vue de son affreuse agonie. Cependant les Battaks sont supérieurs sous plusieurs rapports aux autres Malais; leurs demeures sont plus belles et mieux construites; ils paraissent plus intelligents. Dans le cours de ses explorations, Mme Pfeiffer s'arrêta dans leurs villages, et assista à leurs fêtes et à leurs occupations habituelles; sa présence excitait une certaine curiosité; les Battaks accouraient et se rassemblaient autour d'elle en poussant des cris aigus, mais sans manifester d'intentions hostiles. Cependant une ou deux fois les choses auraient mal tourné sans sa présence d'esprit. Un jour, elle se vit barrer le chemin par une troupe de quatre-vingts hommes à l'air féroce, dont les gestes et les cris ne lui montraient que trop qu'ils la regardaient comme une ennemie. Ces sauvages avaient six pieds, et leur laideur naturelle était encore accrue par la rage qui contractait leurs traits; leurs grandes bouches aux mâchoires saillantes ressemblaient à la gueule d'une bête fauve. Mme Pfeiffer domina une frayeur trop naturelle, et s'assit tranquillement sur une pierre. Les chefs s'avancèrent, la menaçant, si elle ne retournait pas en arrière, de la tuer et de la manger; leurs gestes étaient très clairs, car ils

Habitations flottantes des Dayaks.

lui touchaient la gorge de leurs couteaux et faisaient aller leurs mâchoires comme s'ils la dévoraient déjà. Elle avait appris quelques mots de leur langue, et savait que les sauvages sont comme des enfants; la moindre chose suffit pour détourner leurs idées. Elle se leva, et, frappant amicalement sur l'épaule de celui qui était le plus près d'elle, elle lui dit sur le ton de la plaisanterie, moitié en malais, moitié en battak : « Vous n'allez pas tuer et manger une femme, surtout une vieille femme comme moi, dont la chair est dure et coriace. » Puis elle leur fit comprendre qu'elle n'avait pas peur d'eux, et qu'elle consentait à renvoyer son guide et à se mettre sous leur protection. Sa pantomime les désarma en les faisant rire; son audace lui conquit leur amitié. Mais elle ne put aller beaucoup plus loin, et elle-même comprit qu'elle avait commis une terrible imprudence en se hasardant parmi ce peuple, où chaque jour elle courait risque d'être massacrée. Elle se décida donc à rebrousser chemin; les sauvages parurent vouloir s'y opposer, comme si l'étrangère qui avait pénétré parmi eux ne devait plus revoir son pays. On forma un cercle autour d'elle; un Battak fit un discours véhément, et, la saisissant par le bras, lui ordonna de le suivre. Mme Pfeiffer vit pâlir la figure jaune de son guide, qui obtint enfin qu'on leur laissât continuer leur route. Ce fut à marches forcées qu'ils traversèrent les merveilleuses forêts de Sumatra, jusqu'à ce qu'ils fussent rentrés dans la partie de l'île occupée par les Hollandais. Sans son courage extraordinaire et l'énergique dévouement de son guide malais, elle ne serait jamais revenue de cette dangereuse expédition.

Mme Pfeiffer visita également les autres îles des Moluques, et vécut parmi leurs peuplades sauvages; puis elle s'embarqua pour San-Francisco. Elle passa plusieurs mois en Californie, pays qui s'est transformé depuis cette époque, et où de grandes villes s'élèvent dans les lieux où la voyageuse vit encore des villages indiens. A la fin de l'année elle partit pour Lima, avec le dessein de traverser les Andes et de pousser à l'est, par l'intérieur, jusqu'à la côte brésilienne. Une des fréquentes révolutions du Pérou la força de modifier ce projet; elle franchit le col de Chimborazo, fut témoin d'une superbe éruption du Cotopaxi, et, satisfaite de cette ascension, elle revint à Guyaquil après avoir couru le plus grand danger en tombant d'une barque dans le Guaya, fleuve rempli d'alligators. Pas un des mariniers ne vint à son secours, et sans un passager elle n'aurait pu regagner le bord. Elle déclare que dans aucune partie du monde elle ne trouva, du reste, si peu de sympathie et si peu de politesse que dans l'Amérique espagnole; aussi fut-elle très pressée de la quitter, et, traversant l'isthme de Panama, elle se rendit par mer à la Nouvelle-Orléans, vers la fin de mai 1854. De là elle remonta le Mississipi, puis l'Arkansas, et gagna le pays des lacs. Après une courte pointe en Canada, elle repassa la frontière des États-Unis, et de New-York s'embarqua pour l'Angleterre, où elle arriva à la fin de 1854. Le récit de ses aventures parut deux ans après sous le titre : *Mon second voyage autour du monde*.

On pourrait croire qu'à l'âge de cinquante-neuf ans, et après tant de fatigues, Mme Pfeiffer n'aurait plus demandé qu'à passer en paix les dernières années de sa vie; mais elle avait une nature qui ne souffrait pas l'inaction. Il y a dans les voyages quelque chose qui stimule la curiosité au lieu de la satisfaire, et ceux qui se sont engagés dans cette voie n'ont plus le pouvoir ni la volonté de s'arrêter; le besoin de mouvement perpétuel s'empare d'eux comme du Juif errant. Au mois de mai 1856, Ida Pfeiffer reprenait son bâton de voyageuse. Elle se rendit d'abord à Berlin, à Amsterdam, à Paris, qu'elle ne connaissait pas, et à Londres. Partout le monde scientifique l'accueillit de la façon la plus flatteuse. A Paris, le président de la Société de géographie, M. Jomard, l'invita à une séance où elle fut conduite par Malte-Brun. Après avoir brièvement énuméré ses titres à cette distinction, M. Jomard ajouta que la Société était fière de faire en sa faveur une infraction à ses règlements en la nommant membre honoraire, à côté de ses illustres compatriotes Humboldt et Karl Ritter, et, rappelant un mot connu, il termina par cette parole : « Rien ne manque à votre gloire, Madame, mais vous manquiez à la nôtre. »

Elle retourna alors, ce qui était pour elle une promenade, au cap de Bonne-Espérance, et là hésita quelque temps sur la direction qu'elle prendrait. Enfin elle revint au projet, un moment abandonné, de visiter Madagascar, et, en attendant que la saison lui permît de s'y rendre, elle passa dans l'île Maurice. Elle trouva de nombreux sujets d'admiration dans l'aspect de cette belle et riche colonie. Ses montagnes volcaniques présentent les lignes les plus hardies et les plus pittoresques; sa végétation atteste la prodigalité de la nature; chaque gorge est tapissée de feuillage; de rocher en rocher tombent des cascades en miniature. Mme Pfeiffer fit l'ascension du mont Orgueil, qui domine une grande partie de l'île, et visita le Trou-du-Cerf, cratère parfaitement régulier, rempli d'arbustes en fleur, et d'où le voyageur voit s'étendre à ses pieds un magnifique panorama, des montagnes majestueuses revêtues de forêts presque jusqu'au sommet, de vastes plaines que verdissent les plantations de cannes à sucre, et, tout autour de soi, la mer étincelante. C'est du sucre, et rien que du sucre, prétend Mme Pfeiffer, que l'on voit à Maurice; toute entreprise et toute conversation s'y rapportent. Elle partit donc avec plaisir pour Madagascar. Le port de Tamatave, qui est aujourd'hui un centre de commerce important, était à cette époque un grand village fort pauvre, de quatre à cinq mille habitants. Ayant obtenu de la reine la permission d'entrer dans ses États,

Mme Pfeiffer se fit transporter dans une légère chaise à porteurs, qui était le seul véhicule en usage, jusqu'à Tananarive, la capitale du pays. La ville lui apparut pittoresquement située sur une haute colline qui s'élevait brusquement au milieu d'une vaste et fertile plaine. Les faubourgs qui l'environnent avaient été d'abord des villages; mais ils s'étaient étendus, et avaient fini par se rejoindre. La plupart des maisons étaient construites en terre ou en argile, tandis que celles de la ville même devaient, par ordonnance royale, être bâties en planches, ou du moins en bambou. Toutes étaient plus grandes que celles des villages, plus propres et mieux entretenues; les toits étaient très hauts et pointus, et presque tous pourvus de paratonnerres; la plupart des maisons, et parfois des groupes de trois ou quatre maisons, étaient entourées de remparts de terre qui les isolaient des constructions voisines. Les rues et les places étaient fort irrégulières; les maisons n'étaient pas alignées, mais groupées sur le penchant de la colline, au sommet de laquelle s'élevait le palais, également construit en bois, à deux étages, avec de larges balcons, et entouré d'énormes colonnes d'un seul morceau, fournis par les arbres géants des forêts de l'île, et sur lesquelles reposait le toit.

Madagascar était alors gouvernée par la reine Ranavalo, que sa cruauté, sa haine des Européens et les persécutions que subirent sous son règne les chrétiens indigènes ont trop fait connaître. Le récit de la présentation de Mme Pfeiffer à la cour malgache est assez curieux. L'entrée principale du palais était surmontée d'une grande aigle d'or aux ailes déployées. Conformément à l'étiquette, il fallut franchir le seuil du pied droit; de même, pour une seconde porte qui introduisit dans une cour très vaste, où la reine était assise sur le balcon du premier étage. Dans la cour, des soldats exécutaient des manœuvres guerrières. On fit placer les étrangers en ligne en face de Sa Majesté. Ranavalo était enveloppée d'un large *simbou* de soie, et portait une lourde couronne d'or; quoiqu'elle fût à l'ombre, on n'en tenait pas moins déployé au-dessus de sa tête un immense parasol cramoisi, signe de la dignité royale. Avec un teint assez foncé et une forte complexion, elle était, malgré ses soixante-quinze ans, encore alerte et robuste, pour le malheur de ses sujets. Ses fils se tenaient à ses côtés, et derrière elle toute la famille royale et les dignitaires de la cour. Le ministre, en présentant Mme Pfeiffer et un Français de l'île Maurice, nommé Lambert, qui joua, à cette époque, un rôle dans les affaires politiques de Madagascar, adressa à la reine un petit discours après lequel les étrangers durent s'incliner trois fois en répétant en malgache : « Nous te saluons de notre mieux. » Elle répondit : « Nous te saluons. » Et il fallut renouveler les mêmes révérences devant le tombeau du feu roi Radamo, construit à gauche de la cour. M. Lambert éleva alors en l'air une pièce d'or de cinquante francs, qu'il remit au ministre : don obligatoire, mais qui n'était pas fixé à ce chiffre, la reine se contentant, pour cette formalité, même d'une pièce de cinq francs. Elle daigna alors adresser quelques mots à ses visiteurs, et demanda à Mme Pfeiffer si elle n'avait pas eu la fièvre; les nouveaux arrivants, en effet, échappent rarement aux fièvres intermittentes qui sévissent dans ce pays. La réception se termina sur de nouveaux saluts, et en sortant on rappela aux étrangers qu'il ne fallait pas franchir le seuil du pied gauche.

Vue de Madagascar (Tananarive).

Cependant Mme Pfeiffer avait probablement plu à la reine, car celle-ci l'invita à un grand banquet après lequel elle lui intima l'ordre de donner un échantillon de son talent musical sur un piano, étonné sans doute de se trouver là.

« Dans ma jeunesse, écrit Mme Pfeiffer, j'avais été passable musicienne; mais il y avait longtemps de cela! Depuis trente ans je n'avais pas ouvert un piano. Qu'est-ce qui m'aurait dit que je serais un jour appelée à m'exécuter devant une reine et sa cour, à soixante ans, quand mes doigts étaient plus rebelles que ceux d'une enfant après quelques mois de leçons? Je m'assis devant l'instrument et commençai à jouer; mais quel fut mon effroi en m'apercevant que pas un son n'était juste, et que la plupart des touches répondaient à la pression la plus énergique par un silence obstiné! Et il fallait jouer sur un pareil piano! Mais le vrai génie de l'artiste s'élève au-dessus de telles difficultés, et, excitée par la pensée de faire apprécier mon talent à des juges aussi éclairés, je me mis à exécuter les gammes les plus extraordinaires, à taper de toutes mes forces sur les touches rebelles, et à jouer sans rime ni raison. J'eus la satisfaction de m'apercevoir que mon talent excitait l'admiration générale, et Sa Majesté daigna me remercier. Le jour suivant, comme marque signalée de sa faveur, je reçus en présent plusieurs beaux poulets et un grand panier d'œufs. »

Mais Mme Pfeiffer eut le malheur de se trouver à Tananarive au moment où se formait une conspiration pour renverser la reine et élever au trône son fils, le prince Radama; elle se trouva même confidente involontaire de ce complot, dont M. Lambert, avec lequel elle était venue, était le principal auteur. Malheureusement il fut découvert avant l'exécution. La vengeance de la reine fut terrible; les chrétiens soupçonnés d'y avoir pris part furent jetés en prison, et les Européens se trouvèrent captifs dans leurs demeures et menacés du sort le plus affreux. « Aujourd'hui, écrit Mme Pfeiffer, un grand conseil a été tenu dans le palais de la reine; il a duré six heures, et a été fort orageux; il s'agissait de décider de notre sort. Suivant la règle ordinaire, presque tous nos amis, du moment où ils virent notre cause perdue, nous abandonnèrent, et la majorité d'entre eux, pour éviter tout soupçon d'avoir pris part au complot, demandèrent notre condamnation avec plus d'animosité que nos ennemis mêmes. On tomba promptement d'accord que nous méritions la peine de mort; la discussion ne porta que sur le supplice par lequel on se débarrasserait de nous, les uns votant pour notre exécution publique sur la place du marché, les autres pour attaquer notre maison pendant la nuit, d'autres enfin pour nous inviter à un banquet pendant lequel nous pourrions, au choix, être égorgés ou empoisonnés. La reine hésitait entre ces divers partis; mais elle en aurait certainement adopté un si le prince n'était pas intervenu comme notre génie tutélaire. Il protesta fortement contre une sentence de mort, et supplia la reine de ne pas céder aux conseils de la colère, appuyant sur ce fait que les puissances européennes ne laisseraient pas un tel meurtre impuni. Jamais, m'a-t-on dit, le prince n'avait osé exprimer son opinion devant la reine avec tant de force et d'éloquence. Les nouvelles nous parvinrent par quelques rares amis qui nous étaient demeurés fidèles.

« Notre captivité dura près de quinze jours, nous en avions passé treize dans la plus terrible incertitude, nous attendant à tout moment à un arrêt fatal, et tremblant jour et nuit au moindre son. Ce furent des moments pénibles à passer. Un matin, j'étais assise à mon pupitre, je venais de déposer la plume, et je me demandais si depuis le dernier conseil la reine n'avait pas pris une décision, lorsque j'entendis un bruit extraordinaire dans la cour. Je sortis de ma chambre pour voir ce que c'était, quand M. Laborde (un autre des conspirateurs) vint m'informer qu'on allait tenir un autre grand *kabar* dans la cour du palais, et qu'on réclamait notre présence.

« Nous trouvâmes réunies plus de cent personnes : juges, officiers et dignitaires, assis sur des chaises et des bancs, quelques-uns par terre, et formant un large demi-cercle. Derrière eux, un détachement de soldats était sous les armes. Un des officiers nous assigna nos places en face des juges. Ces derniers étaient enveloppés de grands *simbous* blancs; leurs yeux s'attachaient sur nous avec une expression féroce, et ils gardaient un silence de mort. J'avoue que la frayeur me gagna; je dis tout bas à M. Laborde : « Je crois que notre dernière heure est venue. » Il me répondit : « Je suis prêt à tout. »

Heureusement la balance pencha du côté de la miséricorde; les sept Européens qui se trouvaient à Tananarive reçurent l'ordre d'en partir immédiatement. Trop heureux d'obéir, ils étaient au bout d'une heure sur la route de Tamatave, escortés de soixante-dix soldats malgaches, et ils pouvaient se féliciter d'en être quittes pour si peu; car, le matin même de leur départ, deux chrétiens furent mis à mort dans les plus horribles tortures.

Le voyage de Tamatave ne fut pas sans danger ni sans difficultés pour Mme Pfeiffer, qui avait été atteinte des fièvres du pays, auxquelles de telles émotions, en ébranlant son système nerveux, donnaient plus de gravité encore. L'escorte retarda à dessein la marche des prisonniers, et au lieu de huit jours ils en mirent cinquante-trois à gagner la côte. Ces arrêts dans un pays malsain n'eurent pas le résultat désiré sans doute du gouvernement malgache; les Européens, forcés de séjourner huit à dix jours dans les lieux où la maladie endémique sévissait avec le plus de force, contraints de reprendre leur route quand ils tremblaient de fièvre, faillirent périr avant de gagner le port; mais ils arrivèrent vivants à Tamatave. Mme Pfeiffer, arrachée plusieurs fois presque mourante de sa misérable couche par de barbares soldats, voulut s'embarquer sans plus attendre pour Maurice. Les souffrances morales et physiques qu'elle avait endurées, les ravages de la fièvre l'avaient réduite à un tel état de faiblesse, que sa guérison parut d'abord impossible. Des soins assidus conjurèrent le danger; les médecins la déclarèrent sauvée. Mais sa santé avait subi un ébranlement fatal; les accès de fièvre, de moins en moins violents, ne la quittèrent jamais tout à fait. Cependant son esprit recouvra toute son élasticité, et, ressaisie de son besoin de mouvement, elle recommença à former de nouveaux projets. Ses préparatifs étaient faits pour aller en Australie, quand une rechute la força à renoncer à ce dessein et à rentrer dans sa patrie.

On serait disposé à s'imaginer que, pour accomplir de pareils miracles d'audace et d'énergie, il fallait une femme douée d'une force exceptionnelle et de l'apparence la plus robuste. C'était tout le contraire : sa taille ne dépassait pas la moyenne, et elle n'avait rien de masculin dans son extérieur. « Je souris, écrivait-elle à un de ses amis, en songeant à tous ceux qui, ne me connaissant que par mes écrits, s'imaginent que je dois ressembler plus à un homme qu'à une femme. Vous qui me connaissez, vous savez que ceux qui s'attendent à me voir avec six pieds de haut, des manières hardies et le pistolet à la ceinture, trouveront en moi une femme aussi paisible et aussi réservée que la plupart de celles qui n'ont jamais mis le pied hors de leur village. »

Ses forces déclinaient rapidement, quoiqu'elle parût n'en pas avoir conscience, ou du moins regarder son état comme temporaire, et qu'elle continuât à manifester son aversion caractéristique pour le repos. Pourtant, vers le mois de septembre, elle témoigna soudain une vive impatience de rentrer chez elle, et ses amis de Berlin, chez qui elle s'était arrêtée, s'aperçurent qu'elle éprouvait le pressentiment de sa mort prochaine. On la transporta à Vienne chez son frère Charles Reyer, et pendant les premiers jours l'influence de l'air natal parut la rétablir; mais cette amélioration ne dura pas; sa maladie, un cancer au foie, suite probable des terribles fièvres de Madagascar, se manifesta avec une violence nouvelle. Durant les derniers jours de son existence, on lui administra des narcotiques pour atténuer ses souffrances aiguës, et, dans la nuit du 27 octobre 1858, elle expira doucement, comme si elle ne faisait que s'endormir.

PRINCESSE BELGIOJOSO

Ce fut l'exil qui fit de la princesse Belgiojoso une voyageuse. Née le 28 juin 1808, Christine Trivulzia avait épousé à seize ans le prince Emile Belgiojoso; elle est morte en 1871, après une existence traversée de bien des changements. Passionnément éprise de la liberté de l'Italie, il lui fut impossible de se résigner à vivre à Milan, sous le joug pesant de la domination autrichienne, et elle vint s'établir à Paris, où son rang, sa fortune, son amour des lettres et des arts, firent de son salon un centre littéraire, tandis que ses opinions libérales y attiraient beaucoup de personnages politiques. Parmi ses amis elle compta entre autres M. Mignet et M. Augustin Thierry, dont elle dépassa rapidement les idées. En 1848, elle se plongea avec toute l'ardeur d'une nature méridionale dans le mouvement révolutionnaire qui balayait toutes les contrées de l'Europe, des Carpathes aux Alpes, de Paris à Berlin. La princesse Belgiojoso courut à Milan, qui avait expulsé sa garnison autrichienne, et elle équipa à ses frais un corps de deux cents volontaires; mais les baïonnettes de Radetzky rétablirent en Milanais l'autorité de l'Autriche; la princesse fut obligée de fuir, et ses biens furent mis sous séquestre. Pendant la fièvre insurrectionnelle qui éclata à Rome l'année suivante, elle se fraya sans peur un chemin au milieu des combattants, et dirigea en personne le service des ambulances. Mais à la suite de toutes ces secousses politiques elle dut quitter l'Italie, et se décida à fixer sa résidence en Orient. A Constantinople, elle fonda un asile pour les filles des émigrants italiens. Bientôt elle se lassa de la Turquie d'Europe et s'établit à Osmandjik, près de Sinope, où elle bâtit une ferme modèle. L'amnistie promulguée par l'empereur François-Joseph la remit en possession de ses biens. Elle chercha dans des travaux littéraires une occupation pour son esprit, sans cesse en quête d'aliment, et un but à son activité. Ses *Études sur l'Asie Mineure*, qui parurent d'abord dans la *Revue des Deux Mondes*, ont obtenu d'un critique cet éloge qu'il n'avait rien lu qui donnât une idée aussi complète et aussi exacte de la vie orientale. Le désir de visiter Jérusalem lui avait fait quitter sa ferme d'Osmandjik, et elle avait résolu de s'y rendre en traversant l'Anatolie et en suivant la côte. Elle emmenait avec elle sa fille, enfant d'une douzaine d'années, et une suite assez nombreuse. Dès les premières pages se trouve une esquisse d'intérieur musulman qui est tracée avec une singulière vigueur et beaucoup d'originalité [1].

« J'allai descendre à Tcherkess chez un muphti que j'avais guéri quelques mois avant d'une fièvre intermittente, et qui m'attendait à bras ouverts. On a tant parlé de l'hospitalité orientale, que je m'abstiendrais volontiers de revenir sur ce sujet si, tout en en parlant beaucoup, on n'en avait parlé fort mal. Le fait est que de toutes les vertus en honneur dans la société chrétienne l'hospitalité est la seule que les musulmans se croient tenus de pratiquer. Malheureusement une vertu qui se contente des apparences est sujette à s'aliéner bientôt. C'est ce qui est arrivé, ce qui arrive journellement de l'hospitalité orientale. Un musulman ne se consolera jamais d'avoir manqué aux lois de l'hospitalité. Entrez chez lui, priez-le d'en sortir, laissez-le se morfondre à la pluie ou au soleil à la porte de sa propre maison, ravagez son office, épuisez ses provisions de café et d'eau-de-vie, culbutez et mettez sens dessus dessous ses tapis, ses matelas, ses oreillers; cassez sa vaisselle, montez ses chevaux, rendez-les-lui fourbus, si bon vous semble, il ne vous adressera pas un seul reproche, car vous êtes un *mouzafier*, un hôte; c'est Dieu lui-même qui vous a envoyé, et, quoi que vous fassiez, vous êtes et serez toujours le bienvenu. Tout ceci est admirable; mais si un musulman trouve le moyen de paraître aussi hospitalier que les lois et les mœurs l'exigent sans sacrifier une obole, ou même en gagnant une grosse somme d'argent, fi de la vertu, et vive l'hypocrisie! C'est ce qui arrive quatre-vingt-dix-neuf

---

[1] Princesse Belgiojoso, *Asie Mineure et Syrie* (Calmann Lévy).

fois sur cent. Votre hôte vous comble pendant votre séjour chez lui ; puis, si à votre départ vous ne lui payez pas vingt fois la valeur de ce qu'il vous a donné, il attendra que vous soyez sorti de sa maison, que vous ayez par conséquent déposé votre titre sacré de *mouzafier,* et il vous jettera des pierres.

« Il va sans dire que je parle de la multitude grossière, et non pas des cœurs simples et bons qui aiment le bien parce qu'ils éprouvent en le pratiquant une douce jouissance. Mon vieux muphti de Tcherkess est de ce nombre. Sa maison se compose, comme toutes les bonnes maisons de ces contrées, d'un corps de logis réservé aux femmes et aux enfants, d'un pavillon extérieur contenant un salon d'été et un salon d'hiver, enfin d'une ou deux chambres pour les domestiques. Le salon d'hiver est une jolie pièce, chauffée par une bonne cheminée, couverte de tapis épais, et passablement meublée de divans recouverts en étoffes de soie et de laine, distribués tout autour de l'appartement. Quant au mobilier du salon d'été, il se compose d'une fontaine jaillissante au centre de la pièce, et à laquelle on ajoute, selon que les circonstances l'exigent, des coussins et des matelas pour s'asseoir ou se coucher. D'ailleurs, ni fenêtres, ni portes, ni aucune barrière établie entre l'extérieur et l'intérieur. Mon vieux muphti professe une répugnance de bon goût pour le vacarme, le désordre et la malpropreté du harem. Le brave homme comprit que si une longue habitude n'avait pu le réconcilier avec ces inconvénients, ce devait être bien pire pour moi, nouvelle débarquée de cette terre d'élégance et de raffinement qu'on nomme ici le Franguistan. Aussi me déclara-t-il tout d'abord qu'il me cédait son propre appartement.

« Je détruis peut-être quelques illusions en parlant avec aussi peu de respect des harems. Nous en avons lu des descriptions dans les *Mille et une Nuits,* et nous sommes autorisés à croire que c'est dans ces mystérieuses retraites que l'on doit trouver rassemblées les merveilles du luxe, de l'art et de la magnificence. Que nous voilà loin de la vérité ! Imaginez des murs noircis et crevassés, des plafonds en bois, fendus par places et recouverts de poussière et de toiles d'araignées, des sofas déchirés et gras, des portières en lambeaux, des traces de chandelle et d'huile partout ! Moi qui entrais pour la première fois dans ces charmants réduits, j'en étais choquée ; mais les maîtresses de maison ne s'en apercevaient pas. Leur personne est à l'avenant. Les miroirs étant fort rares dans le pays, les femmes s'affublent à l'aventure d'oripeaux dont elles ne peuvent apprécier le bizarre effet. Elles piquent force épingles en diamants et en pierreries sur des mouchoirs de coton imprimé, qu'elles roulent autour de leur tête. Rien n'est moins soigné que leurs cheveux, et les très grandes dames qui ont habité la capitale ont seules des peignes. Quant au fard multicolore dont elles font un usage immodéré, elles ne peuvent en régler la distribution qu'en s'aidant réciproquement de leurs conseils, et elles encouragent volontiers les unes chez les autres les plus grotesques enluminures. Elles se mettent du vermillon sur les lèvres, du rouge sur les joues, le nez, le front et le menton ; du blanc à l'aventure, et, comme remplissage, du bleu autour des yeux et sous le nez. Ce qui est plus étrange encore, c'est la manière dont elles se teignent les sourcils. On leur a dit sans doute que, pour être beau, le sourcil doit former un grand arc, et elles en ont conclu qu'il serait d'autant plus admirable que l'arc en serait plus grand, sans se demander si la place de cet arc n'était pas convenablement déterminée par la nature. Cela étant, elles attribuent à leurs sourcils tout l'espace existant d'une tempe à l'autre, et se peignent sur le front deux arcs immenses, qui partent de la naissance du nez, et s'en vont chacun de son côté jusqu'à la tempe. Il est de jeunes beautés qui préfèrent la ligne droite à la courbe, et se tracent une grande raie noire en travers du front ; mais ces cas sont rares.

« Ce qui est certain en même temps que déplorable, c'est l'influence de cette teinture, combinée avec la paresse et le défaut de propreté des femmes orientales. Chaque visage féminin est une œuvre d'art fort compliquée, et qu'on ne saurait recommencer tous les matins. Il n'y a pas jusqu'aux mains et aux pieds, qui, bariolés de couleur orange, ne redoutent l'action de l'eau comme nuisible à leur beauté. La multitude d'enfants et de servantes, surtout de négresses, qui peuplent les harems, et le pied d'égalité sur lequel vivent maîtresses et suivantes, sont aussi des causes aggravantes de malpropreté générale. Je ne parlerai pas des enfants ; mais représentons-nous un instant ce que deviendraient nos jolis ameublements d'Europe, si nos cuisinières, nos femmes de peine, venaient se reposer à tout moment de leurs travaux sur nos causeuses et nos fauteuils, les pieds sur nos tapis et le dos contre nos tentures. Ajoutez à ceci que les vitres sont encore en Asie à l'état de curiosité, que la plupart des fenêtres sont fermées avec du papier huilé, et que, là où le papier même est peu commun, on y supplée en supprimant complètement les fenêtres et en se contentant de la lumière qui pénètre par la cheminée, lumière plus que suffisante pour fumer, pour boire et pour donner le fouet aux enfants par trop rebelles, seules occupations auxquelles se livrent pendant le jour les épouses des fidèles musulmans. Qu'on ne croie pas qu'il fasse cependant très noir dans ces chambres sans fenêtres; les maisons n'ayant jamais qu'un étage, les tuyaux de cheminée ne dépassant pas la hauteur du toit et étant fort larges, il arrive souvent qu'en se baissant un peu devant la cheminée, on voit le ciel par l'ouverture. Ce qui manque complètement dans ces appartements, c'est l'air; mais ces dames sont loin de s'en plaindre. Naturellement frileuses, et n'ayant pas la ressource de se réchauffer par l'exercice, elles demeurent des heures entières assises devant le feu, et ne comprennent pas qu'on étouffe quelquefois. Rien qu'à me rappeler ces cavernes artificielles encombrées de femmes déguenillées et d'enfants mal élevés, je me sens défaillir, et je bénis du fond du cœur l'excellent muphti de Tcherkess et sa délicatesse extraordinaire, qui m'a épargné un séjour de quarante-huit heures dans un harem, d'autant que le sien n'était pas des mieux tenus. »

La princesse, au bout de ces quarante-huit heures de repos, reprit son voyage. A Angora, par suite d'une erreur de son passeport, elle fut obligée de s'arrêter près de quinze jours; elle en profita pour visiter le fameux couvent des derviches. Ses hôtes la forcèrent à accepter des gants et des bas faits avec la laine des chèvres de ce pays, et même, par supplément, un gros matou d'Angora. « Ces chèvres, écrit-elle, sont les plus jolies qu'on puisse voir : leur soie, car je ne puis appeler cela de la laine, est le plus souvent blanche, quelquefois roussâtre, grise, ou même noire; mais, quelle que soit sa couleur, sa finesse, son moelleux et son luisant sont toujours les mêmes. Avec ce poil on fabrique à Angora une espèce d'étoffe fort estimée, et l'on tricote toutes sortes de bas, mitaines, etc. Quant aux chats, ils sont énormes, et leur corps est couvert d'un épais duvet assez semblable à celui du cygne. Leur tête est fort large, leur queue longue et fort garnie; mais ce qu'il y a de plus charmant, c'est la grâce de leurs mouvements, la légèreté de leurs bonds, la rapidité de leur course, et le courage avec lequel ils soufflettent les plus gros dogues, qui ne leur résistent pas. »

Au sujet des derviches, elle fait les réflexions suivantes : « On se fait une idée assez fausse des derviches.. Tout musulman peut se transformer sur l'heure en derviche, pourvu qu'il attache à son cou ou à sa ceinture un talisman quelconque, une pierre recueillie sur le tombeau de la Mecque, ou telle autre chose qui lui plaira. Il y a même des derviches qui se contentent de porter sur leur tête un bonnet pointu en peau de chèvre, et cette distinction suffit à établir sans contestation, au profit de celui qui la porte, son droit au titre de derviche et à la vénération des fidèles. Les derviches ont rarement un domicile fixe. Errants pour la plupart, ils vivent d'aumônes chemin faisant, quitte à se faire voleurs quand la bienfaisance nationale se trouve en défaut. »

Un peu plus loin, nous trouvons dans le récit de la princesse un gracieux tableau au départ d'Angora.

« Je n'ai gardé de ces longues heures de marche que le souvenir d'une soirée passée à Merdeché, village turcoman. Nous y étions arrivés un peu après le coucher du soleil. Pendant que notre cuisinier préparait le souper, je sortis du village et me dirigeai vers la fontaine qui n'en était éloignée que de quelques pas. J'y étais à peine, qu'une procession de jeunes filles, sorties des maisons, vint y puiser de l'eau. Elles portaient de larges pantalons bleus noués autour de la cheville, un étroit jupon rouge ouvert sur les côtés et traînant par derrière, mais relevé et retenu par des cordons de couleurs diverses; une écharpe, roulée plusieurs fois autour de la taille, séparait le jupon rouge d'une jaquette de même couleur, à manches étroites, descendant au coude, ouverte sur la poitrine, et que recouvrait une chemise en étoffe blanche très fine. Pour coiffure elles n'avaient qu'un fez à large gland orné et presque entièrement recouvert de pièces de monnaie. Les cheveux tressés pendaient presque jusqu'à terre, et chaque natte était terminée par un petit paquet d'autres pièces de monnaie, qui étaient comme semées sur toutes les parties de l'ajustement, sur le corsage, les manches, et sur la chemise. Chacune de ces jeunes filles portait sur la tête la cruche qu'elle venait remplir, et la reportait de même au logis. Quand elles arrivèrent à la fontaine, ce fut un charmant concert de causeries, d'éclats de rire et de chansons. Ma présence, qui d'abord gênait les ébats, finit par les exciter. Les unes s'approchaient timidement pour examiner la manière dont mes cheveux étaient relevés, et poussaient des exclamations d'étonnement à la vue de mon peigne; d'autres, plus hardies, s'aventuraient à poser leurs doigts sur l'étoffe de mon manteau; puis elles se sauvaient en riant et en courant, comme si elles eussent accompli un acte de bravoure incomparable. Cependant le soleil avait disparu derrière les montagnes; les troupeaux traversaient le fond de la vallée et se rapprochaient des maisons; les chiens, gardiens fidèles de la propriété de leurs maîtres, s'établissaient accroupis devant les portes; les ombres approchaient rapidement, et les feux s'allumaient sur divers points; il me fallut quitter le joyeux essaim des jeunes filles, la verte vallée, et me rapprocher de notre logement. Ce fut une agréable soirée. »

De Kircher à Césarée, le temps fut pluvieux, le paysage sombre, la population malveillante. A Césarée, on célébrait le carnaval par des réjouissances qui avaient lieu sur les toits des maisons, communiquant par des escaliers ou des échelles; les habitants, richement vêtus, y passaient leurs journées. Les hommes portaient surtout de belles fourrures; les femmes avaient de longues robes, d'immenses pantalons, plusieurs corsages d'étoffes et de couleurs diverses, le fez, les nattes pendantes et chargées de pièces de monnaie. Les Arméniennes de Césarée sont renommées pour le goût et l'opulence de leurs toilettes.

« Le fond du fez et le gland sont brodés en or et quelquefois en perles; les cheveux forment douze à quinze petites nattes d'égale longueur et tombent aussi bas que possible; mais ici les monnaies d'or ne sont pas reléguées à l'extrémité des nattes; cousues sur un petit ruban noir qui les relie au milieu, elles forment un quart de cercle brillant qui tranche singulièrement avec la nuance foncée des cheveux. Le front, le cou, les bras sont couverts de ces sequins; des fleurs en pierres précieuses, des agrafes, des colliers, décorent le corsage et la tête. Les jeunes filles les plus magnifiquement parées sont les mieux dotées, car la coutume est de porter sa dot sur soi en bijoux... C'était réellement un spectacle curieux que de voir ces femmes paradant en plein air avec leurs diamants à une élévation que n'atteignent dans nos contrées que les chats et les ramoneurs. Elles se promenaient, se rendaient visite, toujours sur les toits, et se livraient gaiement aux jeux et à la danse. »

L'itinéraire que la princesse s'était tracé la conduisait à travers le Djaour-Daghda, contrée montagneuse dont les habitants, qui ont une fort mauvaise réputation, sont sans cesse en révolte contre leur bey, dépendant du pacha d'Adana, qui lui-même est un dignitaire de la Porte. La princesse s'adressa à ce dernier pour obtenir une escorte, et elle fait une curieuse description du palais de ce demi-souverain. Le palais, si on peut lui donner ce titre, était précédé d'une grande cour malpropre, entourée de bâtiments peu élevés et ombragée de quelques palmiers. « Ici des soldats albanais, avec leur courte et simple jupe blanche, leurs guêtres rouges brodées de paillettes, leurs casaques à manches pendantes et à corsage tout chamarré d'or et d'argent, jouaient aux dés sur les dalles de la cour, et semblaient tous également déterminés à ne pas perdre la partie. Un peu plus loin, un Bédouin du désert, debout auprès de son cheval, un bras passé dans la bride, le corps enveloppé d'un immense manteau blanc, la tête couverte d'un mouchoir en soie jaune et rouge qui retombait comme un voile sur son brun et fier visage, sa longue pique de douze pieds à la main, regardait avec indifférence et dédain les joueurs avides et impatients. Le long des murs de droite, de magnifiques chevaux arabes, attachés par des chaînes à des anneaux de fer enfoncés dans la muraille, recevaient en hennissant et en piaffant les soins des palefreniers égyptiens à la blouse bleue, au teint presque noir, petits et maigres, mais robustes et intelligents. Enfin, un peu en avant du mur de gauche, dans un petit espace réservé entre le mur même et une palissade en bois, une dizaine de prisonniers, à moitié couverts de haillons, enchaînés par les pieds et par les mains, tendaient les bras en demandant l'aumône... J'aurais bien voulu m'arrêter quelques minutes dans cette cour, mais les amis qui m'accompagnaient ne cessaient de me répéter que ma visite était annoncée au pacha, que j'étais attendue, qu'il fallait me hâter. Arrivée à l'entrée du vestibule de la tour carrée, il devint superflu de me défendre contre leurs exhortations. Une avalanche de secrétaires, d'allumeurs de pipes, grilleurs de café, valets de chambres et autres dignitaires, se précipita bruyamment à ma rencontre. Les uns me prenaient par le bras, par l'ourlet de ma robe ou un pan de mon manteau; les autres s'élançant en avant pour m'annoncer à leur maître, les derniers fermant le cortège, ils m'emportèrent comme dans un tourbillon jusqu'au sommet de l'échelle. »

Le pacha d'Adana se trouva être un homme intelligent et instruit, qui parlait le français; il interrogea sa visiteuse avec intérêt sur la politique européenne; puis, lorsqu'ils passèrent à l'affaire qu'elle était venue traiter avec lui, il la déconseilla fortement de continuer, comme elle se le proposait, sa route par terre jusqu'à Jérusalem, à cause des bandes d'Arabes dont le Djaour-Daghda et les passages du Liban étaient infestés, et qui ne manqueraient pas d'attaquer sa petite caravane. Toutefois, devant son insistance, il lui donna une escorte et une lettre de recommandation pour le bey. Le départ excita dans la ville une agitation et une crainte qui gagnèrent la princesse elle-même. Cependant, aux premiers défilés du Djaour, et en approchant du golfe d'Alexandrette, elle vit arriver au-devant d'elle Dédé-bey, frère de Mustuk-bey, prince de la montagne, qui venait au nom de son frère lui offrir sa protection.

L'endroit où se passait cette scène, appelé la porte des Ténèbres, était un arc de triomphe en ruines, entouré d'arbres touffus et au delà duquel on apercevait la mer de Syrie. Les voyageurs atteignirent bientôt ses bords; leurs chevaux couraient avec plaisir sur la grève unie, et trempaient leurs pieds dans les vagues. Tout à coup on entendit éclater une musique barbare, fifres et chalumeaux mêlés aux grosses caisses et aux tambours. « Les musiciens précédaient une bande de montagnards en campagne, c'est-à-dire occupés à battre les grandes routes. Notre passage avait été annoncé aux guerriers nomades, qui venaient nous souhaiter un heureux voyage, et nous inviter même à prendre des rafraîchissements avec eux. Il y aurait eu mauvaise grâce à refuser. Mettre le pied à terre, confier la garde de nos chevaux à ces hôtes empressés, nous asseoir sur l'herbe, étaler nos provisions à côté de celles des montagnards, ce fut l'affaire d'un instant. Un repas de société fait avec une troupe de batteurs d'estrade, c'est là une de ces bonnes fortunes que les chercheurs d'émotions et d'aventures ne trouvent pas toujours en Orient. Les montagnards, il est vrai, résistèrent à toutes les instances que nous leur fîmes pour les décider à prendre leur part de nos provisions : les devoirs de l'hospitalité ne leur permettaient pas de se rendre à nos prières. S'ils nous avaient offert leur lait, leurs fromages, leurs galettes d'orge et leurs oranges, c'est que nous étions leurs hôtes, et la qualité même qu'ils se reconnaissaient leur défendait de rien accepter de nous. Après le repas vient la sieste; la journée était chaude, le soleil, au milieu de sa course, nous inondait de ses rayons brûlants; les montagnards se retirèrent un peu à l'écart pour nous laisser prendre quelque repos. Quant à moi, couchée près de ma fille, j'essayai en vain de résister au sommeil; mais la fatigue ne tarda pas à me plonger dans une sorte de demi-assoupissement. Lorsque je rouvris les yeux, je vis avec une grande satisfaction que les montagnards avaient été fidèles à leur rôle de gardiens hospitaliers. De concert avec notre escorte, ils veillaient sur nos chevaux et nos bagages. Je jugeai toutefois qu'il était temps de nous séparer de ces étranges amis. Je distribuai quelques pièces de monnaie à toute la troupe, et nous nous éloignâmes, accompagnés de leurs bénédictions. Le jour tirait à sa fin lorsque nous arrivâmes à la montagne qui a donné son nom de Djaour-Daghda au groupe qu'elle domine. A notre droite s'étendait la mer, dorée près du rivage par les derniers rayons du soleil, voilée dans ses lointains bleuâtres par les ombres du soir; à notre gauche et devant nous s'élevait la cime verdoyante du Djaour-Daghda, dont les flancs arrondis portaient de nombreux villages. Rarement, en Syrie, les côtes s'élèvent à pic le long de la mer. Ici comme dans le reste du pays, des ondulations gracieuses séparent les montagnes des vagues qui en baignent la base. L'espace qui s'étend de la mer à la montagne ressemble à une fraîche vallée de la Suisse. Le village de Bajaz, résidence du bey, était caché par des massifs d'arbres gigantesques, reliés entre eux par les guirlandes capricieusement entrelacées de la vigne sauvage. Tout autour de nous était calme, riant et serein. »

Mustuk-bey reçut la princesse avec toute l'hospitalité arabe. Après quelques journées ennuyeuses que les pluies la contraignirent à passer dans cet endroit, elle se dirigea vers Alexandrette et Beyrouth, en traversant une des régions les plus pittoresques de la Syrie. Dans sa hâte d'être à Jérusalem avant les fêtes de Pâques, elle ne s'arrêta pas à Antioche, malgré tous les souvenirs historiques et religieux qui se rattachent à cette ville. Une tribu du Liban venait de se soulever, et le pacha d'Alep envoyait des troupes contre les révoltés. On conseilla à la princesse de voyager sous leur protection; elle refusa, y trouvant plus d'inconvénients que d'avantage. En effet, le bruit de l'approche des soldats rendait le pays désert. En arrivant dans un village où ils comptaient sécher leurs vêtements et trouver quelque nourriture après une pénible journée de pluie, la princesse et son escorte virent avec surprise tous les habitants s'enfuir à leur approche, poussant devant eux leurs troupeaux et emportant tout ce qu'ils pouvaient. Il ne resta qu'une vieille femme, qui apprit aux étrangers qu'on les avait pris pour l'avant-garde des troupes turques, et que chacun s'était hâté de se mettre à l'abri du pillage. Cette journée devait être malheureuse jusqu'au bout : une partie des gens de Mme Belgiojoso l'ayant précédée dans la petite ville où l'on devait coucher, elle s'égara dans la campagne, sans pouvoir se rappeler le nom du rendez-vous. Elle n'avait ni bagages ni provisions, il fallut passer la nuit dans le premier village qu'on rencontra, et de telles nuits sont terribles en Orient, où il faut tout porter avec soi sous peine de manquer du nécessaire.

Aprés un arrêt à Latakié, la princesse décrit avec charme la mosquée de Gubbletah. La légende de ce monument est touchante. Il y a six cents ans, un sultan nommé Ibrahim se dégoûta des grandeurs et résolut de se faire derviche. Il quitta sa capitale et

Nazareth.

erra dans son empire, vivant d'aumônes et cherchant une retraite. Le hasard le conduisit dans ce lieu. A quelques mètres du rivage de la mer, un ruisseau suit un cours tortueux qui embrasse une vaste prairie, au milieu de laquelle s'élève un arbre immense qui couvre de son feuillage la terrasse de la mosquée. Autour de soi on aperçoit d'un côté la mer, de l'autre des bosquets et les restes d'un amphithéâtre romain. Sultan Ibrahim résolut de finir ses jours en cet endroit et de s'y consacrer à la méditation et à la prière. Cette vie fut courte; la légende ne dit pas quel événement la termina. Mais la mère du jeune sultan, désespérée, avait suivi les traces de son fils, les perdant pour les retrouver toujours. Enfin elle arriva sur le bord du ruisseau et n'y trouva que son cadavre à peine refroidi. Dans sa douleur elle éleva cette mosquée, qui lui servit de tombeau; les musulmans en ont fait un lieu de pèlerinage. Ce fut un vieux santon qui, près de la mosquée d'Ibrahim, raconta cette histoire à la visiteuse étrangère venue de si loin.

Après une série de marches pénibles, la princesse arriva à Tripoli, où elle raconte plaisamment la mauvaise réception que lui fit le consul autrichien, réveillé au milieu de la nuit par ces inconnus qui venaient demander un gîte, tandis que sa femme, charmante Syrienne, s'efforçait de réparer l'effet de la maussaderie de son mari. A partir de Tripoli, l'Orient chrétien remplace l'Orient musulman. La princesse atteignit Nazareth le mercredi de la semaine sainte, par les vallons que dominent les monts de la Galilée. Rien n'est plus délicieux que ces vallons, où des lauriers, des myrtes de la taille de nos chênes enlacent leurs ombrages au-dessus des tapis de verdure et de fleurs. La caravane entra à Nazareth à la nuit tombante, et s'arrêta au couvent des franciscains. Mme Belgiojoso éprouva une vive émotion lorsque le moine qui les attendait à la porte, un flambeau à la main, leur souhaita la bienvenue au nom de la Vierge et de saint François.

Le pays qu'on traverse de Nazareth à Jérusalem est l'ancien royaume de Judée, inculte, aride, et dont la population est comme autrefois redoutée pour son humeur farouche. Cette contrée n'est pas sans beauté sauvage, son cachet sombre rappelle la sanglante histoire des rois de Juda et pénètre d'une sorte de terreur. Naplouse (l'ancienne Samarie) semble une oasis au milieu de ce pays désolé. On était à la veille de Pâques.

« Depuis quelque temps déjà je remarquais que les villages situés sur les montagnes devenaient plus nombreux, et que les groupes de voyageurs allant et venant se multipliaient autour de moi. Le soleil allait se coucher derrière les montagnes voisines de la mer, lorsque j'aperçus mes deux guides immobiles et la tête découverte au haut d'un plateau qui s'élevait à quelques pas de moi. Je courus les rejoindre. Ce que mes guides venaient de découvrir, c'étaient les murs crénelés de Jérusalem, couronnant une colline qui faisait face au plateau. Au delà de ces murs, une ligne bleuâtre se confondait avec l'horizon, indiquant la mer de Galilée. Je donnai un moment à la contemplation de ce grand spectacle. Un tumulte étrange se faisait en moi : je sentais ma gorge se contracter et mes yeux se remplir de larmes, comme si j'avais retrouvé une patrie plus ancienne que celle d'où j'étais exilée. Chose étrange! cette sensation de bien-être et de joie profonde ne me quitta pas pendant mon séjour à Jérusalem. Cette arrivée dans une ville inconnue avait pour moi les charmes d'un retour. Quelques minutes de bon galop me conduisirent sous les murs de Jérusalem et devant la porte de Damas. Non loin de cette porte s'élève la maison que les franciscains tiennent à la disposition des voyageurs, et les ombres de la nuit descendaient à peine sur la cité, quand nous mîmes pied à terre devant la retraite hospitalière. J'y fus bientôt installée, et j'y passai dans un recueillement plein de solennité la première nuit de mon séjour dans la ville du Christ. »

Nous terminerons ici nos extraits, la princesse ne disant rien de Jérusalem qu'on ne retrouve dans d'autres ouvrages. Ce que nous avons cité peut suffire pour donner une idée de l'intérêt de ses études sur *la Vie intime et la Vie nomade en Orient*.

COMTESSE DORA D'ISTRIA

La princesse Hélène Koltzoff Massalsky, plus connue sous le pseudonyme de Dora d'Istria, descend de la famille des Ghika, anciens princes de Valachie, et naquit à Bucharest le 22 janvier 1829. Grâce aux soins assidus de son précepteur, le savant Grec Papadopoulos, et à ses remarquables facultés, son éducation fut notablement étendue. A onze ans elle composait un charmant petit conte, et encore fort jeune elle entreprit une traduction de l'*Iliade*. Elle ne montrait aucun goût pour les amusements frivoles; sa conception de la vie et des responsabilités qu'elle nous impose était très sérieuse, et elle consacrait tout son temps et ses efforts à développer son esprit. Elle lut et relut les chefs-d'œuvre littéraires de l'Angleterre, de la France et de la Grèce; c'était comme linguiste qu'elle se distinguait tout particulièrement. « Ses facultés intellectuelles, dit son maître, se développèrent avec une telle rapidité, que les professeurs chargés de l'instruire ne pouvaient avoir aucune autre élève capable de la suivre. Non seulement ses progrès étaient inattendus, mais ses maîtres étaient obligés d'employer avec elle une méthode spéciale, son esprit ne pouvant se soumettre à la contrainte des règles ordinaires. »

Elle était dans la fleur de la jeunesse lorsqu'elle fit un voyage en Allemagne et visita plusieurs cours princières, où elle excita les mêmes sentiments d'admiration que dans son pays; il était impossible de la voir sans être attiré par tant de talents, d'amabilité et de grâce. Les voyages élargirent son horizon, elle y trouva l'occasion de connaître les savants et les hommes d'État les plus célèbres de son temps. A vingt ans elle se maria (février 1849) et partit pour Saint-Pétersbourg, où elle devait briller dans les plus hautes sphères mondaines. Mais, au milieu des fêtes et des hommages, elle trouva le temps de recueillir une foule de notes intéressantes sur la vie intérieure du grand empire russe, dont elle visita plusieurs provinces, son infatigable activité la promenant de Saint-Pétersbourg à Moscou, d'Odessa à Revel. La société qui l'environnait subissait le charme de sa personne, sans se douter du travail incessant qui se faisait dans son cerveau. Son retour dans le Midi mit fin à ses investigations. Elle avait tant souffert des terribles hivers de la grande capitale du Nord, et sa santé était si sérieusement ébranlée, que les médecins lui présentèrent la terrible alternative de la mort ou du départ immédiat (1855).

Nous avons dit que la comtesse Dora d'Istria était une linguiste remarquable. Elle connaissait à fond neuf langues. Son érudition historique était très grande, son esprit sans cesse en quête de connaissances nouvelles. Elle semblait avoir hérité d'un de ses illustres amis, Humboldt, cette « fièvre de l'étude », cette insatiable ardeur qui, si elle n'est pas le génie, en est du moins proche parente. Le grand philosophe berlinois et sa jeune émule se plurent pendant quelque temps à une fraternité intellectuelle dont une charmante anecdote pourra donner l'idée. Un jour, à Sans-Souci, en présence du roi Frédéric-Guillaume, Humboldt et le vieux sculpteur prussien Rauch examinaient un bas-relief grec portant une inscription, lorsqu'on vit entrer le prince Michel Ghika avec ses deux filles, qui n'étaient pas encore mariées à cette époque. Le roi invitant Humboldt à traduire l'inscription, celui-ci se tourna vers la princesse Hélène, et s'excusa de prendre la parole quand ils avaient présent en sa personne un des premiers hellénistes contemporains. « Allons, princesse, ajouta-t-il, faites parler l'oracle. » Et la jeune fille traduisit couramment l'inscription, tout en ajoutant que l'hésitation de M. de Humboldt ne provenait que d'un excès de politesse.

La comtesse Dora d'Istria est un de ces esprits vifs et curieux qui considèrent l'humanité, selon l'expression d'un poète, comme « la première étude de l'homme ». Elle a, dans un de ses ouvrages, exprimé l'opinion que la femme, en voyageant, pouvait compléter l'œuvre des voyageurs scientifiques, car elle y apporterait ses aptitudes spéciales. Elle distingue plus promptement que l'homme tout ce qui se rattache à la vie nationale et aux coutumes populaires; de sorte qu'un vaste champ trop négligé s'ouvre à ses observations. Seulement, pour l'explorer avec fruit, il faut, ce qui lui manque trop souvent, la connaissance des langues et de l'histoire, ainsi qu'une disposition à se conformer à des usages très divers et une santé capable d'endurer de grandes fatigues. Ce programme qu'elle trace, la comtesse le remplissait elle-même. Dès l'enfance, elle avait manifesté un goût décidé pour l'étude de l'histoire, goût qui s'était chez elle de plus en plus développé. Ses voyages fortifièrent en elle cette conviction, qu'on ne peut comprendre un peuple que si on connaît son passé, si on a lu ses annales et ses principaux écrivains. Elle-même dit spirituellement qu'en étudiant une nation au point de vue exclusif de son état actuel, on est exposé aux mêmes erreurs que si on voulait juger un individu après une connaissance de quelques heures.

Elle ajoute qu'il faut en outre examiner sans préjugés aristocratiques toutes les classes dont cette nation se compose. En Suisse, elle vécut en pleine montagne pour avoir une idée de ce genre d'existence; en Grèce, elle traversa à cheval les solitudes de Péloponèse; en Italie, elle questionna, toutes les fois que l'occasion s'en présentait, le marchand ou le savant, le pêcheur ou l'homme d'État.

Son ouvrage sur *la Suisse allemande* (1856) est moins descriptif que philosophique, et la forme en a un peu vieilli. Il ne peut être question ici d'en faire l'analyse : ce qui nous intéresse est le récit de son ascension du Monch, sommet voisin de la Jungfrau, qu'elle accomplit au prix de difficultés extrêmes, presque insurmontables pour une femme. Nous le citerons à peu près en entier.

« Quand j'annonçai le projet d'atteindre jusqu'au dernier sommet des Alpes, la stupéfaction fut générale : les uns s'imaginaient que ce n'était qu'un caprice prêt à se satisfaire par le seul bruit qu'il causerait; les autres se récriaient contre un courage qui voulait braver tant de périls. Personne enfin ne pouvait s'habituer à l'idée d'un projet si extraordinaire. L'agitation redoubla lorsqu'on vit partir les différentes dépêches télégraphiques qui appelaient du fond de leurs villages les guides désignés comme les plus résolus dans la contrée. On conservait pourtant une espérance, c'était que ces guides me détourneraient eux-mêmes de mon entreprise.

On engageait Pierre à me raconter les dangers que je devais courir dans les glaciers; à l'aide de longues-vues, on me faisait voir les précipices de la Jungfrau. Tous les manuels de voyageurs en Suisse gisaient sur ma table; chacun m'en lisait les passages les plus effrayants et les plus propres à me décourager. Ma curiosité était, au contraire, tellement excitée par ces récits saisissants, mon impatience devint telle, que je brûlais d'être en route. Je ne songeais plus à rien qu'à ces déserts de neige qui couronnent la cime des hautes montagnes... Pierre alla présider aux préparatifs de l'expédition et faire préparer mon costume d'homme, composé d'un pantalon de laine rouge, noir et blanc, d'un habit boutonné descendant jusqu'aux genoux, d'un chapeau de feutre pareil à celui des montagnards, d'une paire de bottes larges et grossières. Les heures me semblaient si lentes! Je craignais tant un événement capable de mettre obstacle à mes désirs, que j'écoutais à peine les questions qu'on me faisait sur les arrangements nécessaires... Enfin les guides du Grindelwald arrivèrent les premiers. Je poussai un cri de joie lorsque parurent Pierre Bohren, homme de petite taille, mais dont les membres étaient trapus, et Jean Almer, qui était grand et paraissait robuste. L'un et l'autre étaient des chasseurs de chamois renommés pour leur intrépidité. Ils me regardaient avec une attentive curiosité. Ils m'avouèrent avec la cordiale franchise particulière à ces vaillants montagnards, que leur expérience ne pouvait guère me servir pour l'expédition que j'entreprenais, car ils n'en avaient jamais essayé de pareille. Ils connaissaient pourtant les périls des glaciers; chaque jour ils y exposaient leur vie; mais Bohren, qui était allé plus loin, n'avait jamais dépassé la grotte de l'Eiger.

« Pour prendre une décision définitive, on attendit Hans Jaun, de Meyringen, qui avait accompagné M. Agassiz dans son ascension de la Jungfrau en 1841. Il arriva vers le matin et vint me trouver avec Ulrich Lauerer, de Lauterbrunnen. Celui-ci était grand comme Almer, mais semblait moins dispos; je sus plus tard qu'il était encore souffrant d'une chute qu'il avait faite récemment dans une chasse. Hans Jaun était le plus âgé et le moins vigoureux de tous; ses cheveux grisonnaient, ses paupières étaient bordées d'une ligne couleur de sang; cependant il présidait l'assemblée. J'avais fermé la porte afin que personne ne troublât notre solennelle conférence. Les guides paraissaient méditatifs; ils cherchaient à lire

Chasseurs de chamois.

dans mes yeux si ma fermeté était réelle. Enfin Hans Jaun dit en allemand : « Je crois qu'avec le courage dont cette dame est douée « la course peut être entreprise. J'ai vu bien des hommes trembler « plus qu'elle en pareille occasion. Comme la saison est encore « peu avancée, la neige doit être plus dure et la glace plus prati- « cable qu'à un autre moment. Cependant j'avoue que, malgré mon « ascension de la Jungfrau, je ne suis pas plus avancé que les « camarades sur la route qu'il faut suivre. Les glaciers se trans- « forment complètement d'une année à l'autre; une montagne, pra- « ticable il y a quelques mois à peine, peut aujourd'hui être inabor- « dable. Là-bas, continua-t-il d'un ton grave en désignant les Alpes, « on ne saurait dire où sont les précipices et les dangers. D'ailleurs, « avec M. Agassiz, nous sommes partis du Valais; aussi toute notre « expédition n'a-t-elle duré qu'un jour. Du côté du Grindelwald, « c'est sans doute plus long et plus pénible, car de ce côté-là « aucune expédition n'a réussi. Allons pourtant, au nom de Dieu! « et ne soyons pas moins courageux que cette dame. Nos vies ne « sont pas plus en danger que la sienne. » Après cet arrêt su- prême, personne ne balança. Il fut décidé que nous prendrions avec nous quatre porteurs chargés de provisions, d'échelles, de cordes et de pioches; que je partirais, vers le soir, d'Interlaken avec Pierre Jaun, et que les autres guides m'attendraient tous au Grin- delwald. Puis nous nous séparâmes en nous disant amicalement : Au revoir...

« A peine le soleil disparaissait-il à l'horizon rayé d'une barre de feu, que j'entrais seule dans une voiture ouverte; Pierre occupait le siège. Nous traversâmes les allées de noyers d'Interlaken et ses jardins riants. Nous suivîmes les rives de la pâle Lutschine, qui bondit au milieu de rochers abrupts. Des nuages s'amoncelaient au ciel. Bientôt on entendit le bruit lointain du tonnerre. Nous entrions dans de colossales montagnes, dont les pics déchirés s'élèvent comme d'inaccessibles forteresses. En me retournant, je ne voyais plus du côté d'Interlaken que de sombres vapeurs, impénétrables à l'œil. Le tonnerre s'approchait rapidement et remplissait l'espace de sa voix sonore; le vent sifflait; la Lutschine roulait ses eaux gémis- santes. Ce spectacle était sublime. La nuit descendait de toutes parts, et je ne m'aperçus du voisinage du Grindelwald que par la lumière des chalets épars sur la colline.

« A peine étais-je entrée sous le toit hospitalier de l'hôtel de l'*Aigle,* que la pluie tomba par torrents comme une trombe du déluge. J'élevai mon âme à Dieu. En ce moment la foudre éclata, les avalanches retentirent dans les montagnes et les échos répétèrent mille fois le bruit de leur chute. Les étoiles pâlissaient au ciel quand j'ouvris ma fenêtre; les vapeurs couvraient l'horizon; le vent impétueux les déchirait et les chassait dans les gorges, d'où descendent en éventail les masses informes des glaciers inférieurs, salies d'une noire poussière. De là s'échappent avec fracas les ondes de la Lutschine noire... Je fis aussitôt demander si les guides étaient arrivés et si nous pouvions partir. Pierre vint m'anoncer que cette journée devait être considérée comme perdue, que la brume nous empêcherait d'avancer dans les montagnes, et que la pluie de la nuit passée rendait impossible l'ascension des glaciers. Je me résignai avec peine et me soumis complètement à l'autorité des guides.

« Cependant l'orage de la veille, ces nuées épaisses qui donnaient aux Alpes un aspect plus formidable encore, les remontrances bienveillantes des pâtres qui habitaient cette vallée, tout réveilla dans le cœur de ceux qui devaient me conduire une hésitation facile à comprendre chez des hommes qui craignaient le poids d'une grande responsabilité. On essaya encore d'ébranler ma résolution... J'allai m'enfermer dans ma chambre. La solitude profonde où j'étais avait quelque chose de solennel. Devant mes yeux se dressait le Wetterhorn aux pentes escarpées; à droite, les masses de l'Eiger; à gauche, la grande Scheideck et le Faulhorn. Ces sombres montagnes qui m'environnaient, ce calme qui n'était troublé que par le bruit du torrent courant dans la vallée et par quelque rare avalanche, tout cela était vraiment grandiose, et je me croyais transportée dans un monde où rien ne ressemblait à ce que j'avais vu jusqu'alors. Mon esprit avait rarement joui d'une tranquillité aussi complète.

« Je n'eus pas la patience d'attendre le jour; avant qu'il parût, j'étais déjà sur pied; je déjeunai à peine, et je revêtis mon costume d'homme, auquel j'avais peine à m'habituer... Il fallut attendre jusqu'à huit heures pour se mettre en marche. Le soleil parut alors, et les montagnes se dégagèrent peu à peu de leur manteau de brume. Après m'être enveloppée d'un vaste plaid, je m'assis dans la chaise à porteurs, accompagnée de quatre guides, des quatre porteurs et d'une foule de paysans, parmi lesquels était un Tyrolien

Tous ceux qui partaient chantaient gaiement, mais ceux qui restaient nous regardaient avec tristesse. C'était le 10 juin 1855. On marchait en désordre, et les gens de Grindelwald s'étaient chargés de nos effets pour soulager les porteurs. Le soleil était ardent. Les paysans nous quittèrent lorsque nous entrâmes dans le sentier qui serpente sur le Mettemberg, le long de la Mer de glace. Le Tyrolien seul, accompagné de son jeune guide, resta avec nous. Il dit qu'il

Interlaken.

était venu par curiosité pour nous suivre aussi longtemps qu'il pourrait, afin d'avoir une idée de la manière dont nous allions nous tirer d'affaire. Il chantait comme toute la caravane, et sa forte voix dominait les autres.

« C'était la première fois que je voyais l'immense glacier qu'on appelle la Mer de glace. Je regardais, à travers les rideaux verts des pins, ces masses qui sortaient du gouffre, dont le fond est azuré et dont la surface est ici recouverte de boue et de blocs de neige. Ce spectacle me faisait peu d'impression, soit que je fusse absorbée par la pensée de m'élever jusqu'aux sommets des Alpes, soit que mon imagination éprouvât quelque déception en trouvant la réalité au-dessous de ce qu'elle s'était figuré. Je ne descendis de la chaise à porteurs qu'au moment où nous atteignions une empreinte dans le rocher de marbre appelé *Martinsdruck*. Les cimes gigantesques du Schreckhorn, de l'Eiger et du Vischhorn s'élevaient autour de nous et semblaient nous accabler de leur grandeur. A droite se dressaient les flancs nus et polis de la Mittelegi, promontoire de l'Eiger. Tout à coup les chants cessèrent, et mes compagnons de voyage firent entendre ces exclamations familières aux populations alpestres, qui retentirent de roche en roche. On avait aperçu un chasseur qui glissait comme un être fantastique sur les pentes raides de la Mittelegi; on aurait dit une hirondelle perdue dans l'espace. Mais en vain le poursuivit-on de cris et de questions; il continua de se mouvoir silencieusement le long du rocher.

« Enfin nous descendîmes sur le glacier. On m'avait abandonnée à mes propres ressources, probablement pour juger de mon adresse. Je m'étais faite à mes habits, et je m'avançais d'un pas assuré sur la neige en enjambant les crevasses qui séparent les diverses couches de glace. Par hasard plutôt que par réflexion, je cherchais pour poser le pied les taches de neige. Je sus plus tard que c'est la route la plus sûre, et qu'on n'y est jamais en danger. Le Tyrolien nous quitta, convaincu maintenant que je me tirerais d'affaire. Les guides, de leur côté, poussaient des cris de joie. Après avoir traversé la Mer de glace, nous nous mîmes à gravir les pentes escarpées du Zagenberg. Longtemps les roulades mille fois répétées continuèrent à se répondre d'une rive à l'autre; puis on n'entendit plus ni la voix des hommes ni la cloche de l'église de Grindelwald, dont le vent nous avait apporté jusque-là les notes mélancoliques. Nous étions au milieu d'un désert immense, en face du ciel et des merveilles de la nature. Nous gravissions des blocs de pierre à pic, et nous laissions à notre gauche des sommets neigeux. La marche devenait de plus en plus pénible. Nous grimpions à quatre pattes, en glissant comme des chats ou en sautant d'une roche à l'autre comme des écureuils. Souvent une poignée de mousse ou un bouquet de broussailles était notre seul appui, quand nous ne trouvions pas de fissure. Quelques gouttes de sang teignaient souvent, comme des fleurs de pourpre, la verdure que nous foulions; quand elle nous manquait, nous tâchions de nous soutenir sur le rocher à l'aide du fer de nos bâtons alpestres, en évitant autant que possible de recourir au bras les uns des autres, de peur de nous entraîner mutuellement dans le gouffre. Au-dessous de nous, à plusieurs centaines de pieds, étincelaient les crevasses profondes du glacier, où se jouaient les rayons du soleil. Les vents froids qui soufflent des hauteurs glacées nous rafraîchissaient à peine le front. Nous étions en nage; mais la gaieté, au lieu de diminuer, ne faisait que croître avec les dangers. Lorsque nous rencontrions du granit, l'allégresse redoublait, et les premiers qui y posaient le pied l'annonçaient aux autres; là nous glissions moins; nous pouvions, en nous aidant, nous tenir debout et marcher plus rapidement. Bohren cadet, qui était un des porteurs et le plus jeune de la troupe, continuait de chanter. Dans les moments périlleux, sa voix acquérait une vibration puissante. Il ne s'arrêtait jamais dans sa marche ni dans ses roulades, et ne se retournait point.

 La vue qui s'étendait sur la vallée et dont nous jouissions était magnifique. Nous apercevions les chalets du Grindelwald comme des miniatures semées sur de verts tapis. Les guides s'écriaient : « Ah! c'est du haut des cieux que nous contemplons nos femmes! » Et nous continuions de monter, laissant au-dessous de nous les nuages, flottant partout comme des écharpes grises. A onze heures, nous nous arrêtâmes sur un promontoire où nous pouvions nous asseoir les uns à la suite des autres. La fatigue et la chaleur nous avaient tous épuisés, et personne ne bougea, excepté les deux Bohren, qui grimpèrent encore pour trouver du bois afin de préparer une collation. Une source cristalline, filtrant à travers les ronces et le marbre, murmurait tout près de nous. La végétation vigoureuse avait disparu; on ne voyait que des graminées et des mousses, des genévriers, le serpolet et le thym qui parfumait l'espace, et des champs de rhododendrons pourpres, dont les feuilles métalliques se mêlaient aux noirs lichens. De loin en loin, quelques mélèzes rachitiques se dessinaient sur les neiges éternelles. Les Bohren apportèrent des broussailles, dont on alluma le feu, qui pétillait avec bruit. On fit bouillir de l'eau, et à ma grande stupéfaction ce furent des fleurs de rhododendrons et des fragments de genévrier qu'on entassa dans la chaudière. Mes compagnons m'assurèrent que cette espèce de thé était excellente et très saine. Comme j'avais très grand'soif, je bus avec avidité la boisson odoriférante, qui me parut exquise. On m'avait apporté aussi un gros bouquet de roses des Alpes; j'en fis une guirlande dont j'entourai mon chapeau.

« Après une heure de halte, nous nous remîmes en marche. Nous devions bientôt ne trouver que de la neige et voir cesser toute apparence de végétation et de vie. La pente que nous gravissions était raide; mais nous n'étions plus, depuis que nous avions quitté les roches nues, exposés à glisser. Nous tâchions de presser le pas, afin d'atteindre, pour y passer la nuit, une vaste grotte que deux de nos chasseurs de chamois connaissaient seuls. Elle leur sert de cachette quand leur passion indomptable pour ces expéditions héroïques les engage à ne pas tenir compte des règlements. Lorsque le trou béant de la grotte s'ouvrit sous les épaisses couches de neige, des cris de joie se firent entendre; les chants recommencèrent. La nuit descendait. Depuis plusieurs heures je ne ressentais plus la fatigue, et j'aurais pu marcher longtemps encore sans avoir besoin de repos; mais les guides étaient impatients d'atteindre un abri où nous ne serions pas exposés aux avalanches qui grondaient de toutes parts.

« Un demi-jour mystérieux éclairait en partie la grotte allongée, dont les profondeurs demeuraient dans les ténèbres. On entendait frémir des sources et tomber des gouttes d'eau avec une monotone lenteur. Jamais je n'avais pénétré dans un séjour d'une aussi sauvage beauté. Au milieu de la caverne, en face de l'entrée, était un large glacier, pareil à une cataracte subitement gelée; au-dessus de ce bloc merveilleux, étincelant comme du cristal, s'épanchait un ruisseau d'une fraîcheur délicieuse. Lorsqu'on eut allumé un grand feu avec des branches de genévrier, déposées là par le chasseur qui s'y fait le plus fréquemment une retraite, la glace brilla des mille couleurs du diamant; tout sembla prendre une forme, une vie extraordinaires. Les parois bizarrement taillées du rocher resplendirent de lueurs capricieuses. Au flanc du noir granit pendaient des aiguilles de glace, tantôt légères et isolées, tantôt groupées en faisceau fantastique. Dans les enfoncements où l'humidité et l'ombre sont éternelles, rampait une mousse bleuâtre : triste et incomplète manifestation de la vie dans ces solitudes de mort...

« On étendit des peaux de génisses blanches sous le bloc qui formait un renfoncement à l'extrémité de la grotte. Je m'enveloppai de couvertures et de châles, car le froid devenait de plus en plus pénétrant. J'en fus préservée par les soins de mes excellents guides, qui amassaient sur moi tout ce qu'on avait de fourrures et de manteaux. Ils s'assirent en rond autour du feu et préparèrent du café, qui nous servit toute la nuit... On inscrivit mon nom au plafond, près de l'entrée.

« Deux des guides étaient partis en avant pour frayer un sentier et tailler des marches dans la neige; car il devait être difficile de sortir de la grotte. En revenant, ils nous annoncèrent qu'on pouvait

Glaciers de Grindelwald.

compter sur une belle journée. Ces paroles furent accueillies par des applaudissements; après tant de fatigues, il était si naturel que nous fissions des vœux pour un succès complet! J'étais joyeuse de voir de près les glaciers immenses et les sommets des Alpes, dont l'image avait si souvent passé dans mes plus beaux rêves. Cependant je m'inquiétais un peu de l'indisposition que je commençais à ressentir. J'éprouvais de légères nausées et un abattement que je tâchai de vaincre en me levant précipitamment et en donnant le signal du départ. J'avais dû changer de chaussures, car celles de la veille étaient en lambeaux. Vers trois heures du matin, nous quittâmes la caverne hospitalière. Ce n'est pas sans peine que nous parvînmes à franchir les précipices qui s'ouvraient devant nous. Pour la première fois on employa la longue échelle; on l'appuya contre la paroi d'un gouffre dont le bord opposé était à plusieurs centaines de pieds plus bas. Nous descendîmes à reculons les marches étroites et serrées. Il était défendu de regarder dans l'abîme. J'obéis par devoir; mais je désirais vivement connaître les passages que je traversais. Le jour grandissait rapidement; des monceaux de neige, qui s'élevaient autour de nous, ressemblaient à des monts entassés sur d'autres monts. Nous étions au sein des vastes solitudes de l'Eiger, qui semblaient étonnées du bruit de nos pas. On se servait souvent de l'échelle. A la troisième expérience, j'avais conquis ma liberté d'action, et je ne descendais plus à reculons, mais en contemplant avec un charme indéfinissable les gouffres béants qui se perdaient dans les profondeurs du glacier, plus bleus que les cieux d'Orient.

« Bientôt notre troupe se divisa en deux bandes : Hans Jaun, Almer et Lauener partirent en éclaireurs pour frayer des passages et tailler des escaliers dans la neige; Pierre Jaun et les Bohren restèrent auprès de moi. Almer s'avançait, avec la longue échelle couchée sur son épaule; Lauener, avec le drapeau roulé que nous avions pris, afin de le poser comme signal sur le sommet que nous devions escalader. Nous avions des lunettes bleues pour éviter l'éblouissant éclat de la neige, qui devenait à chaque instant moins compacte; Almer s'était même couvert le visage d'un voile vert; moi, je trouvai le mien incommode, et je livrai résolument ma peau à l'ardeur brûlante des rayons du jour, qui se réfléchissaient sur ces frimas éclatants, quoique le soleil fût caché sous les nuages. Les trous du glacier étaient plus rares, plus étroits, et nous n'employâmes l'échelle qu'une ou deux fois dans l'immense champ de neige poudreuse qui vers huit heures s'ouvrit à nous. Là commencèrent nos véritables souffrances. La chaleur était excessive, la marche lente et singulièrement difficile, car à chaque pas nous enfoncions presque au delà du genou. Parfois le pied ne trouvait pas le fond, et lorsque nous l'avions retiré, nous découvrions une crevasse béante et azurée; les guides appelaient ces endroits des mines et les redoutaient beaucoup. L'air se raréfiait à chaque instant; ma bouche était sèche; je souffrais de la soif, et, pour la satisfaire, j'avalais des morceaux de neige et du kirsch, dont l'odeur même m'était devenue insupportable, mais que j'étais obligée de boire, par ordre formel des guides.

« Depuis longtemps nous avions franchi la région des sources et des torrents. Nous ne tardâmes pas à dépasser même celle où les fissures du glacier se découvraient sous la neige, et nous ne marchâmes plus que sur le linceul éternel et sans tache du désert glacé. Je respirais à peine; je m'affaiblissais de plus en plus; aussi était-ce avec bonheur que j'arrivais aux haltes marquées par ceux qui nous précédaient. Je me précipitais épuisée, mais ravie, sur la couche de neige qu'on m'avait préparée. Les avalanches étaient fréquentes; tantôt elles roulaient par blocs immenses avec un bruit lugubre; tantôt la neige, soulevée par le vent, tombait sur nous comme de la grosse grêle. Le brouillard se répandit de toutes parts, à notre grand effroi; nous perdions rarement de vue ceux qui nous ouvraient la route. Après la plaine de neige, la pente devint plus rude et difficile; à peine les guides avaient-ils assez de force pour frayer un chemin, tant la montée était rude, tant la neige était épaisse.

« Enfin, à dix heures, on s'arrêta sur un plateau qui s'étendait au pied du Monch. L'arête de ce mont se dressait devant nos yeux. On avait taillé une petite grotte dans la glace, où l'on me fit reposer, enveloppée de couvertures. Nous étions littéralement à bout de forces; la respiration nous manquait, et depuis quelques instants je crachais le sang. Cependant je ne regrettais ni mes fatigues ni la résolution qui m'avait entraînée jusque-là; tout ce que je craignais était de ne pouvoir aller plus avant. Cet air même que je supportais si mal était pour moi un objet d'études intéressantes, à cause de sa pureté extraordinaire. Un de mes guides, ayant emporté de la grotte quelques branches de genévrier, fit du feu, afin de fondre la neige, que nous bûmes avec délices. Je remarquai alors qu'on se groupait à quelque distance de moi pour délibérer tout bas. Les figures étaient soucieuses. Nous avions parlé de la Jungfrau comme du but de notre expédition ; tous les regards se portaient avec inquiétude sur cette montagne, qu'on voyait à gauche, enveloppée d'épais brouillards. Je redoutais vaguement qu'on ne voulût mettre obstacle à la réalisation complète de mes projets. En effet, on vint me dire qu'il nous serait impossible ce jour-là d'escalader la Jungfrau ; qu'il fallait marcher longtemps encore avant d'atteindre la base, qui, par une illusion d'optique, nous paraissait rapprochée, et que de là trois heures de marche au moins étaient nécessaires pour arriver jusqu'au sommet. Il semblait peu praticable de passer la nuit sur la neige à cette hauteur, où la respiration même est si pénible, et avec un froid glacial qui menaçait de geler nos membres endoloris. D'ailleurs les guides prévoyaient unanimement un orage violent pour la soirée. « Que faire, « répétaient-ils, sans abri, sans couvertures, sans feu, sans bois- « sons chaudes (la provision de café était épuisée), au milieu de « ces glaces ? » Je leur donnais intérieurement raison, mais il m'était pénible de ne pas arriver au but, qui avait l'air d'être voisin. Comme je ne me résignais pas à me ranger à leur avis, Almer se leva, et déposant l'échelle à mes pieds : « Adieu! dit-il avec « énergie, je vous laisse; car ma conscience d'honnête homme « me défend de prêter la main à un péril que je sais inévi- « table. »

« Je le rappelai, et me levant à mon tour : « Eh bien! dis-je, les « difficultés sont-elles aussi grandes pour l'ascension du Monch? Le « voilà à quelques pas de nous; la brume ne le couvre pas : pour- « quoi n'irions-nous pas jusqu'au sommet? » A ces paroles, l'éton- « nement fut général. Tout le monde se tourna vers la montagne que je désignais. La neige avait l'air d'y être solide, et je croyais impossible de rien trouver là de plus dangereux que tout ce que nous avions déjà traversé. Leur hésitation m'étonnait. « Mais savez-vous, « me dirent-ils, que ce mont n'a jamais été escaladé ? — Tant « mieux! m'écriai-je, nous le baptiserons! » Et, oubliant en un instant ma lassitude, je me remis à marcher d'un pas ferme. Pierre Jaun et Pierre Bohren, me voyant si résolue, s'emparèrent du drapeau, partirent en avant, et le plantèrent sur les plus hautes assises du Monch. Le drapeau était blanc, jaune et bleu, et le nom bien-aimé de la Valachie y était brodé en grandes lettres. Comme si le ciel eût favorisé nos désirs, les nuages se roulaient sur les monts d'alentour, ne laissant à découvert que la cime du Monch. Quoique la pente en fût plus raide que celle de l'Eiger, nous ne trouvâmes pas de difficultés beaucoup plus grandes. La neige était dure, et comme nous n'enfoncions pas aussi profondément, la marche était moins accablante. Nous nous tenions de manière à former une chaîne, et nous avancions en zigzag, stimulés par l'impatience d'arriver au sommet. Je ne voyais partout que des couches de neige éparses, mais nulle part les glaces que M. Desor a foulées sur le sommet de la Jungfrau. Il est probable qu'à cause de la saison le Monch était encore enseveli sous les neiges accumulées par l'hiver; cette circonstance contribua beaucoup à notre succès. L'image de l'infini se présenta à mon esprit dans toute sa grandeur formidable. Mon cœur oppressé la sentit, comme mes yeux apercevaient la plaine suisse perdue dans la brume et les montagnes voisines noyées dans des vapeurs dorées. Je conçus de Dieu un tel sentiment, que mon cœur, il me semblait, n'aurait pas eu jusque-là assez de place pour le contenir; je lui appartenais tout entière. Dès ce moment mon âme s'absorba dans la pensée de sa puissance incompréhensible.

« Cependant il fallut partir et quitter la montagne où j'étais si loin des hommes! J'embrassai le drapeau, et nous nous remîmes en marche à trois heures. Nous descendîmes péniblement les flancs du Monch. Nous étions obligés de nous prêter plus de secours qu'en montant, et plus d'une fois nous faillîmes rouler dans les abîmes. Mais dès que nous eûmes retrouvé l'Eiger, nous voyageâmes aussi rapidement que l'avalanche, qui ne connaît point d'obstacle, que le torrent qui creuse son lit, que l'oiseau qui fend l'espace. Assis sur la neige, nous nous laissions glisser du haut de ces pentes gravies avec tant de peine jusqu'au bord des précipices, que nous franchissions avec l'échelle posée en guise de pont. Nous trouvions béants des gouffres que nous avions passés le matin sur la neige qui les recouvrait, car l'aspect de ces montagnes change avec une rapidité vraiment extraordinaire. Les rires et les chants recommencèrent bientôt, provoqués par notre étrange manière de voyager. Ce fut une grande joie quand on se retrouva dans l'atmosphère où renaît la vie. Nous nous précipitâmes tous sur la première source, dont le murmure nous parut aussi doux que la voix d'un ami. Cependant, dès que nous fûmes arrivés aux rochers dépouillés de neige, les difficultés reparurent, et même plus graves qu'en montant; le péril était extrême. Sans le vaillant Pierre Bohren, qui me portait plutôt qu'il ne me soutenait, je n'aurais jamais pu descendre les roches nues qui se dressent le long du glacier. Comme nous avions abordé la Mer de glace au premier endroit venu, nous rencontrâmes tant de fissures béantes, qu'il fallut faire de grands sauts pour les franchir. Nous n'avions pas atteint l'autre bord, qu'on accourait déjà au-devant de nous avec la chaise à porteurs.

Nous arrivâmes en chantant à Grindelwald, où l'on nous regardait avec une telle stupeur, qu'on avait l'air de nous prendre pour des revenants... Au bas de la colline du Grindelwald, je m'arrêtai au chalet de Pierre Bohren ; j'y montai pour voir sa femme ; elle tenait dans ses bras un enfant de quelques jours, que j'embrassai en promettant d'être sa marraine. A mi-chemin d'Interlaken, un orage aussi violent que celui dont j'avais été accompagnée à mon départ éclata avec un bruit formidable, une pluie battante et des éclairs éblouissants qui sillonnaient les sombres nuées. Les guides ne s'étaient pas trompés : nous aurions eu à subir cette tempête sur les plus hauts sommets des Alpes, si nous avions poussé plus loin notre excursion. Le lendemain, quand je me levai, mon visage n'était qu'une plaie, et j'éprouvai longtemps des souffrances atroces. Tout aussi fatigués que moi, les guides arrivèrent en chantant pour me voir et m'apporter un superbe diplôme sur papier timbré. »

Quelques années plus tard, la princesse parcourut la Grèce, où elle reçut un accueil enthousiaste, et où on lui fit des ovations comme à une souveraine. On saluait en elle l'auteur de *la Nationalité hellénique,* l'avocat libéral et zélé des droits, des coutumes et de l'avenir de la Grèce. Après avoir étudié à Athènes les monuments de l'antiquité et fait plusieurs excursions scientifiques et archéologiques à travers l'Attique, elle traversa les *naumachies* ou provinces du royaume de Grèce, dans le but d'acquérir une idée complète et précise de la situation des populations rurales. Cette longue course dans un pays qui offre peu de facilités aux voyageurs dut être faite tout entière à cheval, et il fallut à la princesse, pour l'accomplir, autant d'énergie que de persévérance, et une force morale et physique à la hauteur de toutes les épreuves. Elle dut supporter des fatigues incessantes et la chaleur brûlante du soleil, ne se laisser effrayer ni par les routes dangereuses, ni par les précipices, ni par les brigands. Mais, en dépit des conseils de la prudence et des prières de ses amis, l'intrépide voyageuse ne voulut omettre aucune portion de son itinéraire ; elle visita successivement la Béotie, la Phocide, l'Étolie et le Péloponèse. Quand les montagnards de la Laconie la virent passer à cheval dans leurs gorges sauvages, ils s'écrièrent avec enthousiasme : « Voilà une vraie Spartiate ! » et la supplièrent de se mettre à leur tête pour marcher contre Constantinople. En quittant la Grèce, la princesse revint en Italie (1861), et fixa définitivement sa résidence à Florence. Elle a publié de nombreux ouvrages en français et en italien. Tout en appréciant son talent d'écrivain, on doit blâmer et regretter son animosité contre l'Église catholique, envers laquelle elle se livre fréquemment à d'injustes et violentes attaques. Dans l'intervalle de ses travaux historiques, la comtesse Dora d'Istria (pour rappeler une dernière fois son pseudonyme littéraire, emprunté au nom antique du Danube, l'Ister) a cultivé avec succès les arts, et en outre, en véritable Albanaise, elle a toujours aimé les armes, jusqu'à devenir, dit-on, de première force au pistolet.

FRÉDÉRIKA BREMER

On peut dire qu'au romancier comme au voyageur une faculté est nécessaire avant tout : celle d'observer avec exactitude et rapidité, de saisir au vol les impressions, et de les rendre d'une manière fidèle. Le talent d'observation, qui se remarque dans les romans de Frédérika Bremer, lui a valu un rang honorable parmi les femmes auteurs du XIXe siècle ; on le retrouve dans les récits de voyages qu'elle a publiés, quoiqu'ils soient beaucoup moins connus.

Elle était née au manoir de Tuorla, près d'Abo, en Finlande, le 17 août 1801. Elle avait trois ans lorsque son père acheta le petit domaine d'Arsta, à quelque distance de Stockholm, et alla s'y fixer avec sa famille. Frédérika reçut dans la maison paternelle une éducation soignée ; de bonne heure elle lut et parla très bien le français, et ses facultés littéraires se développèrent si prématurément, qu'à huit ans elle composa une ode à la lune, et à dix conçut le plan d'un poème dont le sujet n'était rien moins que la création du monde. Elle atteignait ses douze ans quand un court changement de séjour l'amena à Nynäs, une vieille maison bâtie dans un site pittoresque, qui éveilla chez Frédérika le sentiment de la nature. Son éducation se continuait ; elle apprenait l'anglais et l'allemand, et faisait d'étonnants progrès en histoire et en géographie.

En 1813, la famille était revenue à Arsta ; la jeune Frédérika commençait à prendre un profond intérêt à tous les grands événements politiques qui se passaient à cette époque, où l'Europe entière s'armait contre Napoléon. La jeune fille pleurait de ne pas être un homme pour prendre part à cette grande lutte; elle rêvait la destinée du soldat : ce n'était au fond que le besoin d'activité d'une nature ardente, trop jeune pour discerner encore sa voie. Elle forma un jour le projet de quitter secrètement sa famille et, déguisée en homme, de se rendre à l'armée, ce qui lui semblait chose très facile à exécuter, pour tâcher d'entrer comme page au service du prince royal (plus tard le roi Charles XIV), pour lequel elle s'était prise d'un véritable enthousiasme. Ce projet amusa près d'un an son imagination, et ne s'en effaça que par degrés. Son ardeur guerrière et patriotique disparut; elle sentait son âme partagée entre les vanités mondaines et la ferveur religieuse.

« La simple lecture de certains mots dans un livre : vérité, liberté, gloire, immortalité, suffisait pour faire jaillir en moi des sensations que je serais incapable de décrire, dit-elle quelque part. J'éprouvais un besoin irrésistible de les répandre, et je composais des vers, des drames, mille choses diverses, même de la musique; je peignais des tableaux, tous plus mauvais les uns que les autres. »

Peu à peu la société de Stockholm commença à découvrir que dans la famille Bremer il y avait une jeune fille d'une intelligence plus qu'ordinaire, qui composait de jolies scènes pour les fêtes intimes. Ces essais attirèrent l'attention du poète Franzon, fréquemment témoin des amusements de ce petit cercle, et il chercha par ses conseils à former le goût et à rectifier le jugement du jeune auteur. Elle avait d'abord écrit en vers, mais bientôt elle tenta d'exprimer ses pensées en prose, et cette prose se trouva très vive et très éloquente.

Sa première nouvelle, *Axel et Anna,* fut écrite par elle en deux nuits, si grande était déjà sa facilité de composition. Ses poèmes n'ont paru que vingt ans plus tard, soigneusement corrigés par leur auteur, qui, dans l'intervalle, avait acquis l'expérience qui lui manquait au début.

Dans le cercle assez étroit où elle fut enfermée plusieurs années, au milieu de conditions peu favorables au développement de son talent, elle aurait trouvé peu d'occasions de satisfaire ses goûts littéraires, si une dame norvégienne, la comtesse Sonnethjelm, n'était venue à son aide en lui ouvrant sa maison. Ce nouveau milieu développa rapidement ses rares talents, et elle commença à entrevoir que la littérature lui offrait cette sphère d'action à laquelle jusque-là elle aspirait en vain.

Par la suite, elle passa quelque temps comme institutrice dans un pensionnat de Stockholm. Sa jeunesse n'avait pas été heureuse; la paix domestique était souvent troublée par l'humeur austère, pour ne pas dire les monomanies, du chef de la famille. On entrevoit dans les livres de Frédérika quelque chose de ces ennuis quotidiens, et le récit amèrement plaisant qu'elle met dans la bouche d'une aimable vieille fille des *Voisins* pourrait bien n'être qu'un souvenir. Dans la préface d'un autre de ses romans, *les Filles du président,* elle a exprimé sous une forme singulière, exaltée, ces luttes et ces amertumes de sa jeunesse. Elle vit d'elle-même qu'alors un nuage sombre voila l'éclat de ses premières illusions; alors un crépuscule précoce descendit sur la route que suivait la jeune voyageuse, en train d'accomplir ce terrible pèlerinage de la vie. L'air s'obscurcit comme à la tombée de la neige; l'obscurité augmenta, et ce fut la nuit. Et dans les profondeurs de cette nuit sans fin, de cette nuit d'hiver, elle entendit des lamentations venant de l'ouest et de l'est, voix de la plante et de l'animal, de la nature mourante et de l'humanité désespérée; elle crut voir la vie, sa beauté, ses tendresses, ses cœurs palpitants, enterrés vivants sous un froid linceul de glace.

Cependant tout a une fin, même et surtout la jeunesse, et l'apaisement vient avec les années. En 1831, Frédérika fit un séjour de près d'un an chez une de ses sœurs, récemment mariée et établie à Christianstad. Elle était résolue d'avance à n'accepter aucune invitation et à ne pas se mêler à la société, mais à vivre dans la retraite pour se former à ce qu'elle considérait comme une mission et une vocation, sa carrière d'écrivain, afin de pouvoir ensuite consacrer plus efficacement ses talents à consoler et à aider tous les malheureux, tous les cœurs affligés.

« Frédérika, dit sa sœur, qui a écrit sa vie, découvrit qu'il lui fallait beaucoup apprendre, et que la première chose nécessaire était la solide foi religieuse, qui jusque-là lui avait manqué. »

Le guide dont elle sentait instinctivement le besoin, elle le trouva à Christianstad dans le révérend Peter Boklin, directeur de l'École supérieure; elle profita beaucoup de ses leçons et de son exemple. Son influence sur elle fut aussi bienfaisante que puissante. Très versé dans l'histoire et la philosophie, il donna une nouvelle impulsion au talent de Frédérika, tandis que ses critiques sages et judicieuses la corrigeaient des erreurs dans lesquelles la faisait tomber son extrême facilité. Il lui démontra que ce n'était pas tout que de composer sans effort; qu'il fallait apprendre à donner de la netteté et de la solidité à ses pensées, et que la grâce du style et le charme des descriptions étaient peu de chose si le romancier n'y joignait l'idée créatrice.

La vie prenait à ses yeux un aspect nouveau, et son langage avait bien changé. Dans une lettre à sa mère, en octobre 1831, elle écrit :

« L'existence a acquis une grande valeur à mes yeux. Jadis c'était différent. Loin d'être heureuse, ma jeunesse a été une époque de souffrance, et, à la lettre, mes jours se sont alors passés à désirer mourir. Mais maintenant il en est autrement. Comme compensation à cette longue période de peines et d'inaction forcée, une autre période lui a succédé, m'apportant les moyens de me rendre utile, et par conséquent une joie et une vie nouvelles. Mes sœurs et moi, nous n'espérons, nous ne désirons pas autre chose que de faire un peu de bien pendant notre séjour d'exil sur la terre, et, selon les facultés qui nous ont été accordées, de travailler au bien de nos semblables, et de vivre nous-mêmes dans la paix et l'harmonie. Peut-être notre triste jeunesse, en nous privant de beaucoup des plaisirs de l'existence, a-t-elle contribué à donner à nos esprits une tendance vers des aspirations supérieures et un désir plus énergique d'être vraiment utiles en ce monde. »

Sa carrière littéraire était commencée depuis trois ans. En 1828, elle avait publié à Stockholm un volume de nouvelles, *Esquisses de la vie journalière,* qui avait obtenu du public un accueil favorable. Mais ce fut son vigoureux tableau de *la Famille H**** qui le premier fit apprécier toute l'étendue de son talent de romancier. Sa renommée grandit très rapidement, et fut accrue et confirmée par chacun des ouvrages que sa plume infatigable produisit dans l'espace de quelques années. Les *Filles du président,* les *Visions, Guerre et Paix,* le *Foyer domestique,* etc., renferment les mêmes qualités morales, et se font remarquer par une constante élévation de pensée, un esprit vif et observateur, un style singulièrement énergique et clair. Elle aime à chercher ses sujets dans les scènes de la vie domestique, ses joies et ses douleurs, ses devoirs et ses plaisirs. En 1841, ses œuvres furent traduites en allemand, et obtinrent sous cette nouvelle forme un succès aussi durable que celui qu'elles avaient eu dans leur pays natal. L'année suivante, elles passaient en Angleterre; l'accueil y fut enthousiaste, car leurs mérites étaient de ceux que les lecteurs anglais sont disposés à admirer. Depuis, la plupart de ces romans ont été traduits en français et également appréciés dans notre pays.

Lorsque Frédérika Bremer était arrivée à la pleine conscience de ses facultés hors ligne, le but pratique qu'elle s'était proposé d'atteindre avait été la revision des lois suédoises, qui traitaient les femmes avec une injustifiable dureté. Mlle Bremer désirait ardemment améliorer le sort des femmes, dans son pays en particulier, étendre leurs droits, conquérir pour elles une instruction égale à celle des hommes, et l'entrée de certaines carrières. Ces idées, qui de nos jours font le sujet de tant de discussions, étaient alors absolument nouvelles. Ce fut en partie pour les mûrir et les développer que Mlle Bremer fit son voyage d'Amérique. Dans l'automne de 1848, elle quittait sa patrie, après une visite d'adieu à son maître et ami le révérend Peter Boklin, et se rendait à Copenhague. Dans le cours de l'année suivante, elle fit plusieurs excursions dans les îles danoises; puis, par Londres, elle prit le chemin de New-York, désirant étudier de près la situation sociale des femmes aux États-Unis. Elle séjourna près de deux ans dans la grande confédération, traversant le pays du nord au sud, et recueillant une foule de renseignements sur des questions sociales, morales et religieuses. Son livre, *la Vie de famille dans le nouveau monde*, fut peut-être le premier ouvrage sérieux et impartial sur les côtés intimes de la société américaine.

Un coup terrible l'attendait à son retour : la mort de sa sœur Agathe, qu'elle ne put revoir; deux ans plus tard (1855), elle perdit sa mère, et quitta alors la vieille maison paternelle d'Arsta pour venir habiter Stockholm. Elle y publia son roman d'*Hertha*, qui s'attaquait directement aux lois dont elle voulait obtenir la revision, et elle eut la joie d'atteindre son but.

Dans l'été de 1853, pendant que le choléra ravageait Stockholm, Frédérika Bremer avait été élue présidente d'une société de nobles femmes qui se chargeaient de recueillir et d'élever les enfants que l'épidémie avait rendus tout à fait orphelins, et de distribuer des secours aux familles dans lesquelles le père ou la mère avait été enlevé par le fléau. En 1855, Mlle Bremer se plaçait à la tête d'une petite association féminine qui se proposait de visiter les prisons de Stockholm, et d'améliorer la situation matérielle des prisonniers, ainsi que de venir en aide, après l'expiration de leur peine, à ceux qui sembleraient disposés à gagner honnêtement leur vie.

Elle consacra ainsi à diverses œuvres de bienfaisance une part considérable de son temps, de ses forces et de ses revenus, et soulager toutes les souffrances devint son devoir le plus cher et le plus sacré.

En 1856, elle visita la Suisse, et se rendit de là en Belgique, puis en France et en Italie; enfin elle poursuivit ses voyages jusqu'en Grèce et en Palestine. Ce ne fut que dans le courant de 1861 qu'elle revit son pays natal. Elle a publié un intéressant récit de ce long séjour à l'étranger. En 1864, elle passa trois mois d'été à Arsta, au milieu de la famille patriarcale qui était devenue propriétaire de son ancienne demeure d'enfance, et le calme et la satisfaction qu'elle y trouva la décidèrent à accepter l'invitation de ses amis de se fixer tout à fait parmi eux. Elle continuait ses travaux philanthropiques, et voyait devant elle une vieillesse utile, sanctifiée par la charité, la confiance en Dieu et la soumission absolue à sa volonté. Mais, le jour de Noël 1865, elle eut un refroidissement à l'église, et il s'ensuivit une grave fluxion de poitrine dont son tempérament affaibli ne put triompher. Elle ne se croyait pas en danger; aussi, en dépit de ses souffrances croissantes et de la peine qu'elle avait à respirer, elle refusa de rester au lit; le dernier jour de sa vie, qui se trouva le dernier de l'année, elle était encore debout. Son esprit gardait sa netteté et sa sérénité. Quelques moments avant de mourir, appuyée sur le bras de sa garde-malade, elle alla successivement à chacune des fenêtres de son vaste salon, comme pour dire adieu à ce beau paysage qu'elle avait tant aimé à contempler. Alors, d'une voix basse et faible, elle murmura quelques mots, revenant sans cesse à ces paroles : « La lumière, la lumière éternelle ! » Et, serrant dans ses mains celles de sa garde, elle dit avec émotion : « Ah ! mon enfant, parlons de l'amour de Jésus-Christ, le meilleur, le plus grand des amours! »

Le lendemain matin, à trois heures, elle rendait doucement le dernier soupir.

A cette courte esquisse de la vie de la grande romancière suédoise doit succéder l'étude de ses récits de voyages.

Elle mit à profit sa visite aux États-Unis, et observa d'un coup d'œil sûr et pénétrant ces mœurs nouvelles pour elle. Elle fit la connaissance de Channing et d'Emerson, alla de ville en ville et de village en village, étudia le caractère et les résultats des institutions, et prit un vif intérêt aux grandes questions morales et politiques qui remuaient les esprits. Elle conçut une vive sympathie pour la grande confédération américaine, et ce sentiment fut assez énergique pour qu'elle lui donnât la préférence sur l'Angleterre, qui jusque-là avait eu toute son admiration. Dans le passage suivant elle caractérise à son point de vue la différence entre l'Anglais et l'Américain :

« Frère Jonathan et John Bull ont le même père, mais ils sont nés de deux mères différentes. John Bull est corpulent, haut en couleur, pénétré de son importance ; il parle très haut. Frère Jonathan, beaucoup plus jeune, est grand, maigre, faible de jambes, peu vantard, mais énergique et décidé. John Bull a passé la quarantaine ; Jonathan n'a guère que vingt ans. Les mouvements de John Bull sont pompeux et un peu affectés ; les pieds de Jonathan trottent aussi vite que sa langue. John Bull rit très haut et longuement ; Jonathan se contente de sourire. John Bull s'assied tranquillement pour déguster son dîner, comme s'il s'agissait d'une affaire d'État ; Jonathan dévore le sien à la hâte pour courir fonder une ville, creuser un canal, construire un chemin de fer. John tient à avoir l'air d'un *gentleman ;* Jonathan se soucie peu des apparences ; il a tant à faire, que peu lui importe que son habit ait un trou au coude ou un pan arraché, pourvu qu'il avance toujours. John Bull marche, Jonathan court. John est, certes, fort poli avec les dames ; mais quand il a envie de jouir des plaisirs de la table, il les met à la porte, c'est-à-dire qu'il les prie d'avoir l'obligeance d'aller lui préparer le thé dans la pièce voisine, où il les rejoindra incessamment. Jonathan n'agit pas ainsi ; il apprécie la société des femmes et ne veut pas qu'on l'en prive ; c'est l'homme le plus aimable du monde, et si parfois il oublie la politesse, c'est par pure distraction. Quand John Bull a une indigestion ou une mauvaise chance, il se sent pris du spleen et songe à se pendre. Si Jonathan se trouve dans le même cas, il entreprend un long voyage ; de temps en temps il lui prend un accès de folie ; mais il sait rapidement en triompher, et il ne lui vient jamais à l'esprit de mettre fin à son existence. Au contraire, il se dit : N'y pensons plus, en avant !

« Les deux frères se sont mis dans la tête que c'était à eux à civiliser le monde; mais Jonathan marche avec plus de zèle dans cette voie, et veut aller beaucoup plus loin que John Bull; il ne craint pas de compromettre sa dignité en mettant la main à la pâte, comme un véritable ouvrier. Tous deux désirent s'enrichir; mais John Bull garde la plus grosse part pour lui et les siens. Jonathan ne demande qu'à partager avec tout le monde; il est cosmopolite; un continent entier lui sert de garde-manger, et il a tous les trésors du globe pour entretenir son ménage. John Bull est aristocrate; Jonathan est démocrate, c'est-à-dire il le prétend et se l'imagine, mais il lui arrive de l'oublier quand il a affaire à des gens d'une autre couleur que la sienne. John Bull a un bon cœur, qui se cache le plus souvent sous son pardessus bien ouaté et boutonné; Jonathan aussi a bon cœur et ne le cache pas; son sang est plus vif, et quelques personnes prétendent même que Jonathan n'est autre que John Bull dépouillé de son pardessus. »

Cette esquisse spirituelle, mais qui trahit sur plusieurs points un jugement inexact, est, on le voit, très partiale pour les Américains. Les coutumes les plus opposées à celles de l'Europe trouvèrent grâce aux yeux de Frédérika Bremer, parce qu'elle s'imaginait y découvrir des éléments de progrès et de liberté. Elle glisse, en effet, avec une touche trop légère sur les plus regrettables défauts du caractère américain, éblouie, fascinée par ce brillant mirage d'indépendance, indépendance de pensée et d'action, qui verse si souvent dans la licence. Elle fait songer à ce patriote yankee, qui, des rives du Mississipi, témoin de l'explosion d'un bateau à vapeur, s'écriait : « Ciel ! les Américains sont une grande nation ! » Cette exclamation, sinon textuelle, du moins sous-entendue, se retrouve à toutes les pages du livre de Mlle Bremer. Il faut dire qu'elle voyageait dans des conditions qui lui rendaient presque impossible de se faire une opinion impartiale des hommes et des choses. Elle recevait partout un accueil si enthousiaste, que son discernement naturel s'en trouvait nécessairement obscurci, et qu'elle voyait tout à travers des lunettes couleur de rose. Par exemple, sur la question de l'esclavage, elle, l'ardent champion de l'émancipation de l'humanité, partie avec la ferme résolution de lancer ses foudres les plus terribles à la tête des propriétaires d'esclaves, elle se laisse circonvenir et n'émet plus qu'une opinion embarrassée. C'est que les astucieux

Sudistes s'étaient emparés d'elle, l'avaient fêtée, complimentée, avaient lu ses livres; comment conserver son impartialité de jugement devant d'aussi puissantes influences? Un écrivain peut-il dénoncer au monde les gens qui admirent ses ouvrages? Aussi a-t-on dit avec assez d'à-propos qu'elle combat l'esclavage lorsqu'elle est dans les provinces anti-esclavagistes, et qu'elle critique par contre les gens du Nord lorsqu'elle se trouve dans les États du Sud. Se laissant persuader que la situation des esclaves est moins lamentable qu'elle ne l'avait cru, elle cherche même à la justifier par des arguments trop faibles pour mériter une discussion que l'abolition de cette coutume inhumaine a heureusement rendue inutile.

Le livre de Mlle Bremer sur les États-Unis contient fort peu de ces belles descriptions qui donnent tant de charme à ses romans. Elle voyageait par malheur en philosophe, et non en admiratrice de la nature, et les questions sociales l'ont absorbée au point de l'empêcher de voir les sites magnifiques qu'elle traversait. Cependant elle parcourut la plus grande partie du continent américain; elle alla par terre de New-York à la Nouvelle-Orléans, vit la vallée du Mississipi, la contrée des lacs, le Canada, l'île de Cuba; mais elle ne dit presque rien de ces paysages sublimes, gracieux ou pittoresques, qui durent passer sous ses regards. Le majestueux Niagara lui-même l'émeut à peine; l'immense étendue des prairies ne fait aucune impression sur son imagination. Il faut le regretter, car, surtout dans un pays comme l'Amérique, les questions sociales ont vite fait de changer de face, et les opinions de Mlle Bremer n'ont déjà plus aucune actualité. La nature seule conserve son caractère; le Niagara verse toujours sa nappe d'eau géante dans le Saint-Laurent, et les prairies sans fin se déroulent toujours sans que le pied de l'homme les ait foulées.

Ce défaut qu'on doit reprocher à *la Vie domestique en Amérique* n'apparaît pas dans le second ouvrage de Mlle Bremer : *Deux Ans en Suisse et en Italie*. On y retrouve ce vif sentiment de la nature, cette passion du beau qu'on a droit d'attendre d'une femme qui avait l'imagination d'un poète, sinon le talent poétique. Dès le premier chapitre ou la première *station,* comme elle les intitule, nous trouvons un tableau plein de couleur et de puissance, que la plume de l'artiste semble s'être complue à tracer. C'est la vallée de Lauterbrunnen (*les Eaux bruyantes*).

« A partir de Steinbock, la vallée se resserre entre deux hautes murailles; la voix des ruisseaux et des torrents grandit, car, gonflés par les pluies, ils se précipitent du haut des glaciers jusque dans la vallée et la rivière. Voici le Staubbach, pareil à une pluie d'argent poussée çà et là par le vent sur le champ dont elle entretient la verdure; là le violent Trommelsbach, qui sort tout écumant d'une brèche des rochers; plus loin le Rosenbach, plus violent encore, et que la Jungfrau déverse de sa corne d'argent. De tous côtés, de près ou de loin, c'est un bruit de flots, un mugissement de vagues, un jaillissement d'écume, au-dessus, au-dessous, devant moi, produit par cent sources cachées; et le long de ma route bondit, plus folle encore, la Lutschine grossissante. C'est trop; je ne puis supporter même mes propres pensées. Je suis la proie d'une ondine sauvage, qui enlace ses admirateurs dans ses bras pour les attirer au fond des ondes; et les montagnes géantes deviennent toujours plus hautes, la vallée plus étroite, plus sombre, plus désolée. Je me sens oppressée, écrasée, pour ainsi dire, par ce spectacle; cependant je continue ma route. La scène est mélancolique; mais grandiose, et cet aspect de la nature exerce une puissante fascination, tout en nous ébranlant. Les ombres du soir descendent déjà, quand j'aperçois devant moi, dans la profondeur obscure, un immense mur d'eau d'une blancheur grisâtre, comme une poussière humide, qui tombe avec un bruit de tonnerre d'une haute montagne. Ce mur semble fermer toute issue. C'en est assez! Je salue la géante, la grande Schmadrebach, la mère de la Lutschine, et je retourne sur mes pas : il ne fait pas bon rester ici, et, pour une simple mortelle, la société des Titans est plus agréable à distance.

« A mon retour à Interlaken, les Titans me favorisèrent du plus merveilleux spectacle, et ce fut avec une joyeuse admiration que je quitttai leur voisinage. Ces grandes puissances, qui terrifient, savent aussi nous enchanter. Les rayons du soleil couchant animaient des couleurs les plus vives les pics et les champs de neige; la hautaine Jungfrau se teintait de rose; les glaciers bleus étincelaient, et plus s'abaissait le soleil, plus rayonnaient les sommets des Alpes. Plus tard encore, une nouvelle surprise m'attendait : la tête de la Jungfrau parut environnée d'une auréole suave, dont l'éclat et la beauté grandirent jusqu'au moment où la lune, dans toute sa splendeur, s'avançant lentement, vint se placer comme un diadème sur le front de la géante. »

Malgré ces brillantes descriptions, le livre de Mlle Bremer fut loin d'être un succès; elle n'avait pas le talent de Mme de Staël; en outre, elle trahit trop souvent les souffrances de son amour-propre. En Suède, elle était une étoile de première grandeur dans le firmament littéraire, et elle semble s'être imaginé que sa renommée la précéderait partout et lui assurerait une réception triomphale dans toutes les villes où elle séjournerait; mais en Allemagne elle passa presque inaperçue, ce qui lui fit voir ce pays sous un jour défavorable. En Suisse, il en fut de même; elle se trouva perdue dans le flot des touristes; son nom, inscrit sur les registres des hôtels, attira à peine l'attention. Elle qui s'était créé en imagination une Suisse idéale, prête à accueillir à bras ouverts dans sa personne un champion de la liberté en général, et de la liberté des femmes en particulier, trouva tout simplement une nation de bonnes ménagères, préoccupées de tout autre chose que d'émancipation.

De Suisse, elle alla en Belgique, visita avec intérêt les vieilles cités flamandes : Gand, Bruges et Anvers, se rendit ensuite à Paris, d'où elle retourna en Suisse pour passer l'hiver à Lausanne. L'année suivante, elle franchit les Alpes, et par le Piémont se dirigea vers Rome, puis vers Naples, où elle fut témoin d'une éruption du Vésuve; enfin elle explora les charmants paysages de la Sicile. Elle a esquissé d'un crayon sûr et rapide cette suite de tableaux si variés.

On a souvent décrit le carnaval romain; personne peut-être n'en a mieux rendu la physionomie et l'entrain que Mlle Bremer. On retrouve dans ce passage ce qui fait le charme de ses romans, et les détails en sont touchés avec autant de finesse et d'exactitude que ceux de ses intérieurs suédois.

« La fête commençait à trois heures de l'après-midi. Le Corso se remplit de gendarmes et de gens du peuple. Des militaires, à cheval ou à pied, étaient postés au coin de toutes les rues, ainsi que sur la place. Une foule de gamins déguenillés flânaient sur le Corso, poursuivant avec des cris chaque masque plaisant qui venait à passer. Les fenêtres et les balcons se garnissaient d'hommes et de dames en domino, quelques-uns costumés; on voyait beaucoup de charmants visages... Tout le Corso, depuis la place de Venise jusqu'à la place du peuple, ressemblait à une arène décorée pour une fête. Mais, pour la première fois depuis plusieurs semaines, le ciel était gris, les rues humides, car la pluie n'avait cessé de tomber toute la nuit, et menaçait encore, quoique la température fût douce et calme. Le vent du nord s'était apaisé, toutes les fenêtres étaient ouvertes. Quelques voitures, avec des masques costumés et des dominos, commençaient à monter ou à redescendre le Corso; la guerre de bouquets et de confetti s'entamait entre les voitures et les piétons, les gens de la rue et les spectateurs aux fenêtres et aux balcons. Ils cherchaient à se poudrer de farine, quelques-uns à offrir un présent de cette façon originale; des bouquets superbes et des bonbons coûteux étaient lancés au milieu d'une foule d'autres qui n'avaient rien de splendide. Les habitants sont obligés de se tenir devant le visage un fin masque de toile d'acier, pour échapper aux risques d'un coup malencontreux. Notre balcon était décoré de rouge et de blanc, et tout le long de la balustrade étaient suspendues de petites boîtes pour les bouquets et les confetti. Notre aimable hôtesse faisait l'un des ornements de son balcon, vers lequel étaient lancés une quantité énorme de bouquets.

« A cinq heures, une troupe de gardes à cheval en ligne serrée galopèrent d'un bout à l'autre du Corso pour dégager la rue, car la course de chevaux allait commencer. La foule se pressa le long des maisons; il y eut un moment d'attente, puis un bruyant cri de joie, qui courut comme une fusée jusqu'au bout du Corso, et l'on vit arriver à toute vitesse de la place du Peuple un groupe de petits chevaux décorés de drapeaux et d'ornements de papier doré. Ils ne s'arrêtèrent qu'à la place de Venise, où les juges de la course décernèrent les prix attribués à leurs propriétaires respectifs. Les chevaux étaient à peine passés, que la foule se refermait derrière eux comme une fourmilière. Ce fut la fin de cette journée...

« Mais, le lundi suivant, le Corso était encore plus animé que le samedi, et la bataille de fleurs et de confetti continuait gaiement. On se jetait des fleurs de balcon à balcon, de fenêtre à fenêtre; des gens s'amusaient à présenter à leurs connaissances, d'un étage à l'autre, de gros fruits confits, suspendus comme un hameçon à de longues lignes de pêche; ils agaçaient les enfants dans la rue avec cette proie tentante, qui se retirait dès qu'on voulait la saisir. Les gens qui veulent être aimables suspendent à la ligne une belle fleur ou un bibelot et le laissent prendre par la dame à laquelle ils le destinent; mais ce sont les gamins qui gagnent le plus à ce jeu, car tout ce qui tombe dans la rue leur appartient de droit.

« Le vendredi, le Corso se couvrit de masques de tout genre; les costumes les plus variés apparaissaient aux fenêtres; une pluie de bouquets traversait l'air; deux files serrées de voitures parcouraient lentement le Corso, s'assaillant sans relâche, lançant vers les balcons et soutenant un feu ininterrompu de projectiles. Quelquefois un

Cascade du Staubbach.

masque voulait offrir à une dame un beau bouquet; mais, si celle-ci ne se hâtait pas de le prendre, il était escamoté par un gamin qui avait sauté sur la roue ou le marchepied de la voiture... Il arrive souvent que la foule empêche les voitures d'avancer; malheur à celles qui se trouvent arrêtées sous un grand balcon : elles reçoivent une telle grêle de confetti, que les vêtements sont poudrés à blanc et tout à fait gâtés! On peut s'estimer heureux si on arrive à protéger ses yeux, car beaucoup de gens du peuple s'amusent à jeter de la poudre blanche au visage des passants, et si les yeux sont atteints, il peut en résulter de longues souffrances. D'autres fois, vous recevez un grand coup sur la tête par le choc d'un bouquet ou d'un gros gâteau aussi dur qu'une pierre, et tout ce qui arrive ne fait qu'accroître la gaieté et la surexcitation... Une des choses qui m'intéressèrent le plus fut de voir les belles paysannes romaines en grand costume de fête, assises dans des loges ouvertes, au rez-de-chaussée des maisons, recevant avec une résignation stoïque l'averse de bouquets et de confetti sans cesse dirigés vers leurs têtes parées d'or. Des paysannes, vêtues comme elles le sont pour les mariages, leur tête nue parée de rubans rouges et d'énormes bijoux, figuguraient également dans les voitures et attiraient beaucoup l'attention.

« Les rues débordaient d'arlequins, de polichinelles et de fous, qui sautaient, dansaient, interpellant les passants, les invitant à boire, feignant d'être ivres et versant la limonade ou l'eau à droite et à gauche; des foules de danseurs et de joueurs de castagnettes, dans tous les costumes imaginables, souvent en fort mauvais état, battaient du tambour et faisaient la plus horrible cacophonie... Au milieu de cette confusion s'avança enfin un superbe cortège, le gouverneur de la ville et le sénat dans de magnifiques voitures, avec des chevaux splendides et des domestiques en somptueuses livrées; de tous côtés brillent l'or et l'argent. Ce cortège passe avec une grande dignité à travers la masse mouvante... »

Ce fut dans l'été de 1859 que miss Bremer partit pour l'Orient. Ce voyage devait avoir l'intérêt le plus vif pour une femme aussi profondément religieuse et aussi enthousiaste. Elle passa de longues heures solitaires sur le vaisseau qui l'emportait, et laissa à son imagination libre champ à travers cette mer aux mille souvenirs historiques, la Méditerranée. D'un œil attentif elle suivait les vagues aux crêtes écumeuses, les lumières et les ombres qui se chassaient infatigablement sur cette surface empourprée chaque fois que les nuages ou le soleil y alternaient.

« Les cieux, s'écrie-t-elle, racontent la gloire de Dieu, et le firmament montre l'ouvrage de ses mains! Les paroles sont impuissantes à décrire la beauté du jour, celle de la scène qui se développait devant moi. Nous naviguions vers l'est, sur la mer de Syrie, et quel éclat nous environnait ! Je n'ai jamais vu le soleil si flamboyant, le ciel et la mer d'une pareille transparence. Cette dernière était d'un bleu profond, ondulant légèrement; çà et là de petites vagues, blanches d'écume, montaient, comme autant de lis blancs, des profondeurs infinies. L'air était doux et suave; les nuages se réunissaient parfois pour glisser vers l'ouest, tandis que la partie orientale de la voûte céleste restait sereine et pure. Tout autour de nous il n'y avait que le ciel et la mer, mais leur beauté calme était incomparable. »

La terre sainte apparait, et un flot d'émotions envahit l'âme de la voyageuse. « Comme David, dit-elle, je me levai avant le jour pour voir les côtes de la Palestine. Un nuage de feu s'étendait ainsi qu'une arche au-dessus des collines couvertes de palmiers et d'autres arbres verdoyants. Une masse de maisons grises, aux coupoles basses, se groupaient sur une hauteur voisine de la mer, dominées çà et là par un palmier. C'était Jaffa, l'ancienne Joppé, une des plus vieilles cités du monde. Dans le lointain s'élevait une chaîne de montagnes bleu foncé, perpendiculaires comme un mur : c'étaient les monts de la Judée. Plus loin, à l'ouest, une autre grande chaîne s'abaissait vers la mer : c'était le Carmel. A une plus grande distance encore, dans la même direction et dans l'intérieur des terres, on aperçoit une haute montagne couronnée de neige; et derrière ce mur de roc, invisible à nos yeux, se trouve Jérusalem. »

Abordant à Jaffa, Mlle Bremer et ses compagnons de voyage louèrent des chevaux pour les porter jusqu'à la cité sainte; mais ce ne fut pas sans de graves inquiétudes intérieures que la romancière, dont les talents d'équitation étaient médiocres, se vit à la merci d'un coursier jeune et vif. Elle remporta deux victoires en cette occasion : une sur elle-même et une sur sa monture, dont elle parvint à maîtriser l'ardeur impatiente.

La petite caravane dont Mlle Bremer faisait partie comprenait une princesse russe, deux boyards et plusieurs Anglais, entre autres un professeur à l'esprit sarcastique, qui possédait le talent de caractériser par un mot piquant, et à la minute opportune, les traits les plus remarquables des mœurs indigènes. Pendant que les autres cheminaient en avant, M. Levison restait à l'arrière-garde, à côté de Mlle Bremer; ces deux esprits cultivés sentaient entre eux un lien de sympathie, et leur conversation animée leur raccourcissait la longueur du voyage. Le professeur s'amusait à appeler sa compagne *Sidi,* titre arabe qu'on ne donne qu'aux femmes de haut rang, et qui équivaut presque à celui de princesse chez nous. Abdhul, le guide, en l'entendant, s'informa si la Sidi Frédérika était une parente du sultan de la Prusse, Frédéric.

« Oui, répondit avec beaucoup de sérieux M. Levison, c'est sa parente, mais un peu éloignée. » Et il informa alors sa compagne de voyage de la dignité nouvelle qu'il venait de lui conférer. Elle suffit pour faire d'Abdhul son esclave dévoué; il était extrêmement fier d'accompagner une princesse de sang royal et de la servir. Il se serait volontiers mis à genoux devant elle; il la poursuivait de ses attentions. Le titre imaginaire dont on l'avait leurré faisait beaucoup plus d'effet sur son esprit que si on lui avait parlé de la célébrité de cette femme modeste et des livres qu'elle avait écrits.

Cependant Frédérika Bremer n'oublia pas, malgré cette grandeur improvisée, qu'elle était avant tout écrivain et femme de lettres. En entrant à Jérusalem, elle laissa libre cours à son imagination et écrivit sous sa dictée une de ces lettres délicieuses qui devinrent par la suite la base d'un ouvrage complet sur ses voyages d'Orient. « J'élève mes mains vers la montagne où est la maison du Seigneur, et je ressens une indescriptible joie d'y être arrivée sans encombre. Je suis à Jérusalem ! j'habite sur la colline de Sion, la colline de David ! De ma fenêtre j'embrasse toute la ville, berceau antique et vénéré des plus grands souvenirs du monde, motif de tant de luttes sanguinaires, de tant de pèlerinages, d'hymnes de joie et de douleur. »

Chacun sait ce qu'est la vie du voyageur en Palestine : une suite de visites aux différents lieux auxquels se rattache un souvenir de l'Ancien Testament ou de la vie de Notre-Seigneur; sans cesse se renouvellent les touchantes impressions qui se gravent si profondément dans le cœur et le cerveau de tous les chrétiens. Ni la Grèce, avec ses souvenirs historiques, ses mystérieuses vallées et ses sommets consacrés; ni l'Italie, avec toutes les gloires de l'art et de la nature, avec les traces d'un peuple guerrier, jadis maître de tout le monde connu, ne produisent sur l'esprit du penseur un effet approchant de celui de la terre sainte, la demeure mortelle de Jésus-Christ.

Cependant les lieux sanctifiés qui l'environnaient n'absorbaient pas toute l'attention de Mlle Bremer. Dans l'Orient comme en Occident, elle en revenait toujours à la question de l'indépendance légitime et naturelle de la femme. Ce qu'elle voyait n'était pas fait pour l'encourager. Nulle part la situation des femmes n'est aussi déplorable, moins parce qu'elles sont privées de leur liberté que parce qu'elles sont condamnées à la plus honteuse ignorance et à la vie abrutissante des harems. Mlle Bremer demanda à plusieurs

Jaffa.

jeunes filles qu'elle avait distinguées par leur air vif et animé si elles n'avaient pas le désir de voyager et de voir la belle terre qu'Allah a créée. « Oh! non, répliquèrent-elles; pour des femmes ce serait un péché! » Des femmes maintenues dans un état d'esprit aussi borné ne joueront jamais un grand rôle dans la régénération de l'Orient.

Frédérika Bremer est avant tout philosophe, poète ensuite, rarement peintre; son talent consiste dans la finesse des détails, et elle échoue lorsqu'il lui faut rendre par la parole la nature luxuriante et splendide de l'Orient. Aussi les descriptions dans lesquelles elle excelle sont celles des scènes de mœurs et des types variés qui encombraient les rues de la cité sainte.

« Je diviserais la population de Jérusalem en trois classes : les fumeurs, les crieurs, les fantômes. Les premiers fument par groupes au dehors des cafés, pendant que des enfants, qui portent le joli costume grec, courent de l'un à l'autre avec une cafetière endommagée et versent le café dans de très petites tasses; plus il est noir, plus il est apprécié. Les fumeurs le dégustent goutte à goutte, avec une mine de vive satisfaction. Souvent l'un d'entre eux entame une histoire avec grand accompagnement de gestes; les autres écoutent attentivement, mais vous les voyez à peine rire. On entend souvent dans les cafés le son d'une guitare accompagnant un chant monotone, qui célèbre des exploits guerriers ou des aventures romanesques; les Arabes écoutent avec une attention ravie. Dans les bazars, dans les boutiques, partout où règne la vie publique, on retrouve les fumeurs. Ceux qui portent le turban vert descendent de la famille de Mahomet, ou du moins ils ont fait le pèlerinage de la Mecque, et savent le Coran par cœur, ce qui leur donne droit au rang de *saint homme.*

« La classe des crieurs se compose, à Jérusalem, de tous ceux qui vendent dans les rues, des conducteurs d'ânes et de chameaux, et des paysannes qui apportent chaque jour du combustible, des légumes et des œufs. Elles stationnent en général avec leurs marchandises sur la place de Jaffa et crient d'une façon effrayante; on croirait qu'elles se querellent : pas du tout, elles ne font que causer. Ces femmes laissent pendre sur leur dos leurs voiles ou manteaux malpropres, et ne se couvrent pas le visage; elles sont toujours parées et quelquefois surchargées d'ornements d'argent. Des monnaies d'argent, suspendues à un ruban, s'attachent autour de leur tête et retombent sur leurs joues; leurs doigts sont chargés d'anneaux, et leurs poignets de bracelets. Souvent vous voyez de très jeunes filles dont le visage est encadré de monnaies d'argent; pour correspondre avec leur coiffure, une petite toque brodée de piastres turques, aussi serrées que les écailles d'un poisson. J'ai entendu dire que cette toque représentait la dot de la jeune fille. On remarque parfois chez ces campagnardes des types de sauvage beauté; mais le plus souvent elles sont laides, avec une expression grossière et méchante; c'est une vraie collection de sorcières qui m'inspiraient plus de terreur que les hommes de la même classe, quoique je n'eusse pas assurément trop de confiance en ces derniers.

« Les femmes arabes de haut rang, enveloppées de leur long manteau blanc, et le visage caché sous un voile épais de gaze noire, jaune ou bleue, forment ma troisième catégorie. Elles marchent péniblement à travers les rues en groupes nombreux; elles sont chaussées de souliers jaunes, et s'en vont faire une promenade

Une rue de Smyrne.

au delà de la porte de Jaffa. Vous ne leur entendez jamais dire une parole; vous ne les voyez pas un instant s'arrêter. Si ce paquet noir ou jaune s'approche de vous, caché sous son voile, et se tourne de votre côté, vous sentez un regard expressif, perçant, questionneur, mais vous ne pouvez distinguer ni même deviner le visage caché sous la gaze. Ces pauvres fantômes muets, d'autant plus à plaindre qu'elles ne se savent pas dignes de pitié, se rendent le plus souvent aux cimetières, où, assises sous les oliviers, elles passent leur temps à ne rien faire. »

Après avoir vu les lieux les plus remarquables de la terre sainte, Mlle Bremer étendit son voyage jusqu'aux côtes de la Turquie d'Asie, et visita Beyrouth, Tripoli, Rhodes, Smyrne, et enfin Constantinople. En disant adieu à l'Orient, elle exprime sa joie d'avoir appris à le connaître; mais elle ajoute que tous ses trésors ne la décideraient pas à passer sa vie dans cette atmosphère indolente. Elle aimait l'activité intellectuelle, la vie morale de l'Occident; et l'inertie orientale irrite presque jusqu'à la folie un esprit énergique.

Mais elle allait porter ses pas dans la Grèce classique, la patrie de Solon, de Périclès et de Sophocle, le pays aimé de Byron et de Shelley, la terre du patriotisme et de la poésie : terre de laquelle sont nés les mythes des dieux et les légendes des héros, terre que l'art et la nature, en s'unissant, se sont plu à embellir de leurs plus rares trésors. L'impression qu'elle en reçut fut profonde. Elle écrit d'Athènes :

« Je confesse que l'effet produit sur moi par l'existence et les objets qui m'entourent me fait craindre que mon séjour ici n'ait plus de fin; c'est pour moi une crainte, car sous ce limpide ciel olympien, au milieu de cette fête délicieuse de tous les sens, on pourrait arriver, non pas à oublier, mais à sentir moins fortement le grand but de cette vie que l'Homme-Dieu a rachetée pour nous, par sa naissance, sa mort et sa résurrection. C'est pourquoi je quitterai bientôt la Grèce pour retourner vers mon pays du Nord, vers ses cieux voilés et ses longs hivers, qui ne me feront par courir le danger de trouver trop de charmes à cette existence terrestre. Pourtant je suis heureuse de pouvoir dire à mes compatriotes : Si quelqu'un de vous souffre dans son corps ou son âme du froid cuisant du Nord ou du lourd fardeau de la vie, qu'il vienne ici; qu'il n'aille pas en Italie, où l'on trouve le sirocco, et où la pluie, quand elle commence, tombe comme si elle devait tomber toujours, mais ici, où l'air est limpide, où les temples, encore debout, attirent le regard vers les hauteurs, où les montagnes et la mer font aux yeux un vaste horizon, riche de couleur, de pensée et de sentiment; que sous les colonnades sacrées ou sous les ombrages classiques il écoute de nouveau le divin Platon; qu'il se nourrisse le regard et l'esprit, l'âme et le corps, de cette beauté antique et toujours nouvelle, qui était jadis et qui renaît maintenant à la vie, et sa vigueur lui sera rendue; ou, s'il meurt, il remerciera Dieu de permettre à la terre de devenir parfois le vestibule de la demeure du Père qui est aux cieux. »

« Je quitterai bientôt la Grèce, » écrivait-elle; mais le charme magique de cette contrée s'empara d'elle avec tant de puissance,

Nauplie.

qu'elle y demeura près d'une année. Elle était arrivée à Athènes au commencement d'août 1859, et ce ne fut qu'au mois de juin 1860 qu'elle se retrouva enfin à Venise. Dans l'intervalle, elle avait visité Nauplie, Argos et Corinthe; elle avait navigué au milieu des îles délicieuses de l'Archipel, parcouru la classique vallée de l'Eurotas et les ruines de Sparte, traversé la Thessalie et contemplé le fameux défilé des Thermopyles; enfin elle avait médité sous les ombrages mystérieux de Delphes, admiré de loin les sommets du Parnasse, et vu tout ce qui reste de la florissante Thèbes. Il est impossible de la suivre pas à pas sur une terre si riche de traditions et de souvenirs. Partout où elle allait, elle portait ces dons supérieurs : un goût délicat et un esprit cultivé, de sorte que ses jouissances étaient accrues par une juste appréciation de tout ce qu'elle voyait, et par les souvenirs sans cesse évoqués dans son esprit. C'est ainsi seulement qu'un voyage peut être une source de profit ou de plaisir, de même qu'une nature sensible à l'harmonie apprécie seule tout le charme de la musique.

Il y a des pages délicieuses dans *la Grèce et les Grecs*. Mlle Bremer sait communiquer à ses lecteurs le vif intérêt qu'elle éprouve pour les lieux décrits par sa plume, et son talent littéraire les fait apparaître devant nous avec tout leur éclat de couleur et leur transparence d'atmosphère. Telle est cette description de Naxos :

« La villa Sommariva est située sur le penchant de la montagne, ou plutôt sur une des nombreuses terrasses qui s'étagent jusqu'à son sommet. Derrière et un peu au-dessus de la villa, un petit groupe de maisons basses, blanchies à la chaux, et une église encore plus blanche; au-dessus du village, une tour carrée du moyen âge, la tour de Pyrgos. Au-dessus et des deux côtés de notre villa se développe une étendue sans fin de jardins particuliers, séparés par des murs qui disparaissent sous les arbres et les buissons qui y croissent en liberté et avec la merveilleuse luxuriance de la nature abandonnée à elle-même. Les vignes grimpent jusqu'au sommet des grands oliviers, et en retombent en légers festons verts chargés de grappes qui ondulent au vent. Des cyprès élancés montent au milieu des bouquets d'orangers, de figuiers, de grenadiers et de pêchers. D'énormes mûriers, des platanes au vaste ombrage, des bouleaux dominent les haies et les buissons de myrtes, de lauriers et de cactus en fleur. Au milieu de ce jardin féerique, qui occupe toute la partie supérieure de la vallée, s'élèvent çà et là des maisons blanches avec des toits et des balcons décorés, ainsi que de petites tours qui révèlent une origine vénitienne. Autour de la vallée, des montagnes couvertes de pâles bois d'oliviers presque jusqu'à leurs sommets, qui sont arrondis et peu élevés, tracent un vaste circuit. Les plus gros villages, comprenant l'église et une demi-douzaine de maisonnettes, s'élèvent sur les terrasses des collines, entourés d'oliviers encore et de champs cultivés. De nos fenêtres et de nos balcons, ouverts à l'ouest, notre regard s'étend sur toute cette grande vallée, et une dépression du cercle de montagnes nous laisse apercevoir le tympanum gris-blanc de Paros et ses deux coupoles sœurs, enveloppées de cette vapeur bleue et transparente qui nous rappelle que la mer s'étend entre eux et notre île. Du côté opposé étincelle le plus haut sommet de l'intérieur de Naxos, planant au-dessus de la montagne de Mélanès : une tête géante sur des épaules géantes, qu'on appelle Bolibay et qui a un singulier aspect.

« Et je n'ai pas nommé la Fontaine de beauté dans la vallée de Mélanès, et la source de sa fertilité, le Fleurio, qui se répand en mille petits canaux à travers les jardins, et fournit l'eau la plus délicieuse. Il bondit au milieu de la vallée; il serpente et murmure sur un lit profond de blocs et de cailloux de marbre; ses rives sont enguirlandées de lauriers-roses en fleur, sans parler des magnifiques platanes qui l'ombragent par endroits, et étendent leurs grandes branches l'une vers l'autre à travers le petit cours d'eau qui, dans sa calme mais fraîche carrière et ses méandres capricieux, semble l'image d'une vie paisible et heureuse. »

Une des excursions les plus intéressantes de Mlle Bremer est celle qu'elle fit à la plaine de Marathon, ce lieu témoin de la première grande victoire de l'Occident sur l'Orient. La partie inférieure de la plaine, celle qui longe la côte, était couverte d'abondantes moissons de froment et de seigle qui ondulaient doucement au vent. « Quel monument, demande Mlle Bremer, pouvait être plus beau et plus digne de ces braves dont la poussière s'est depuis longtemps mêlée à la terre ? » Depuis, un monument a été érigé en cet endroit. La romancière suédoise et ses compagnons se reposèrent et dînèrent sur l'herbe à la place où quelques dalles de marbre blanc indiquaient qu'un édifice antique s'était jadis élevé. Tout autour s'étendaient des champs dorés, et des myriades de fleurs étoilaient l'herbe. Dans l'après-midi, ils allèrent en se promenant jusqu'au village de Viana, l'ancien Marathon, pittoresquement situé au pied du Penthélique. Vieux et jeunes accoururent et les entourèrent, pauvre population ignorante à demi sauvage; mais aucun d'eux ne demandait l'aumône; ils se montrèrent même aussi hospitaliers et généreux que le permettait la situation. Ils allèrent chercher des nattes et des matelas de paille, qu'ils étendirent à l'ombre des arbres. Dans une fente de la montagne, juste au-dessus du village, apparaît un petit monastère dont l'effet est singulièrement pittoresque. Ce panorama de la plaine, des détroits étincelants et des rochers de l'île d'Eubée est fait pour enflammer l'imagination. Les touristes qui viennent à Marathon chercher des souvenirs tâchent, en général, de trouver une flèche comme on en ramasse parfois encore sur le sable; Frédérika Bremer emporta un souvenir préférable : un bouquet d'épis et d'immortelles sauvages.

Il serait agréable de suivre Mlle Bremer dans toutes ses excursions classiques, car une compagne comme elle leur donne de nouveaux charmes : c'est étudier un beau poème en s'aidant de l'interprétation d'un poète.

MADAME DE BOURBOULON

Le nom de Mme de Bourboulon ne peut être omis dans un livre consacré aux voyageuses célèbres. Catherine Fanny Mac-Leod naquit en Écosse ; mais elle n'avait que cinq ans lorsque sa mère, qui appartenait à l'une des familles les plus aristocratiques de ce pays, frappée d'un grand revers de fortune, se décida à le quitter avec tous les siens, et, secondée de ses trois sœurs, à aller fonder à Baltimore une maison d'éducation où furent élevées pendant quinze ans un grand nombre de jeunes filles distinguées. Ni la sympathie ni l'admiration des Américains ne manquèrent à la courageuse tentative de Mme Mac-Leod. Catherine était la plus jeune de quatre filles, et sa destinée sembla de bonne heure la vouer aux voyages. A treize ans, elle suivit au Mexique une de ses tantes qui avait épousé un diplomate espagnol, M. Calderon de la Barca, et plus tard fit avec elle un séjour d'un an en Europe, où elle s'initia à la civilisation et aux grands souvenirs de l'ancien monde. Une éducation brillante avait développé sa vive individualité et son esprit supérieur. A son retour en Amérique, elle fut entourée d'hommages et épousa, en 1851, M. de Bourboulon, secrétaire de la légation de France, qui venait d'être nommé ministre en Chine. La jeune femme partit courageusement, quittant sa famille et un pays aimé pour une contrée alors presque inconnue, et où bientôt la révolte des Taï-Pings allait amener tant d'horribles événements.

Pendant les dix ans qu'elle passa en Chine, Mme de Bourboulon partagea tous les travaux et les voyages de son mari, surtout les plus périlleux. En 1853, le navire sur lequel elle s'était embarquée avec lui pour une reconnaissance du côté de Nankin, où les insurgés avaient leur repaire, fut salué d'un boulet. En 1858, immédiatement après la prise de Canton, revêtue d'un costume d'homme pour moins éveiller l'attention, elle parcourut à cheval, avec son mari et l'amiral Rigault de Genouilly, la ville récemment conquise, tous trois entourés d'une escorte militaire qui maintenait la foule hostile et soulevée.

Au mois d'août 1860, elle résidait à Shanghaï, témoin forcé de scènes sanglantes. Sous ses fenêtres passaient chaque jour les cadavres des malheureux massacrés par les Taï-Pings, et elle suivait d'un regard plein d'horreur ces tristes épaves que le fleuve entraînait vers la mer. Les forces alliées de l'Angleterre et de la France marchaient sur Pékin, lorsque Shanghaï fut attaqué par les rebelles, qui voulaient s'emparer des richesses des Européens. Dans l'hôtel de la légation, défendu par vingt marins, Mme de Bourboulon montra un sang-froid et un courage admirables. Ses notes, prises à la hâte, retracent les émotions de ces terribles journées. Dès que la paix fut conclue, M. de Bourboulon se décida à partir pour Tien-Tsin, afin d'y surveiller l'exécution du traité et de se rendre de là à Pékin, où les légations de France et d'Angleterre devaient avoir leur résidence. Quoiqu'elle se ressentît déjà de la fatale maladie dont ce climat lui avait fait contracter le germe, Mme de Bourboulon voulut suivre son mari. C'est alors que commence le journal où elle a retracé d'une manière vive et pittoresque ses impressions sur cette Chine alors si peu connue, et cette ville de Pékin, où nulle Européenne n'avait pénétré avant elle. Le récit de leur séjour et de l'immense voyage qu'ils accomplirent pour rentrer en Europe a été écrit en grande partie d'après ces notes, qui y sont souvent citées [1]. De Shanghaï au golfe de Petchili, dans lequel le Peï-Ho déverse ses eaux, la distance est de deux cents lieues. Nos voyageurs, qu'une corvette à vapeur avait transportés à l'embouchure du fleuve, durent pour le remonter s'embarquer à bord d'un aviso de commerce; en franchissant la barre, ils virent devant eux la ville de Ta-Ku avec ses forts célèbres, et au delà des plaines couvertes de sorgho, de maïs et de millet, s'étendant à perte de vue.

[1] *Voyage en Chine et en Mongolie de M. et Mme de Bourboulon*, par A. Poussielgue. — Hachette.

Le 12 novembre, ils arrivèrent à Tien-Tsin. La légation française fut installée dans un *yamoun* cédé par un riche Chinois. Ce mot signifie la réunion de kiosques, de jardins et de pavillons qui sert de demeure aux mandarins. Grâce à l'influence de Mme de Bourboulon, cette habitation devint le centre brillant de la société européenne. Elle-même en fait une gracieuse description : l'art chinois y déployait toutes ses merveilles ; les couleurs de l'arc-en-ciel y brillaient partout; les murs étaient décorés de charmants paysages; des mers d'azur, des lacs transparents, des forêts, une chasse impériale, « où antilopes et chevreuils fuyaient de tous côtés, percés de flèches, et poursuivis par des chiens la queue en trompette; » en un mot, tous les délices d'un Éden chinois. Mais la jeune femme ne se renfermait pas dans ses plaisirs; son cœur et ses mains étaient toujours prêts pour les travaux charitables, et les Chinois pauvres avaient de nombreuses occasions d'éprouver sa bienfaisance. Entre autres bonnes œuvres, elle adopta une petite orpheline dont elle dit : « J'ai recueilli, il y a quelque temps, une jeune Chinoise de onze à douze ans qu'on a trouvée, après la prise de Pehtang, dans une maison où ses parents avaient été massacrés. Elle devait appartenir à une bonne famille; j'essaye de faire son éducation, mais elle n'est sensible à rien. Son enfantillage excessif n'est-il pas le résultat de l'absence de toute éducation chez les femmes de ce pays? Elle dort et mange bien, est fort gaie, et ne semble pas se souvenir ni se soucier en aucune façon de l'affreux malheur qui l'a séparée de tous les siens... J'exige qu'elle cesse de se martyriser les pieds, mais elle est moins docile sur ce point que sur les autres; ses pieds ne sont pas encore déformés, et ils reprendraient leur forme naturelle; cependant, quand on défait les bandelettes qui les compriment, elle a bien soin de les replacer la nuit... Ma jeune Chinoise se civilise tout à fait; j'en ai fait une chrétienne, et j'ai été sa marraine. Désormais elle s'appellera Catherine, et c'est sous ce nom que je l'envoie à l'évêque de Shanghaï, qui fera continuer son éducation dans la maison religieuse placée sous sa haute surveillance. »

Il serait curieux de savoir ce que pensaient les Chinois de cette belle et courageuse personne ; car ils étaient et sont encore, à vrai dire, peu accoutumés à voir des Européennes, et ils s'habituent difficilement à l'idée qu'une femme de rang élevé ne compromet pas sa dignité en circulant aussi librement que les servantes et les femmes de la classe inférieure. Un petit incident raconté par Mme de

Bourboulon nous prouvera jusqu'à un certain point ce que les Chinois, au moins les gens du peuple, pensent de leurs femmes. Le vieux cuisinier de l'ambassade, Ky-Tin, dont elle avait hérité avec la maison, ayant obtenu de sa maîtresse un jour de congé pour aller voir sa famille dans le voisinage, lui parlait au retour de ses fils, qu'il avait trouvés bien grandis, et pour lesquels il voulait travailler jusqu'à son dernier souffle. « Et tes femmes? lui demandai-je.

— Les femmes, répondit-il dans son français barbare et avec un air de souverain mépris, pas bon, pas bon ; bambou, bambou ! » Ainsi le bâton, voilà le seul argument que les Chinois ont découvert à l'usage du sexe faible, et, dans ce mépris pour les femmes, on peut trouver la cause de la démoralisation et de la dégradation qui se manifestent sous tant de rapports dans le Céleste Empire.

Mme de Bourboulon passa tranquillement à Tien-Tsin l'hiver de 1860 à 1861, sa santé ne lui permettant pas, par ce temps rigoureux, de faire le voyage de Pékin; mais, le 22 mars, toute la légation partit pour la capitale, Mme de Bourboulon en litière, trop souffrante pour faire le moindre mouvement et accompagnée de son médecin. Heureusement le changement d'air et le déplacement sans fatigue lui rendirent un peu de forces. Il y a environ trente lieues de Tien-Tsin à Pékin; on traverse une grande plaine qui fut la scène de l'odieuse trahison commise en 1858 à l'égard des parlementaires anglais et français; et presque aux portes de Pékin on trouve la grande ville de Tung-Tcheou et le fameux pont de Palikao, où, le 21 septembre 1860, l'armée alliée, malgré son petit nombre, soutint victorieusement le choc de vingt-cinq mille cavaliers tartares, qui s'entassèrent sur le pont et s'y firent écraser par l'artillerie. Ce pont curieux a cent cinquante mètres de long sur trente de large; les balustrades de marbre en sont artistement ciselées et surmontées de lions dans le goût chinois.

En arrivant à Pékin, l'ambassade française fut installée dans un palais de la ville tartare. Cinq mois plus tard éclatait la révolution de palais qui porta le prince Kong au pouvoir. Ce prince était favorable aux Européens, et sous son gouvernement Mme de Bourboulon put sans crainte circuler dans Pékin. Le ministre de France obtint en outre un décret impérial très favorable aux missionnaires, qui leur permettait de voyager sans difficultés dans l'intérieur du royaume et leur rendait tous leurs établissements religieux. La cathédrale catholique, bâtie au XVIIIe siècle, avec une façade rappelant celle de Saint-Sulpice, fut restaurée et rendue au culte; et, le jour de Noël 1861, les Chinois stupéfaits entendirent le gong annoncer le passage de l'ambassade française qui se rendait à la messe de minuit, célébrée en grande pompe, et à laquelle assistèrent une foule de catholiques indigènes.

Mme de Bourboulon raconte dans son journal ses promenades à

Tien-Tsin.

travers Pékin, surtout dans la ville chinoise, curieux chaos qui est la vieille Chine avec ses étrangetés pittoresques.

« Je suis partie à cheval ce matin avec sir Frédéric Bruce et mon mari; nous étions sans autre escorte que quatre cavaliers européens et deux messagers chinois, ce qui prouve le degré de sécurité dont on jouit maintenant à Pékin... Nous arrivons à un carrefour populeux qui emprunte un caractère tout particulier à la quantité de revendeurs de la campagne, qui viennent y étaler des viandes, du gibier et surtout des légumes; j'y remarquai des tas d'oignons et de choux qui s'élevaient jusqu'à la hauteur des portes des maisons. Les paysans et paysannes, assis par terre sur une natte de jonc ou un escabeau de bois, fument tranquillement leurs pipes, tandis que les vieilles mules rétives, les ânes pelés errent sur le marché au milieu de la foule, allongeant leur grand cou pour saisir au passage quelque légume ou quelque herbe moins surveillés. A chaque pas, des citadins à la démarche nonchalante et prétentieuse, armés d'un éventail au moyen duquel ils protègent leur teint blême et farineux, se rencontrent avec de robustes campagnards au teint cuivré, chaussés de sandales et coiffés de larges chapeaux de paille... Nous ne savions comment guider nos chevaux au milieu de cette cohue, que les cris énergiques et les imprécations sonores de nos *ting-tchaï* (coureurs) finirent cependant par faire ranger, et nous gagnâmes les abords du pavillon de police, espérant y être plus tranquilles.

« Nous y étions à peine depuis quelques instants, que mon cheval se mit à broncher et à renacler énergiquement; j'avais toutes les peines du monde à le maintenir, lui si doux et si obéissant! Certainement quelque chose l'épouvantait; je levai machinalement la tête, et je pensai me trouver mal! Derrière nous et tout près était une rangée de mâts auxquels étaient fixées des cages en bambou, et dans chaque cage il y avait des têtes de morts qui me regardaient avec des yeux mornes, grands ouverts, leurs dents convulsivement serrées par l'agonie du dernier moment, et le sang coulait goutte à goutte de leurs cous fraîchement coupés. En un instant nous nous lançâmes tous au galop pour nous dérober à la vue de ce hideux charnier, auquel je pensai longtemps encore dans mes nuits d'insomnie...

« La rue que nous venions de prendre, et que j'appellerai la rue des bimbelotiers et des libraires, est une de celles où la circulation est le plus difficile... Mais quelle est cette bruyante musique qui se fait entendre? Le charivari de flûtes, de trompes, de tam-tam et d'instruments à cordes a lieu pour célébrer les funérailles d'un des plus riches marchands du quartier. Voici sa porte, devant laquelle l'administration des pompes funèbres (il y en a une à Pékin) a élevé un arc de triomphe avec une carcasse de bois recouverte de vieilles nattes et de pièces d'étoffe. La famille a établi des musiciens à sa porte pour annoncer sa douleur en écorchant les oreilles des passants.

« Nous pressions le pas pour ne pas nous trouver arrêtés au milieu de l'interminable cortège. Le plus beau jour de la vie d'un Chinois est le jour de sa mort; il économise, il se prive de toutes les aisances de la vie, il travaille sans repos ni trêve, pour avoir un bel enterrement.

« Nous ne sortirons pas de cette maudite rue! Voici un grand rassemblement qui nous barre le passage; on vient de placer des affiches à la porte du chef de police du quartier; on les lit à haute voix, on les déclame sur un ton ampoulé, pendant que mille commentaires, plus satiriques, plus impitoyables que le texte, se produisent au milieu des éclats de rire.

« Cette liberté de la moquerie, de la pasquinade et de la caricature appliquée aux mandarins et aux dépositaires de l'autorité, est un des côtés les plus originaux des mœurs chinoises... En Chine, on est libre d'imprimer et d'écrire ce qu'on veut; les rues sont littéralement tapissées d'affiches, de réclames et de sentences philosophiques. Un poète a-t-il rêvé la nuit quelque strophe fantastique, vite il l'imprime en gros caractères sur du papier bleu ou rouge, et il l'expose à sa porte; c'est un moyen ingénieux de se passer d'éditeurs. Aussi peut-on dire que les bibliothèques sont dans les rues; non seulement les façades des tribunaux, les pagodes, les temples, les enseignes des marchands, les portes des maisons, l'intérieur des appartements, les corridors sont remplis de maximes de toute sorte, mais encore les tasses à thé, les assiettes, les vases, les éventails sont des recueils de poésies. Dans les plus pauvres villages, où les choses les plus nécessaires à la vie manquent complètement, on est sûr de trouver des affiches.

« La foule ne faisant que s'accroître, nos *ting-tchaï* nous assurèrent que nous pourrions gagner à pied la Grande-Avenue par un passage couvert qui s'ouvrait sur notre droite comme la gueule d'un four. Ce passage, affecté au commerce de bric-à-brac, est tout simplement une ruelle obscure où l'on peut à peine passer deux de front, couverte en mauvaises planches, pavée en terre et à demi éclairée en plein jour par des lampes fumeuses alimentées à l'huile de ricin. Ce ne sont plus des boutiques qu'on entrevoit dans ce couloir, ce sont d'informes amas de vieilles planches, dressées au hasard les unes contre les autres, et soutenues par des piles de marchandises de tout genre. Il paraît cependant qu'il y a des objets de grande valeur au milieu de ces vieilleries.

« Qu'on juge avec quel plaisir nous avons retrouvé l'air pur, le ciel bleu et tout le confortable de nos appartements du Tsing-Kong-Fou. »

Ayant fait cinq fois par mer le voyage de Chine en Europe, M. et Mme de Bourboulon avaient résolu d'effectuer par terre leur sixième trajet; c'était rendre un service positif à la science et aux intérêts français que de pénétrer dans ces régions presque inconnues. Ils prévoyaient que l'exécution de ce projet présenterait des difficultés, des fatigues et même des dangers. Ils s'imposaient un voyage de huit mille kilomètres, au milieu de populations presque sauvages, à travers des steppes et des déserts sans routes frayées; il leur faudrait gravir des montagnes, passer des fleuves à gué, dormir sans autre toit qu'une tente, et vivre pendant plusieurs mois de lait, de beurre et de biscuit de mer. Mme de Baluseck, femme du ministre russe à Pékin, avait cependant accompli déjà avec son mari cette pénible entreprise, et désirait retourner en Russie par la même voie. Mme de Bourboulon se sentit animée d'un égal courage, et capable, malgré sa santé fragile, de supporter ces privations et de braver ces périls.

Le régent promit aux voyageurs une pleine sécurité jusqu'aux frontières de l'empire. Il fit plus, il attacha à leur suite plusieurs mandarins de haut rang, pour assurer l'exécution de ses ordres. Une quinzaine de jours avant le départ, une caravane de chameaux fut dirigée sur Kiatka, frontière de la Sibérie, avec toutes sortes de provisions destinées à remplacer celles qui seraient consommées pendant la traversée de la Mongolie.

Un capitaine du génie, M. Bouvier, surveilla la construction de quelques voitures de transport, légères et solides à la fois, pour pouvoir être traînées par les cavaliers nomades et résister aux accidents d'un voyage dans le désert. Du pain, du riz, du biscuit, du café, du thé, des liqueurs, des vêtements de tout genre, des viandes et des légumes conservés, furent emballés soigneusement dans ces voitures et expédiés trois jours d'avance à Kalgan, ville frontière de la Mongolie. Tous ces préparatifs achevés et toutes les précautions prises, le 17 mai fut désigné comme jour du départ.

Pour ce voyage, Mme de Bourboulon adopta un costume d'homme, c'est-à-dire une veste de drap gris garnie de velours et très longue, de larges pantalons d'étoffe bleue, des bottes à éperons, et, par-dessus le tout, un large manteau mongol avec un capuchon doublé de fourrures. A six heures du matin, tous les voyageurs était rassemsemblés dans la cour de la légation française. Sir Frédéric Bruce, ministre d'Angleterre, et le secrétaire, M. Wade, accompagnaient M. et Mme de Bourboulon aussi loin que la grande muraille. Deux mandarins attendaient gravement pour escorter la caravane jusqu'à

Kalgan, et prendre soin qu'on leur fournît sur réquisition tout ce qui serait nécessaire à leur bien-être. La cour était encombrée de nombreux domestiques indigènes, grimpés sur des chevaux misérables, les genoux à la hauteur des coudes et cramponnés à la crinière de leurs

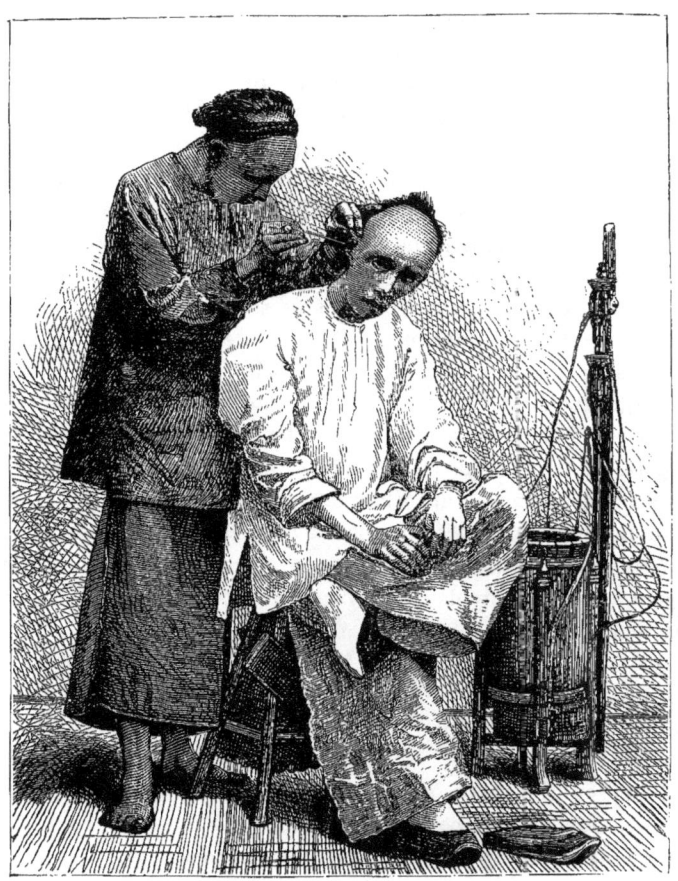

Dans les rues de Pékin : un barbier chinois.

montures. Deux litières, portées par des mules, étaient destinées, l'une à Mme de Bourboulon si elle en avait besoin, l'autre au transport de cinq ravissants petits chiens japonais qu'elle espérait ramener en Europe. Quand tout fut prêt, le mandarin à bouton rouge, sur l'ordre de l'ambassadeur, donna le signal du départ. L'air résonna soudain de détonations : fusées, pétards, serpents de feu éclataient de tous côtés ; il s'ensuivit une grande confusion, car personne n'était préparé à cette surprise, mystérieusement organisée par les domestiques chinois; en Chine, rien ne se passe sans un feu d'artifice. Il fallut près d'une heure pour réorganiser la cavalcade. Le cheval de Mme de Bourboulon, effrayé de ce tapage, l'avait emportée à travers la ville, et elle dut attendre sur une vaste place, à une certaine distance. C'était la première fois, dit-elle, qu'elle se trouvait seule au milieu de cette grande cité; elle avait réussi à arrêter son cheval près d'une pagode, dans un quartier totalement inconnu, et elle fut aussitôt entourée d'une foule immense, dont la curiosité était éveillée par son costume. Quoique cette foule se montrât pacifique et respectueuse, la jeune femme trouva le temps très long, et ce fut avec une vive satisfaction qu'elle se vit rejointe par ses compagnons de voyage, déjà fort inquiets de son absence.

La grande route de Mongolie est bordée de pagodes, de maisons et de petites auberges très nombreuses, peintes en rouge, en vert et en bleu, et surmontées d'affiches engageantes. On y croise une succession continuelle de caravanes de chameaux conduites par des Mongols, des Turcomans ou des Thibétains ; des troupes de mulets aux clochettes sonores, apportant des provinces occidentales du sel ou du thé, et d'immenses troupeaux de bétail, de chevaux et de moutons, sous la garde des agiles cavaliers du Tchakor, qui les dirigent à grands coups de leurs longs fouets ou en poussant des cris gutturaux.

Dans l'après-midi on arriva à un village nommé Cha-Ho, situé entre les deux bras d'une rivière du même nom (*rivière du Sable*). Mme de Bourboulon raconte ainsi la réception hospitalière faite aux voyageurs :

« Nous souffrions tous de la chaleur; à l'entrée du village, nous avons été frapper à la porte d'une maison assez vaste : c'était une école mutuelle, car on entendait le nasillement des enfants qui répétaient leurs leçons. Le maître d'école, un Chinois bourru, effaré de ma présence, se tenait en travers de sa porte et faisait mine de ne pas vouloir me laisser entrer. Sur les explications en bon chinois de M. Wade, le bourru, se métamorphosant subitement, plia sa maigre échine en deux et m'introduisit avec force salutations dans l'appartement de ses femmes. Là, et avant d'avoir eu le temps de me reconnaître, je fus enlevée à force de bras par ces dames, et transportée sur le *kang* ou lit de repos, où j'étais à peine étendue, qu'on m'offrit l'inévitable thé. Je me laissais aller à une douce somnolence, quand une inquiétante pensée vint me rendre toute mon énergie. J'étais couchée sur un amas de loques et de haillons de toute couleur, et certainement le *kang* devait avoir d'autres habitants que moi. Je me levai aussitôt, malgré les protestations de mes Chinoises, et j'allai m'asseoir dans la cour, sous les galeries. »

En Chine, les arbres sont rares dans la campagne, parce qu'on croit qu'ils nuisent à l'agriculture, mais si nombreux dans les villes, qu'ils leur donnent de loin l'aspect de grands parcs à hautes futaies; ainsi apparut aux voyageurs la ville de Tchang-Ping-Tcheou, où ils passèrent la nuit, et près de laquelle ils allèrent le lendemain visiter les célèbres sépultures de la dynastie des Mings, agglomérations de curieux monuments que les Chinois regardent comme le plus merveilleux spécimen de leur art au xviie siècle de leur chronologie. On voit d'abord, sur une hauteur, un édifice singulier dont six gigantesques monolithes forment les colonnes, posées sur des piédestaux carrés que décorent des sculptures mythologiques et des figures de lion de grandeur naturelle; sur ces colonnes reposent douze pierres de même dimension, placées perpendiculairement et surmontées de toits de tuiles peintes et vernissées. C'est l'entrée de la sépulture qui sert de point de départ à une large chaussée; on monte graduellement, l'horizon s'élargit, et soudain on se trouve en face d'un arc de triomphe de marbre blanc percé de portes monumentales, celles du milieu laissant voir une armée de monstres gigantesques rangés sur les bords de la chaussée, monstres en pierre, peints des couleurs les plus éclatantes. La vue est bordée de pins séculaires; d'autres arcs de triomphe s'élèvent au bout de la chaussée, et sur une colline une réunion de temples et de pagodes en marbre blanc, couverts de tuiles dorées. En s'engageant dans cette avenue bordée de monstres grimaçants, les chevaux se cabrèrent de frayeur et refusèrent d'obéir à leurs cavaliers; mais, plus loin, aux bêtes féroces succédèrent les animaux domestiques, puis les statues des sages et des empereurs. Enfin on atteignit un dernier arc de triomphe, au milieu duquel une tortue gigantesque porte sur son dos un obélisque de marbre couvert d'inscriptions. A l'époque de la visite de Mme de Bourboulon, l'enceinte était fermée, et pendant que les courriers chinois partaient à la recherche des gardiens, les voyageurs déjeunèrent gaiement à l'ombre d'énormes mélèzes. C'était la première fois que des barbares de l'Occident profanaient ce sol sacré.

« Enfin on nous ouvre les portes ; le gardien de la première enceinte nous offre le thé, et nous faisons distribuer de l'argent aux employés de la sépulture impériale... En Chine encore plus qu'en Europe c'est là une formalité inévitable, et le principe de *rien pour rien* a dû être inventé dans l'empire du Milieu. Par respect ou pour toute autre cause, les gardiens se dispensent de nous suivre et nous laissent libres d'aller et de venir à notre gré... Nous montons quelques marches, et nous nous trouvons dans une immense cour carrée ; les avenues en sont dallées de marbre blanc, devenu jaunâtre de vétusté ; au milieu, nous contournons des pelouses vertes avec des rangées de cyprès et d'ifs taillés à façon ; aux quatre coins sont des temples consacrés aux divinités du ciel et de l'enfer. Un superbe escalier de trente marches nous mène à un nouveau carré, planté dans le même style ; une épaisse forêt de cèdres gigantesques l'encadre à droite et à gauche : ces arbres font un effet saisissant avec leur écorce d'un gris presque blanc et leur feuillage tellement sombre, qu'il en paraît noir. Huit temples à coupoles rondes et superposées s'élèvent sous l'abri mystérieux des grands cèdres, tous peuplés de ces nombreuses idoles, inventions bizarres du paganisme chinois. L'ensemble de cette cour est funèbre ; j'y frissonne malgré moi, car il y règne une humidité pénétrante comme dans une cave ou un tombeau. C'est avec plaisir que je monte un nouvel escalier qui nous conduit à une plate-forme ronde, tout en marbre blanc et entourée de balustrades sculptées à jour. Au milieu s'élève le grand mausolée ; nous en faisons le tour, et, du côté opposé, nous trouvons un mur à pic adossé à la montagne, qui est couverte d'une végétation inextricable. Une grande porte de bronze, magnifiquement sculptée, nous conduit dans l'intérieur du monument. Nous passons d'abord sur une voûte où sont des caveaux que nous supposons renfermer les ossements des Mings, puis nous montons un escalier tournant d'un très beau style avec des rampes sculptées ; il nous conduit sur une nouvelle plate-forme moins vaste, où nous sommes à peu près à vingt mètres au-dessus du sol. De là on jouit d'une vue magique : devant nous, la vallée que nous venons de parcourir ; de chaque côté, tout un monde de mausolées, de pagodes, de temples, de kiosques que nous n'avions pu voir, cachés qu'ils sont par les grands arbres. Au-dessus de la plate-forme, le mausolée se continue en coupole immense, se terminant en pyramide pointue, couverte d'écailles comme un serpent et de bas-reliefs mythologiques. Enfin la pyramide est couronnée par une boule dorée de grande dimension. »

Depuis le voyage de Mme de Bourboulon, ces étranges sépultures ont été visitées plus en détail, et on a découvert dans la montagne treize monuments analogues.

Les voyageurs durent, pour continuer leur route, renoncer aux chevaux anglais et prendre les affreux chevaux chinois du service postal, plus capables de supporter la fatigue et de franchir les passages périlleux. Après deux pénibles journées employées à traverser gorges étroites, torrents et plaines, où le vent balayait d'aveuglants tourbillons de sable, ils atteignirent la mission lazariste de Suan-Hoa-Fou. En entrant dans la ville, une immense multitude silencieuse et polie, mais fort gênante, les enveloppa. « Tous les yeux se détournent et tout le monde recule si l'un de nous dirige ses regards de leur côté; mais cet empressement forcé ne laisse pourtant pas de devenir très incommode, et nous nous passerions bien des vingt mille curieux qui nous accompagnent partout. Nous nous sommes arrêtés devant le grand portail de la mission, au-dessus duquel figure seulement depuis quelques jours la croix, ce noble insigne de la civilisation latine; c'est le drapeau de l'humanité, des idées généreuses et de l'affranchissement universel, placé en Orient sous la protection de la France. »

Les lazaristes étaient installés, depuis les nouvelles lois, dans un immense bâtiment que le gouvernement leur avait concédé; ils étaient heureux de témoigner leur reconnaissance à l'ambassadeur. Un repas à l'européenne fut servi dans la grande salle de réception, et les pères s'empressèrent de faire à leurs hôtes les honneurs de leur maison. Il fallut quitter cette bonne hospitalité pour se remettre en route; le 23, les voyageurs arrivaient à Kalgan, où ils trouvèrent M. et Mme de Baluseck; cette dernière devait, comme on le sait, se joindre à eux. Les représentants de trois grandes puissances européennes se trouvaient ainsi réunis dans cette ville lointaine et inconnue à l'Europe.

Kalgan, frontière de la Mongolie, est moins bien bâtie que les cités impériales; c'est un centre commercial, où l'on trouve un grand nombre de bazars; la foule y est considérable; les piétons se suivent à la file, le long des maisons, abandonnant les chaussées aux chariots, aux chameaux et aux mulets. « J'ai été frappée, écrit Mme de Bourboulon, de l'immense variété des costumes résultant de la présence de nombreux marchands étrangers. On y voit, comme dans toutes les villes chinoises, des industries et des industriels de toute sorte : les porte-faix chargés de thé en briques, les restaurateurs ambulants, avec leurs fourneaux toujours allumés, y campent sous leurs auvents formés de deux perches soutenant un tapis de feutre ; des bonzes mendiants sont assis derrière une table, sur laquelle est un Bouddha en cuivre et une sébile, et frappent du tam-tam ; devant les étalages des boutiques se tiennent les revendeurs chinois, prônant à haute voix leurs marchandises. Des Tartares aux jambes nues, au costume déguenillé, y poussent devant eux, sans s'inquiéter des passants, des troupeaux de bœufs et de moutons ; des Thibétains s'y font reconnaître à leurs habits somptueux, à leur toque bleue à rebord en velours noir et à pompons rouges, à leurs longs cheveux flottants dans lesquels sont fixés des joyaux d'or et de corail. Des chameliers du Turkestan, coiffés du turban et portant une longue barbe noire, conduisent avec des cris étranges leurs chameaux chargés de sel ; enfin les lamas mongols aux habits jaunes et rouges, avec la tête complètement rasée, passent au grand galop, cherchant à faire admirer leur adresse à diriger leurs chevaux indomptés. De temps en temps j'aperçois un marchand sibérien avec sa polonaise doublée en fourrure sur une redingote de drap noir, ses grandes bottes à l'écuyère et son large chapeau de feutre...

« Me voici dans la rue des marchands d'habits ; c'est à eux que j'ai affaire. Il y a beaucoup plus de fripiers que de magasins de costumes neufs. Ici on n'éprouve pas la moindre répugnance à s'habiller avec la défroque d'autrui, bien heureux si le revendeur daignait la faire nettoyer... Enfin voilà un magasin élégant ; le maître est un petit vieillard propret, le nez armé de lunettes formidables, mais qui ne cachent pas tout à fait ses yeux malins ; trois jeunes commis se succèdent devant la boutique, apportant des tuniques en cotonnades qui servent de chemises, des vestes ouatées, des pelisses de soie doublées de peaux de moutons, et même des robes d'apparat ; ils les drapent autour d'eux et les font admirer aux passants en criant d'une voix de fausset leur qualité et leur prix. Je me suis laissé tenter ; j'ai acheté, entre autres choses, une pelisse en soie bleue doublée de laine blanche, fine et douce comme de la soie ; elle provient de la célèbre race des moutons ong-ti. Je l'ai payée peut-être le double de sa valeur ; mais le maître de l'établissement a été si persuasif, si irrésistible, que je me suis laissé faire et que j'ai dû m'en aller, parce qu'il aurait été capable de me faire acheter toute sa boutique. Les Chinois sont certainement les premiers marchands du monde, et je prédis aux commerçants de Londres et de Paris de redoutables concurrents s'il leur prend fantaisie d'aller s'établir en Europe. »

M. de Baluseck reprit la route de Pékin, et le 24 mai la caravane, à laquelle Mme de Baluseck s'était jointe, sortait de Kalgan et franchissait la grande muraille. Ce colossal ouvrage de défense se compose de doubles remparts crénelés, coupés à des intervalles de cent mètres par des tours fortifiées; ils sont bâtis en briques et en moellons cimentés avec de la chaux; ils ont vingt pieds de haut sur vingt-cinq d'épaisseur, mais ils sont en ruines sur plusieurs points et n'ont pas partout les mêmes proportions; dans la province de Kanson, ce n'est plus qu'un mur qui n'a pas un mètre de haut. Cette muraille fut élevée au IIIe siècle de notre ère pour protéger l'empire contre les invasions des Tartares; elle gravit les collines, descend dans les vallées et enjambe les fleuves les plus rapides.

Après avoir franchi une chaîne de montagnes, nos voyageurs virent s'étendre devant eux le plateau de la Mongolie. « A notre arrivée au sommet, nous avons eu le coup d'œil le plus saisissant et le plus admirable. Devant nous, des prairies sans fin, l'immensité couverte d'herbes verdoyantes. C'était une mer avec des ondulations de graminées semblables à de longues vagues : la Mongolie enfin, la *Terre des Berbes,* comme l'appellent ses libres habitants; le désert, le désert infini, avec toute sa majesté, et qui vous parle d'autant plus de Dieu que rien n'y rappelle les hommes. Le ciel au-dessus des prairies était de cette douce couleur d'aigue-marine claire et un peu rosée dont se revêt ordinairement le côté de l'horizon opposé au soleil couchant. C'était une transparence et une pureté d'atmosphère que rien ne saurait exprimer; le haut des herbes seulement était doré par le dernier rayon de soleil qui allait se perdre dans cette immensité. »

Il fallut s'arracher à ce spectacle pour gagner avant la nuit la ville de Bourgaltaï, où arrivaient en même temps les chameaux chargés de bagages; l'auberge était malpropre et délabrée, la confusion à son comble dans la nuit noire; on mit du temps pour trouver des lits de camp et quelques provisions; mais la gaieté de Mme de Bourboulon résistait à tous les inconvénients et à tous les ennuis. Cette gaieté fait le charme de ses notes; tout lui semble amusant et nouveau, et elle annonce avec satisfaction que désormais ils vont camper sous la tente « comme les nomades ». A Bourgaltaï même, dans leur misérable auberge, elle parle en riant de leur soirée. « C'était la fête de la reine Victoria, et comme le maître d'hôtel a pu mettre la main sur deux bouteilles de champagne, nous avons bu à la santé de Sa Majesté avec le ministre d'Angleterre et son secrétaire; ensuite nous avons fait un whist, car on avait trouvé des cartes; c'est sûrement la première fois qu'on y joue dans les déserts de la Mongolie. »

Avant d'y pénétrer avec elle, il peut être utile d'énumérer le personnel de la caravane et de parler de son organisation. Outre M. et Mme de Bourboulon, les Français étaient au nombre de cinq : le capitaine Bouvier, un sergent et un soldat du génie, un artilleur, un intendant, plus un jeune Chinois chrétien que l'ambassadeur emmenait en France. La suite de Mme de Baluseck consistait en un médecin russe, une femme de chambre, un interprète lama et un Cosaque d'escorte. Les deux dames voyageaient dans une petite calèche à deux roues appartenant à l'ambassadrice russe, les autres à cheval ou dans des charrettes chinoises; ces charrettes, avec des capotes goudronnées, garnies en drap bleu, ne contiennent qu'une seule personne; elles ne sont pas suspendues, mais très solides. Les conducteurs chinois furent remplacés par des postillons mongols, et les mandarins déposèrent toute responsabilité entre les mains d'officiers de cette nation. La façon d'atteler est fort étrange : une longue barre de bois est attachée au bout des brancards; de chaque côté un cavalier la glisse sous sa selle, et ils partent au galop. Quand on veut s'arrêter, les postillons se jettent de côté, la barre tombe à terre, et le voyageur court grand risque d'être lancé hors de la voiture. Les officiers d'escorte allaient en avant pour faire dresser les tentes, construites exprès pour la circonstance et fort vastes; elles étaient formées de claies mobiles sur lesquelles on étendait un immense tapis de feutre épais, le tout ayant l'apparence d'un gigantesque parapluie avec un trou au centre pour renouveler l'air; l'intérieur était orné de soieries chinoises. La caravane emportant avec elle des provisions considérables, et les bergers nomades fournissant de la viande fraîche, la table était bien servie; mais le défaut de combustible les obligeait à brûler des argols ou des bouses de vache desséchées, et le froid était très vif.

Au bout de quelques jours, ils entrèrent dans le grand désert de

Gobi, où le steppe est parsemé d'innombrables taupinières servant d'habitation à des rats gris, ou bien de bancs de grès échelonnés comme les marches d'un escalier naturel, qui y rendent la locomotion des plus pénibles; ce n'est plus l'océan de verdure de la terre des Herbes, mais une mer de sable sans limites, sans arbres et sans fleurs; cependant cette monotone uniformité n'est pas dépourvue d'une certaine poésie.

« En arrivant ici à la couchée, à quatre heures du soir, j'ai été me promener sur le bord d'un étang où j'ai joui d'un coup d'œil extraordinaire; au milieu et sur le bord, dans un encadrement de roseaux et de gazon vert, s'ébattait avec confiance une foule d'oiseaux de toute couleur et de toute grandeur : des sarcelles, des canards de différentes espèces, des cygnes, des poules d'eau, bécassines, ibis, hérons; un troupeau d'antilopes s'abreuvait sans se soucier des cris de la gent ailée; une bande d'oies sauvages paissait l'herbe verte; un superbe faisan doré caquetait auprès de ses poules; enfin deux énormes grues de la Mandchourie, perchées sur une patte, contemplaient mélancoliquement ce spectacle : on eût dit la basse-cour du bon Dieu. La confiance de ces animaux prouvait que jamais aucun d'eux n'avait été tourmenté ni chassé par l'homme. »

Ce nom de désert de Gobi (désert des pierres) lui vient des énormes rochers granitiques qui le parsèment; la Mongolie n'est, en effet, qu'un vaste plateau de granit, et dans les endroits où ces assises ne sont pas recouvertes d'une couche de terre, toute végétation cesse, l'eau manque, et dans les puits elle a un goût sulfureux insupportable. Cependant, grâce à leurs provisions, les voyageurs ne souffraient pas du manque de ressources; la seule chose qui leur faisait défaut était le pain; Mme de Baluseck avait cependant emporté du pain de seigle qui était encore mangeable, détrempé dans de l'eau ou du lait.

Plus loin, Mme de Bourboulon ajoute :

« Je m'habitue au désert; voici quelques jours que je couche sous la tente, et il me semble que j'ai toujours vécu ainsi. Le désert ressemble à l'Océan : l'œil de l'homme s'y plonge dans l'infini, et tout lui parle de Dieu. Le nomade mongol aime son cheval comme le marin aime son navire. Ne lui demandez pas de s'astreindre aux habitudes sédentaires des Chinois, de bâtir des demeures fixes et de remuer le sol pour en tirer péniblement sa nourriture; ce libre enfant de la nature se laissera traiter de barbare grossier, rude et ignorant, mais en lui-même il méprise l'homme civilisé qui rampe comme un ver sur un petit coin du sol qu'il appelle sa propriété. Le steppe immense lui appartient; ses troupeaux, qui le suivent dans ses courses vagabondes, lui fournissent la nourriture et les vêtements : que lui faut-il de plus, tant que la terre ne lui manque pas? »

Ce vaste désert a exercé son influence sur les destinées de la race humaine; il a mis une infranchissable barrière entre la civilisation de l'Inde et du Thibet et les peuplades du nord de l'Asie. Les barbares qui, dans les dernières années de l'empire romain, envahirent et dévastèrent l'Europe sortaient des steppes et des plateaux de la Mongolie. Comme l'a dit Humboldt[1] : « Si la culture intellectuelle a marché d'Orient en Occident comme la lumière vivifiante du soleil, la barbarie, à une époque postérieure, suivit la même route, et menaça de plonger de nouveau l'Europe dans les ténèbres. Une race de bergers aux cheveux roux, les Hiounghums, habitait sous ses tentes de peaux le plateau élevé de Gobi. Longtemps formidables au pouvoir chinois, une partie de ces Hiounghums furent refoulés au sud vers l'Asie centrale, l'impulsion, une fois donnée, se propagea sans interruption jusqu'aux bords de l'Oural, d'où fit irruption un torrent de Huns, d'Avares, de Chasars et autres peuplades asiatiques confondues. Les armées des Huns arrivèrent d'abord aux rives du Volga, puis dans la Pannonie, et enfin jusque sur les bords de la Marne et du Pô, dévastant ces belles plaines que le génie de l'homme avait couvertes de monuments. Ainsi souffla de la Mongolie asiatique un vent pestilentiel qui alla flétrir jusqu'aux plaines cisalpines la fleur délicate de l'art, objet de soins si précieux. »

Dans ces steppes, la température est extrêmement variable; souvent il gèle le matin, et à midi on a trente degrés de chaleur; il faut ôter et remettre des vêtements sans arriver à se préserver des rhumes, et l'on a même trouvé des voyageurs morts de froid dans le désert. La fatigue du voyage est accrue par le trot rapide des chevaux mongols et les inégalités perpétuelles du terrain. Les postillons mongols sont d'admirables cavaliers et luttent entre eux d'adresse et d'agilité; des femmes même font quelquefois ce périlleux service pour remplacer leurs pères ou leurs maris. Mais, en revanche, rien ne peut résister à ces courses désordonnées et à ces cahots intolérables; les objets les plus soigneusement emballés sont brisés. Mme de Bourboulon dit qu'ils semaient le désert des débris de leur garde-robe,

---

[1] Alexandre de Humboldt, *Tableaux de la nature*.

que l'argent même s'usait dans les coffres; et, en effet, une poignée de piastres fut trouvée rognée comme par une lime, grâce au frottement; si le voyage s'était prolongé, tout aurait été réduit en poussière. Pour se reposer de la voiture, Mme de Bourboulon essaya de monter à cheval, mais ce fut encore pire, car elle dut suivre les voitures au grand galop, et, l'étape achevée, elle se trouva exténuée de fatigue. En avançant, la végétation devenait de plus en plus rare; un arbre rabougri, qui avait poussé par hasard dans une fente du plateau, arrêta les voyageurs comme une merveille du steppe. On rencontrait encore çà et là quelques touffes roses de saxifrages, une plante grasse épineuse, de maigres bruyères et un peu d'herbe dans le creux des rochers; les iris violets, jaunes et blancs de la terre des Herbes, les œillets rouges qui parfumaient la route de leur délicieuse odeur, avaient disparu. Dans cette solitude aride on trouve pourtant des villes ou plutôt des lieux de campement habituels aux caravanes, où les pasteurs du désert affluent pour leurs échanges avec les marchands chinois et sibériens. A Homoutch, l'une de ces capitales primitives composées de tentes, s'élève une lamaserie construite en briques vernies de blanc, qui repose le regard fatigué de l'uniformité des steppes. Mais Mme de Bourboulon se plaint de sa nuit troublée par le bruit des troupeaux et des chameliers, et surtout celui du passage des lamas quêteurs, qui réclamaient, en faisant retentir leurs conques marines, les subsides de beurre et de lait qu'on a coutume de leur donner. L'admirable silence du désert l'avait déshabituée du tumulte des villes. Un petit fait qu'elle raconte nous laisse entrevoir les habitudes de ces tribus nomades.

« La chaleur a été terrible pendant toute cette journée, et le soir, en arrivant à l'endroit où nous devions coucher, nos postillons se précipitèrent avec avidité sur les vases pleins d'eau et de lait de chamelle que les femmes et les enfants leur avaient préparés; une violente altercation s'ensuivit parce qu'une de ces Agars du désert avait donné à boire à un étranger avant son mari. Celui-ci renversa le contenu du vase et jeta du sable à la tête de sa femme, au milieu des rires et des exclamations des pasteurs. Ces scènes primitives me rappelaient la Bible et le temps des patriarches. »

La rencontre d'une caravane, la première qu'ils eussent croisée sur leur route, fut un événement; en tête s'avançaient deux marchands sibériens qui se rendaient en Chine; des Mongols à l'aspect misérable et sauvage les accompagnaient avec leurs chameaux et des *yaks* ou bœufs à longs poils. Mais le plus curieux c'étaient trois grands bateaux montés sur des roues, et construits dans le genre des bateaux de bains qu'on voit dans les villes d'Europe ; ces véhicules étranges servaient à transporter la famille et les richesses des marchands. On échangea des renseignements, et les deux caravanes continuèrent leur chemin en sens contraire, comme deux navires se rencontrant au milieu de l'Océan.

Le désert cessait enfin, et le pays des Khalkas lui succédait, région de grandes forêts, de pâturages et de fleuves limpides ; mais ce paradis terrestre de fraîcheur et de verdure n'était pas sans dangers.

« J'ai voulu monter à cheval ce matin, séduite par l'aspect des belles prairies vertes de Taïrun. Mon cheval bondissait sur leur surface, et, lui lâchant la bride, je le laissais franchir l'espace dans un galop effréné, bercée par le bruit sourd de ses sabots qu'amortissait un épais tapis d'herbes, sans m'occuper de rien et rêvant profondément. Soudain j'entends derrière moi des cris inarticulés, et au moment où je me retourne, je me sens tirée par la manche; c'est un Mongol de l'escorte qui s'est lancé à ma poursuite. Il abaisse tantôt une main, tantôt l'autre, en imitant avec ses doigts le galop d'un cheval emporté; enfin, voyant que je ne comprends pas, il me montre fixement le sol. La présence d'esprit me revient, j'ai l'intuition d'un danger auquel j'aurais échappé, et je m'aperçois que si nos montures paraissent si animées, ce n'est pas l'aspect des verts pâturages qui les met en joie, mais la peur, la peur d'être englouties vivantes ! Le sol se dérobe sous leurs pas, et si elles restaient immobiles elles enfonceraient dans de perfides tourbières qui ne rendent plus leur proie. Je frissonne encore quand je songe au danger que j'ai couru. Mon cheval, mieux servi par son instinct que moi par mon intelligence, s'emportait, et je ne m'en apercevais point; quelques pas de plus, j'étais perdue ! »

Le climat et les fatigues avaient fait retomber Mme de Bourboulon dans un état de santé précaire; sa vaillante énergie défaillait à la pensée d'être gravement malade dans ce pays perdu; heureusement ils atteignirent Ourga, siège d'un consulat russe, et rentrèrent, provisoirement du moins, au sein de la civilisation, sauf que dans l'appartement confortable qui leur avait été préparé il n'y avait pas de lits, meuble regardé comme superflu en Sibérie. Ourga, ville importante, située sur la rivière Toula, dans un magnifique paysage animé d'immenses troupeaux de chevaux à demi sauvages et de yaks au long poil blanc, ressemble à un campement de nomades, avec ses maisons qui sont des tentes, et que dominent les clochetons dorés des deux palais du Guison-Tamba, le pontife enfant adoré des lamas. Si les tribus khalkas avaient paru misérables aux voyageurs, ils voyaient là des Mongols de haut rang, des *tait-si* ou gentilshommes, ayant grand air avec leur élégant costume et leurs façons pleines de courtoisie : ils portaient des bonnets de soie cramoisie doublés de martre et ornés d'une plume de faucon, des manteaux de soie jaune et de fourrures, et des pelisses également cramoisies, enfin de longues guêtres de velours noir, et au côté un léger sabre chinois. Mais, si pittoresque que fût ce spectacle, Mme de Bourboulon déclare qu'elle était surtout sensible au plaisir de retrouver quelque chose de l'Europe. « La tenue, la discipline des Cosaques, les boutons dorés de leur officier, jusqu'à l'habit à queue de morue du consul, me représentaient la civilisation et me faisaient tressaillir le cœur; il me semblait que j'allais guérir tout de suite, que je rentrais dans ma vie ordinaire, après avoir passé par les angoisses d'un cauchemar étrange. » Mme de Bourboulon obtint à grand'peine l'autorisation de visiter la montagne sacrée qui domine Toula, mystérieux sanctuaire du culte bouddhique; elle est couverte d'une épaisse forêt de pins, sous lesquels s'élèvent de grands rochers blancs qu'on aperçoit de la vallée, et qui sont couverts d'inscriptions gigantesques tirées des livres de Çakya-Mouni, le prophète du Bouddhisme. Il y a à Ourga près de trente mille lamas, attirés par la vénération qu'inspire la ville sainte; elle se compose de trois quartiers : russe, chinois et mongol; tous les trois ans s'y célèbre une grande fête religieuse où accourent des députations de toutes les tribus de la Mongolie, des pèlerins, des Tartares, des Mandchoux, des Thibétains venus de l'Himalaya, mêlés aux marchands turcs et sibériens. Il s'y fait, en un mois, un trafic de plus de cent millions.

Pour atteindre la frontière sibérienne, il restait encore bien des fatigues à supporter; il fallut franchir par des gorges magnifiques et profondes, où le chemin était presque impraticable, les monts Bakka-Oula, couverts de forêts toutes peuplées de bêtes fauves; et ce fut avec une joie vive que Mme de Bourboulon vit tout à coup se déployer devant elle la grandiose vallée de la belle rivière Sélenga, que bornaient les hautes montagnes de la Sibérie, et au pied de ces montagnes étinceler les flèches dorées de la cathédrale de Kiatka. Le gouverneur général de la Sibérie orientale avait envoyé au-devant des voyageurs une escorte commandée par son aide de camp, M. d'Ozérof, qui devait les conduire à Irkoutsk ; des *tarantass* ou grandes chaises de poste à six chevaux, et des *télégas*, traîneaux à quatre roues, étaient mis à leur disposition. Ils ne tardèrent pas à arriver à Kiatka, où les attendait la réception la plus hospitalière ; l'hôtel du gouverneur était rempli de fleurs, passion de tous les Russes ; dîner, concert et bal furent donnés en l'honneur des arrivants. Le grand nombre d'exilés politiques avait introduit dans ces pays lointains l'élégance de la haute société ; presque toutes les dames parlaient français. Mme de Bourboulon déclare que rien ne manquait à cette fête, « pas même la polka et le quadrille officiel : ce n'était pas la peine d'être à quatre mille lieues de Paris. » Toutes les constructions de Kiatka sont badigeonnées de couleurs tendres, roses, jaune ou bleu de ciel, la cathédrale, blanche et lilas, a ses clochetons peints en vert-pomme ; l'intérieur en est d'une richesse extrême : la grille du chœur est décorée de moulures en or et en argent ; l'autel est en argent massif. Après la messe solennelle à laquelle assista le lendemain le ministre de France, l'archimandrite lui adressa un compliment dont le français seul laissait un peu à désirer. Mme de Bourboulon, elle, remerciait de toute son âme la Providence de leur avoir fait accomplir sans danger ce long voyage ; il lui semblait presque terminé, quoiqu'elle fût encore bien loin de la France.

En arrivant sur les bords du lac Baïkal, tous furent très désappointés d'apprendre que les bateaux à vapeur qui font le service du lac, ayant éprouvé de graves avaries, étaient en réparation ; ils se décidèrent, après bien des hésitations, à s'embarquer sur des bateaux à voiles, très malpropres, et destinés seulement au transport des bagages. Il fallut hisser à bord les tarantass, dans lesquelles les voyageurs s'installèrent pour passer la nuit, ces voitures étant organisées de façon qu'on puisse y dormir et voyager ainsi sans s'arrêter. Mais un terrible ouragan s'éleva et faillit arracher les lourdes barques de leurs ancres et les jeter à la côte. Cependant, après ces heures affreuses, la traversée du lac se fit paisiblement, le lendemain soir, par un beau clair de lune qui révélait aux regards l'incomparable panorama de ce lac, le troisième de l'Asie, la mer Sainte, comme l'appellent ses riverains, au sein duquel jaillissent, de profondeurs inconnues, des sources d'eau bouillante, et qu'environnent les pics couverts de neige de ses hautes montagnes. Il joue un rôle important dans les communications entre la Russie et la Chine, et l'on y a organisé depuis quelques années un service régulier de steamers.

Après la longue traversée du désert, Irkoutsk devait paraître agréable à nos voyageurs; c'était retrouver les avantages de la vie européenne. Quoiqu'elle n'eût alors que vingt-trois mille habitants, cette ville était gaie et animée, et tout y semblait nouveau à Mme de Bourboulon; elle revoyait avec plaisir des maisons à plusieurs étages, des magasins, des rues éclairées, jusqu'à une modiste parisienne, qui l'aida à remplacer par une robe de soirée, pour le dîner de cent couverts offert par le chef des marchands, le costume de voyage qui avait fait un effet si plaisant au milieu des toilettes de bal et des crinolines à la fête du gouverneur de Kiatka. Malgré leur besoin de repos et l'accueil empressé qu'ils trouvaient à Irkoutsk, M. et Mme de Bourboulon, prenant congé de Mme de Baluseck, qui devait y prolonger son séjour, ne tardèrent pas à continuer leur route avec une excessive rapidité, ne quittant pas leurs tarantass, et faisant en dix heures jusqu'à cent sept verstes, quoique cette vitesse inouïe épuisât les forces de Mme de Bourboulon et qu'elle tombât dans des sommeils qui ressemblaient à la torpeur. « Nous arrivions, écrit-elle, à huit heures du matin sur les rives de l'Ienissei; aussitôt on a dételé, on a forcé les chevaux à passer à gué, en dépit de leur résistance désespérée... Je n'ai pas bougé. On a soulevé ma voiture et on l'a hissée à bord à bras d'hommes; les cinquante paysans requis pour cette corvée chantant à tue-tête pour aider à leurs efforts, je n'ai rien senti, je n'ai rien entendu; sur le bateau, on a fait grincer les poulies des cordages et les chaînes de fer des cabestans, tandis que le patron commandait la manœuvre à coups de sifflets aigus : j'ai continué à dormir; enfin, heureusement, par un effet ordinaire du sommeil le plus profond, je me suis éveillée quand le silence a remplacé tout ce tapage; nous étions alors au milieu du fleuve. Quel magnifique coup d'œil, et combien j'eusse regretté de n'en pas avoir joui ! »

Arrivés à Atchinsk, point de séparation de la Sibérie orientale et occidentale, les voyageurs trouvèrent la même hospitalité gracieuse, mais ne prolongèrent pas leur séjour; ils continuèrent leur course à travers ces plaines sans fin, coupées de forêts de sapins et d'innombrables cours d'eau. A Tomsk, l'accueil fut aussi empressé qu'à Irkoutsk; les riches bourgeois se disputèrent l'honneur de les loger, et Mme de Bourboulon parle avec étonnement de l'opulence extrême de ces marchands sibériens : « Le service de table est d'un luxe fou;

il y a une profusion inouïe de fleurs rares, de bougies, de vaisselle d'or et d'argent massif, et on pourrait nourrir un régiment avec la desserte de notre table, où, par respect, notre hôtesse ne s'assied jamais avec nous. Au milieu de cette humilité perce cependant un grain d'orgueil, orgueil légitime de la richesse acquise par le travail et l'intelligence; comme nous lui reprochions ces prodigalités inutiles, elle nous répondit qu'elle était assez riche pour ne se rien refuser, et qu'elle n'avait pas changé son train de maison pour nous. »

A deux jours de Tomsk, la route plonge dans les immenses marais de la Baraba, et se compose de rondins de sapins joints avec de l'argile, qui font aux voitures un plancher peu solide. Le paysage, noyé dans la brume, est d'une étrange tristesse; ce sont des lacs immenses, des étangs reliés les uns aux autres, des marécages recouverts d'une végétation monstrueuse et d'une profusion d'admirables fleurs sauvages; on voyage dans l'eau. Ce pays est ravagé par les fièvres et par des nuées d'insectes avides de sucer le sang de l'homme ou des animaux. Mme de Bourboulon en fit la cruelle expérience, quoiqu'elle se fût armée d'un masque de crin et qu'elle eût caché ses mains dans des gants épais. « Je m'assieds dans un coin et j'ouvre le châssis d'une des portières; l'air est lourd et chaud, la nuit profonde ; des nuages noirs chargés d'électricité roulent au-dessus de moi, dessinant çà et là de grandes ombres fantastiques, et le vent m'apporte ces senteurs à la fois âcres et fades qui annoncent le voisinage des marais. Peu à peu je m'endors, mais le carreau était resté ouvert; une vive sensation de froid et des démangeaisons intolérables me réveillèrent; le jour naissait, les marais m'apparaissaient dans leur splendide horreur ; mais toutes les parties de ma figure que touchait mon masque avaient été percées des milliers de fois à travers le treillage de crin par des milliers de trompes et de suçoirs affamés. La voiture était inondée de moustiques et de cousins, l'air en était noir. J'eus, à la station où nous nous arrêtâmes, la satisfaction de voir que mes compagnons n'avaient pas été plus épargnés que moi; aussi les compresses d'eau vinaigrée que nous sommes obligés de nous appliquer nous font-elles ressembler à un hôpital ambulant. »

Mais un danger plus grave, c'est que ces piqûres rendent les chevaux furieux; ils s'emportent et entraînent les voitures dans les tourbières; un de ceux de la tarantass ayant rompu ses harnais, bondit dans le marais et y fut instantanément englouti. Ces deux jours de traversée de la Baraba furent ce qui parut à Mme de Bourboulon de plus dur dans son voyage. Quittant enfin les steppes et les forêts de la Sibérie, ils franchirent la chaîne de l'Oural, gagnèrent la ville de Perm, et de là le Volga. Ils s'étaient débarrassés à Perm de tout ce qui les encombrait, ne gardant que leurs caisses et leurs malles, pour se transformer en voyageurs européens. Ils arri-

Lac Baikal.

vèrent à Nijni-Novgorod au moment de la fameuse foire, qui égale en importance celle de Leipzig et la surpasse en pittoresque intérêt. A l'observateur elle offre une curieuse collection de types les plus variés de l'humanité. On y peut voir rassemblées toutes les races de l'Orient, coudoyant des Russes, des Juifs, des Cosaques et des commerçants de presque toutes les nationalités européennes. Parmi les spectacles de tout genre qui remplissaient de vastes baraques, Mme de Bourboulon assista à une représentation de l'*Othello* de

Shakspeare, joué en anglais par un acteur nègre des Antilles, tandis que les autres personnages récitaient leurs rôles en russe. Elle trouva l'*Othello* très bon; car, ajoute-t-elle, quand on revient de Chine, on n'est pas difficile.

Un autre divertissement attira son attention : « c'était un chœur de marins du Volga, assis à terre et faisant le simulacre de ramer, sous les ordres d'un chef, qui déclamait une sorte de récitatif auquel le chœur répondait par des strophes chantées en parties. Il s'agissait des exploits de Rurik et de ses pirates, envahissant la Moscovie au ixe siècle; le chant était sauvage, mais bien rythmé et saisissant. J'aurais voulu pouvoir le noter, mais j'en ai été empêchée par le bruit assourdissant qui se faisait dans toutes les langues et dans tous les cris du monde. »

Ici s'arrêtent les notes de Mme de Bourboulon; de Nijni-Novgorod, elle et son mari se rendirent par le chemin de fer à Moscou, puis à Saint-Pétersbourg, et revinrent enfin à Paris à travers la Prusse et la Belgique. Ils avaient accompli en quatre mois, sans accident, un voyage d'au moins dix mille kilomètres, un des plus longs qu'on puisse faire par terre.

D'après un récit de voyage on peut se faire une idée assez exacte du caractère et de l'intelligence du voyageur. A chaque page de ces notes, écrites au jour le jour, Mme de Bourboulon se révèle comme une femme d'esprit cultivé, gaie, spirituelle, pleine d'énergie. Mais ses forces physiques n'égalaient pas celles de son âme, et, peu d'années après son retour, elle mourut au château de Claireau, dans le Loiret, le 11 novembre 1865, à l'âge de trente-huit ans.

MADEMOISELLE ALEXINA TINNÉ

La vie d'Orient, avec son mélange de poésie et de simplicité, ses habitudes primitives et pittoresques, possède un charme tout particulier pour l'esprit de la femme qui touche sans cesse à ces deux extrêmes : le bon sens le plus pratique et l'exaltation la plus vive, et qui est presque également capable de réalisme et d'idéalisme. Ce qu'a de romanesque un voyage dans ces contrées, ses surprises et ses aventures, est fait pour offrir en outre un contraste séduisant avec la routine de l'existence des pays civilisés. C'est à tout cela sans doute que nous devons, à notre époque, de voir figurer brillamment tant de noms de femmes courageuses dans les annales des voyages en Orient : lady Hester Stanhope, lady Duff Gordon, lady Baker, miss Edwards et lady Blunt. Ce furent sans doute les mêmes influences, secondées par des dispositions naturellement aventureuses, qui décidèrent Mlle Alexina Tinné, dont nous allons raconter la vie, à courir les périls d'une exploration dans l'intérieur de l'Afrique.

« Les personnes qui se trouvaient à Alger il y a une vingtaine d'années peuvent se rappeler avoir vu séjourner dans ce port un yacht mystérieux. Les bruits les plus extraordinaires couraient sur la suzeraine de son équipage cosmopolite, où l'on voyait des Européens, des nègres et de majestueux Nubiens. Les uns prétendaient que c'était une princesse orientale; les autres inventaient tout un roman pour expliquer les courses errantes de cet *Ulysse féminin;* quelques-uns faisaient d'obscures allusions à une mission politique, dont elle avait été chargée près des chefs des tribus sahariennes par de lointaines puissances musulmanes. Mais la simple vérité, une fois connue, sembla plus extraordinaire encore que tout ce que l'imagination publique avait pu inventer. Le yacht appartenait, en effet, à une femme jeune, belle, maîtresse d'une fortune princière, dont l'existence depuis son enfance s'était presque entièrement passée en Orient, qui avait déjà fait plusieurs voyages dans l'Afrique centrale, et qui, sans se laisser décourager par les échecs de tant de hardis explorateurs dans la même direction, méditait actuellement une entreprise destinée, en cas de réussite, à la placer au premier rang des voyageurs africains. »

Mlle Alexina ou Alexandrine Tinné était née à la Haye en 1835, selon d'autres en 1839. Son père, un commerçant hollandais qui avait fait fortune à Démérara, s'était fait naturaliser Anglais et avait fini par se fixer à Liverpool. Sa mère était la fille de l'amiral van Capellen, qui commandait le détachement hollandais de la flotte de lord Exmouth au bombardement d'Alger, en 1816. La mort de son père, lorsqu'elle était encore tout enfant, mit Alexina en possession d'une immense fortune; mais elle eut le bonheur de trouver dans sa mère une tutrice sage et prudente, qui prit soin que son éducation fût à la hauteur de cette brillante situation. Présentée fort jeune à la cour, elle devint la favorite de la reine de Hollande, et le sort sembla mettre à ses pieds tout ce que le monde recherche le plus, lui permettant de jouir dans toute son étendue de ce qu'on a appelé la puissance de l'argent. Tous les plaisirs littéraires et artistiques, tout l'éclat d'une vie mondaine et raffinée, toute l'influence qui permet de faire beaucoup de bien ou beaucoup de mal, étaient à la disposition de cette jeune fille à son entrée dans la vie, et volontairement elle mit tout cela de côté. Soit que sa nature impatiente et agitée se révoltât contre les entraves sociales, soit qu'elle fût poussée par un sincère amour de la science, ou que quelque chagrin précoce se cachât sous cette résolution, riche, brillamment douée, heureuse en apparence, elle disparut soudain de la Haye en 1859, et, après un court séjour en Norvège et un tour rapide en Italie, en Turquie et en Palestine, elle arriva sur les bords du Nil. En compagnie de sa mère et de sa tante, elle étudia les monuments de l'Égypte antique, et prit au Caire ses quartiers d'hiver.

Ce premier essai stimula son appétit de voyages. A cette époque, tous les esprits étaient occupés des récentes découvertes au cœur de l'Afrique; il n'est pas étonnant qu'elles attirassent l'attention d'Alexina Tinné. Elle semble avoir possédé une nature romanesque, une imagination aussi vive que son courage était audacieux. A Palmyre, elle avait rêvé de Zénobie; au Liban, elle songea à succéder à lady Hester Stanhope; et plus tard elle conçut l'idée de disputer les suffrages de la postérité à Burton et à Speke, à Baker et à Livingstone. Elle

Désert de Korosko.

fut sans doute aussi tentée d'émulation par la flatteuse renommée de Mme Pentherick, la femme du consul anglais de Khartoum; mais son principal désir fut de résoudre l'énigme du sphinx du Nil, et de prouver qu'une femme pouvait réussir là où des hommes avaient échoué. Quelle immortelle renommée lui appartiendrait si elle surmontait tous les obstacles pour parvenir, ce que nul Européen n'avait encore fait, à la source mystérieuse d'où sortait le grand fleuve historique de l'Égypte! Il faut avouer que, si c'était là son ambition, cette ambition n'avait rien de bas ni de vulgaire.

Le départ eut lieu le 9 janvier 1862. Mlle Tinné était accompagnée de sa mère et de sa tante, sur lesquelles son caractère résolu exerçait une irrésistible influence; elles voyageaient dans des bateaux leur appartenant, et qui portaient, avec des provisions considérables et une somme importante en monnaie de cuivre, toute une escorte de guides, de serviteurs et de soldats indigènes. Dans la plus large et la plus commode des *dahabuyahs* (bateaux spécialement appropriés à la navigation du Nil) se trouvaient les trois dames, plus un cuisinier syrien et quatre domestiques européens. Le journal d'Alexina décrit avec de curieux détails ce mode de voyage, qui était alors moins fréquent qu'aujourd'hui.

Après avoir passé sans accident la première cataracte, la flottille de Mlle Tinné arriva à Korosko, où les voyageuses dirent momentanément adieu au Nil, aux touristes et à la civilisation, et s'engagèrent dans le désert pour gagner Abu-Hammed, afin d'éviter l'énorme courbe que décrit le fleuve vers l'est. Sans compter les domestiques, la caravane se composait de six guides et de vingt-cinq hommes armés, tandis que cent dix chameaux et dromadaires portaient les bagages et les provisions. Le désert se montra moins triste qu'on ne le dépeint; de gracieux coins de verdure variaient fréquemment la monotonie du sable et des rochers; des ondulations de terrain coupaient la vaste plaine. Chaque soir, les chameaux trouvaient un abondant pâturage et pouvaient étancher leur soif dans l'eau qu'on voyait à chaque pas étinceler aux creux des bassins formés par les rochers.

La traversée du désert de Korosko dure d'ordinaire de huit à dix jours; mais, comme Alexina avançait fort à loisir, par courtes étapes de sept à huit heures, elle y mit près de trois semaines. Malgré ces ménagements, sa mère se trouva si épuisée, qu'en arrivant à Abu-Hammed elle demanda à reprendre le voyage par eau. On loua donc une nouvelle dahabuyah, montée par six vigoureux rameurs, qui jurèrent sur le Coran qu'ils sauraient marcher de concert avec les plus rapides chameaux; et, laissant la caravane continuer péniblement sa route le long de la côte, dans le sable brûlant, les trois dames remontèrent tranquillement le Nil. Mais les bateliers ne tardèrent pas à oublier leurs serments, à ralentir leurs efforts, et ils se laissèrent devancer, répliquant à tous les reproches que la chaleur était excessive et leur besogne trop fatigante.

Cependant la caravane gagnait toujours du terrain, et à la nuit les tentes s'élevaient sur les bords du fleuve, les feux étaient allumés. Quand on ne vit point paraître la dahabuyah, la surprise fut extrême; on envoya des hommes au-devant d'elle, mais en vain. Ce ne fut que le lendemain qu'on en put obtenir des nouvelles; les bateliers égyptiens, dans leur paresseux entêtement, avaient fini par abandonner leurs rames, et Mlle Tinné, sa mère et sa tante, s'étaient vues obligées de passer la nuit dans un village nubien. Cette mésaventure leur enseigna qu'en Orient il vaut mieux se fier aux animaux qu'aux hommes. Elles congédièrent sommairement les bateliers et reprirent leur place dans la caravane; mais la chaleur devint tellement insupportable, qu'elles furent réduites à essayer une seconde fois de la voie du fleuve. Elles louèrent un troisième bateau, s'embarquèrent de nouveau sur les eaux étincelantes du Nil, et cette fois encore de mauvaises chances leur étaient réservées. Au lieu d'atteindre Berber en quatre jours comme elles l'auraient dû, leur voyage dura toute une semaine. Cependant elles trouvèrent quelque compensation aux fatigues supportées quand, à deux heures de marche de la ville, elles se virent reçues par une troupe de trente chefs nubiens, montés sur des chameaux et entourés de janissaires en superbe appareil; elles furent ainsi escortées avec beaucoup de pompe et de cérémonie jusqu'aux portes de Berber. Le gouverneur les y accueillit selon toutes les règles de l'étiquette orientale; il mit à leur disposition plusieurs pavillons de ses jardins, qui leur fournirent un logement confortable; enfin elles se sentirent entourées d'une courtoise hospitalité. N'ayant plus besoin d'une caravane complète, Mlle Tinné congédia ses chameliers, et, voulant leur laisser une impression favorable, elle les récompensa avec une générosité tellement large, qu'ils éclatèrent en exclamations de joie et de reconnaissance, et chantèrent longtemps après les louanges de la « princesse blanche », comme si elle avait relevé les splendeurs de Palmyre.

Cette prodigalité n'était pas cependant sans calcul. Ceux qui en profitèrent ainsi répandirent de tous côtés le bruit de sa renommée; de sorte que sa venue était partout attendue avec impatience, et qu'on s'empressait de lui offrir une hospitalité peut-être fort peu désintéressée, mais qui n'en était pas pour cela moins agréable à ses compagnes et à elle-même. Dès qu'elle approchait, les jeunes filles formaient des rondes joyeuses; elles la prenaient pour une princesse, ou du moins la saluaient de ce titre.

Après quelques semaines de repos à Berber, Mlle Tinné loua de nouveau des barques et continua à remonter le Nil jusqu'à Khartoum, ville principale du Soudan égyptien, que de récents événements ont rendue douloureusement célèbre. Située au confluent des deux Nils, le Nil Blanc et le Nil Bleu, elle était déjà le centre d'un commerce considérable et le rendez-vous de presque toutes les caravanes de la Nubie et du haut Nil. Malheureusement c'était un de ces cloaques du globe où l'on trouve le rebut de toutes les nations, rendez-vous d'Allemands, d'Italiens, de Français, d'Anglais, que leurs patries ont répudiés; joueurs politiques qui ont jeté leur dernière carte et perdu leur dernier enjeu; banqueroutiers frauduleux, spéculateurs sans scrupules, gens qui n'ont rien à perdre, rien à espérer, et qui sont trop endurcis, trop désespérés ou trop misérables pour rien craindre. Le grand fléau du lieu était, comme il l'est encore, l'odieux commerce des esclaves, et ses promoteurs se montraient fort hostiles aux projets de voyage de Mlle Tinné. Il n'était pas douteux que, traversant des provinces rongées par cette terrible plaie, elle n'en observât les épouvantables résultats et ne tardât à les révéler au monde civilisé, sans crainte des conséquences. On mit donc secrètement tous les obstacles possibles en travers de sa voie; mais sa grande fortune, sa haute position et son invincible énergie finirent par triompher de tout, et, après un retard de quelques semaines, elle vint à bout de ses préparatifs. Des provisions suffisantes furent rassemblées; on y joignit une certaine quantité d'objets destinés, suivant le cas, à être donnés en présents ou en échanges. Mlle Tinné prit à sa solde une escorte de trente-huit hommes armés, dont dix soldats, et qui tous avaient la réputation d'être dignes de confiance; enfin elle loua, pour la somme considérable de dix mille francs, un petit steamer appartenant au prince Halim, frère du dernier khédive.

Sa nature morale très élevée se révoltait contre l'atmosphère sociale de Khartoum, et elle quitta cette ville avec bonheur pour commencer à remonter le Nil Blanc et à mettre à exécution le plan qu'elle s'était tracé. Elle contemplait avec un plaisir infini les paysages charmants qui se succèdent le long de ses rives; des groupes serrés d'arbres élégants arrêtaient le regard : palmiers, mimosas, acacias, gommiers qui rivalisent de taille avec nos chênes, et surtout les gracieux tamaris. Des myriades de buissons fournissaient un abri aux singes bleus; des essaims d'oiseaux aux ailes étincelantes traversaient l'air comme de vivants rayons; sur la large nappe du fleuve s'étendaient les feuilles colossales et les blanches fleurs des nénuphars géants, à l'abri desquels le crocodile et l'hippopotame se jouent avec lourdeur. Il y a là des effets de lumière impossibles à décrire; tous les objets se dessinent nettement dans une atmosphère transparente, et la précision de leurs contours supprime la sensation de la distance. A midi, par la chaleur brûlante, le silence de la nature égale celui des forêts vierges du nouveau monde; mais dès qu'on sent la fraîcheur du soir, et que ce crépuscule lumineux qui est la beauté des nuits de l'Afrique centrale enveloppe doucement le merveilleux tableau, alors la vie se réveille soudain sous ses innombrables formes : les oiseaux et les papillons se croisent dans l'air, les singes jasent joyeusement et sautent de branche en branche. Tous les bruits qui

Sur le Nil.

s'élèvent : bourdonnements, chants et murmures, voix du grand fleuve, sifflements des insectes, hurlements des bêtes sauvages, semblent se confondre dans une grandiose harmonie, un hymne d'action de grâces, qui s'apaise lorsque la nuit s'avance; les nuées de mouches lumineuses et de vers luisants allument alors leurs petits fanaux et créent soudain une magique illumination, tandis que l'atmosphère se charge des suaves senteurs exhalées par les corolles des plantes qui ne s'ouvrent qu'aux heures fraîches et tranquilles de la nuit.

Cette nature merveilleuse, avec sa nouveauté et son magique éclat, convenait d'une façon singulière au tempérament romanesque et rêveur d'Alexina Tinné. Elle avait réalisé ses rêves; elle vivait en plein conte des *Mille et une Nuits*, et elle y jouait le principal rôle. Dans les différents villages où s'arrêtait l'expédition, elle aimait à faire son entrée à cheval, suivie d'une escorte armée, éblouissant les indigènes de sa beauté et de sa magnificence, les gagnant par ses prodigalités et recevant d'eux tous les hommages dus à celle qu'ils prenaient pour une fille du sultan; car ils ne pouvaient attribuer un rang moins élevé à une personne qui montrait cette assurance hautaine. De plus, leurs cœurs étaient gagnés par son évidente sympathie pour une race opprimée et foulée aux pieds. Il lui arriva une fois de rencontrer un pacha égyptien qui revenait d'une razzia avec un troupeau d'esclaves; elle le supplia de remettre ces infortunés en liberté, et comme il s'y refusait, elle en acheta huit séance tenante, leur enleva leurs liens et leur remit des provisions. On a traité cela d'action à la don Quichotte; mais on devrait y voir, au contraire, un généreux élan d'enthousiasme bien féminin, qui peut racheter les nombreuses imperfections du caractère de Mlle Tinné, et lui faire pardonner les petites vanités derrière lesquelles disparut parfois le motif sérieux de son entreprise. Son cœur éprouvait toutes les impulsions élevées, et, au milieu des jouissances que lui procurait son voyage, elle ne cessait de souffrir profondément du misérable état où elle voyait les pauvres nègres, victimes de ce honteux trafic.

Le commerce des esclaves avait éveillé de tels sentiments de vengeance et de haine parmi les tribus riveraines du Nil, que la traversée du fleuve était devenue dangereuse et le voyage par terre presque impossible. Les indigènes croyaient voir dans tous les blancs un turc et un marchand d'esclaves; et quand une barque se montrait à l'horizon, les mères terrifiées criaient à leurs enfants : « Les Tourkés, les Tourkés, les Tourkés arrivent! » Le fez rouge ou *tarbouk* éveillait une aversion particulière. « C'est la couleur du sang fraîchement versé, disait un nègre aux siens, elle ne pâlit jamais; le Turc la retrempe sans cesse dans le sang du pauvre noir. »

Cependant ils apprirent à faire une différence entre les barques des marchands d'esclaves et le steamer d'Alexina. Deux ou trois fois ils se hasardèrent à aborder le petit navire, très timidement d'abord, puis sans frayeur. « La dame qui commande ici, disaient-ils, n'est-elle pas la sœur de notre sultan? Vient-elle pour nous secourir ou pour nous persécuter? » Lorsqu'on leur expliquait le caractère tout pacifique de l'expédition, ils se familiarisaient rapidement et s'aventuraient jusque sur le pont. « Puisque vous ne nous voulez pas de mal, s'écriaient-ils, nous ne vous en ferons pas, nous vous aimerons. » Il leur arriva d'accepter des mains de Mlle Tinné une tasse de thé qu'ils burent poliment sans manifester de répugnance, tout en répondant à ses questions sur leurs mœurs et leurs habitudes et en lui fournissant des indications sur les particularités physiques du pays environnant. Cet accueil la charma tellement, qu'elle aurait voulu prolonger son séjour d'une manière indéfinie au milieu de ces tribus pacifiques, si elle ne s'était sentie obligée de poursuivre son voyage vers le sud.

Elle continua à remonter lentement le fleuve dans la direction du pays des Dérikas. On aperçut deux ou trois villages; mais cette contrée était nue et stérile, et Mlle Tinné n'éprouva aucun désir de s'y arrêter avant d'avoir atteint le mont Hunaya. Quand les hommes de l'escorte apprirent qu'elle avait résolu de camper en cet endroit pendant la saison des pluies, ils protestèrent avec véhémence et parlèrent des dangers que ferait courir dans ce lieu le voisinage des éléphants et des lions. Alexina ne se laissa pas ébranler, et comme le steamer avait besoin de réparations, elle le renvoya à Khartoum. Sa tante y retourna en même temps pour s'occuper de cette affaire et ramener le navire, dont le retour au Djebel-Hunaya fut accueilli par des cris de joie et, à la stupéfaction des indigènes, par une salve d'artillerie; deux petits canons faisaient partie des bagages. Rien de très remarquable ne s'était passé pendant ces semaines d'attente, si ce n'est qu'un jour où Alexina était occupée à lire à quelque distance du camp elle avait failli être attaquée par une jeune panthère. Mais en apercevant l'animal elle eut le sang-froid de rester parfaitement immobile et d'appeler à haute voix ses domestiques à son aide; ceux-ci parvinrent à jeter à la panthère une espèce de lasso et à la prendre vivante.

Le 7 juillet, le steamer, pesamment chargé et remorquant deux barques, se mit de nouveau à remonter le fleuve. Entre le Djebel-Hunaya et le point où le Bahr-el-Ghazal se jette dans le Nil Blanc, le paysage n'a rien d'agréable : les rives sont desséchées et arides; le vent fait parfois onduler d'énormes massifs de roseaux géants et de plantes aquatiques, tandis que sur d'autres points les eaux, sur une étendue de deux à trois mille mètres, franchissent leurs rivages et s'étendent des deux côtés, créant ainsi un marécage infranchissable.

Les voyageuses continuèrent leur route vers l'est, jusqu'au domaine d'un chef arabe, Mohammed-Chu, qui, par une combinaison de force et de ruse, était parvenu à subjuguer les tribus voisines et à affermir son autorité sur cette partie du Soudan. Lorsqu'il manquait d'argent, ce qui n'était pas rare, il exerçait le droit du plus fort, et partait à la tête de sa troupe, détruisant les villages, massacrant les hommes, emmenant les femmes et les enfants pour les vendre comme esclaves, et s'appropriant le bétail. Il aimait la pompe et le cérémonial, et se plaisait à parader sur un cheval magnifique dont la selle, brodée d'or et d'argent, étincelait de pierres précieuses. Mais son courage parut l'abandonner à l'approche de Mlle Tinné, et il fut terrifié par la vue des soldats turcs qui montaient la garde sur le pont du navire. Ce fut sans doute grâce à cette panique que les voyageuses se virent reçues par lui avec des honneurs royaux. Il leur envoya des moutons, des bœufs, des fruits, des danseuses, des curiosités archéologiques; bref, il s'empressa de mettre à leur disposition tout ce qu'il possédait. Cependant ses libéralités avaient un autre motif, qu'il dévoila plus tard; il s'imaginait offrir ses hommages à la fille préférée du Grand Turc, et, dans son zèle, il méditait déjà de la proclamer reine du Soudan. Quand ses visiteuses prirent congé de lui, il leur conseilla fortement de ne pas aller plus loin vers le sud. « Prenez garde, ajouta-t-il, ne vous exposez pas à vous trouver en collision avec les Shillooks, qui sont mes ennemis jurés, et les ennemis de tous ceux qui franchissent leurs frontières. Prenez garde qu'ils ne mettent le feu à vos bateaux, comme ils l'ont fait pour tous les navires venant de Khartoum. »

Alexina négligea cet avertissement, continua sa route, et quelques jours plus tard jeta l'ancre près d'un village shillook. Effrayés par les discours de Mohammed, ses matelots refusèrent de s'en approcher; mais, avec sa résolution accoutumée, elle descendit à terre, suivie d'un interprète, d'un officier, et d'une escorte de dix soldats. La renommée de « la fille du sultan » l'avait précédée; elle fut accueillie avec des démonstrations du plus grand respect. Les Shillooks, à l'exemple d'autres peuples plus civilisés, s'efforcent de séduire les étrangers pour les entraîner à prendre parti dans leurs querelles, et ils firent tout leur possible pour décider Mlle Tinné à les aider à se défendre contre ce terrible Mohammed-Chu, qui, quelques jours auparavant, manifestait une si louable impatience de la proclamer reine du Soudan. Lorsqu'elle refusa de marcher avec eux contre lui, leur désappointement fut très amer. Le docteur Barth et d'autres voyageurs parlent chaleureusement de cette infortunée tribu, qui a presque autant souffert des Européens que des Arabes; elle se trouve dans les conditions les plus défavorables, entourée de tous côtés d'ennemis qui la pressent. Sans cesse victime de chasseurs d'esclaves, il n'est pas étonnant qu'ils observent avec soupçon et traitent trop souvent avec férocité les étrangers qui traversent leur

Indigène du Nil Blanc.

pays; il est assez naturel qu'ils les croient complices de ce trafic infâme qui détruit peu à peu leur population.

Alexina Tinné atteignit enfin la jonction du Sobat et du Nil, et se décida à remonter cet affluent jusqu'à son plus haut point navigable, calculant que le voyage ne demanderait pas plus de sept à huit jours. La vallée du Sobat est beaucoup plus attrayante que le cours du Nil Blanc. Ses vastes pâturages, peuplés de troupes d'autruches et de girafes, s'étendent jusqu'aux limites extrêmes de l'horizon; des éléphants errent librement dans ces plaines fertiles, et descendent le soir au fleuve pour s'y désaltérer. Les voyageuses prolongèrent pendant des semaines leur séjour dans cette vallée heureuse, et de là reprirent le Nil jusqu'au lac Nu, où il reçoit la masse énorme des eaux du Bahr-el-Ghazal avant de tourner brusquement vers le midi.

Les marais du Nil exhalent des miasmes malfaisants, dangereux pour l'homme, mais qui favorisent le développement d'une abondante et pittoresque végétation. Les tamaris, les mimosas, les plantes grimpantes, les papyrus et l'euphorbe (cette dernière donne un jus laiteux et empoisonné, où les indigènes trempent la pointe de leurs flèches mortelles), tout cela pousse avec une luxuriante liberté et présente la plus riche variété de couleurs.

Au delà du lac Nu, le cours du Nil Blanc se brise en un nombre infini de courbes et de méandres, où ses flots se précipitent avec une grande rapidité et une telle force, que le steamer dut lâcher la corde des deux bateaux qu'il remorquait et les abandonner à eux-mêmes. Il fallut que les matelots et les domestiques descendissent à terre, et de leurs bras vigoureux se missent à l'œuvre pour les haler en remontant le courant; mais ce courant était si violent, que la corde se brisa, et les bateaux, entraînés en sens contraire, semblèrent perdus. Osman-Aga, soldat résolu et courageux, qui se trouvait sur le pont du steamer saisit une autre corde et se jeta aussitôt dans l'eau, nageant vigoureusement vers la rive. Il l'avait presque atteinte et avait lancé la corde à l'équipage du premier bateau, quand la violence du courant l'entraîna, et il disparut dans les flots. Un peu plus tard ses camarades retrouvèrent son corps et lui donnèrent la sépulture suivant leurs rites, au pied d'un arbre séculaire sur le tronc duquel ils gravèrent une inscription.

Quelques jours après ce triste événement, Mlle Tinné arrivait à Heiligen-Kreuz (Sainte-Croix), village de missionnaires autrichiens. Elle y resta jusqu'à la mi-septembre, sauf une courte excursion dans l'intérieur, pendant laquelle elle franchit des fleuves, pénétra dans de marécageuses forêts, et visita des villages habités par une population complètement nue, qui se nourrit de chauves-souris, de serpents, de termites et de racines crues. En approchant de Gondokoro, le paysage prit un caractère grandiose; les rives du fleuve disparaissaient sous l'envahissement des forêts tropicales, dans les profondeurs desquelles on apercevait parfois des ruines d'anciens édifices. Gondokoro, longtemps regardé comme le point extrême des expéditions dans la vallée du Nil, fut atteint le 30 septembre. Notre héroïne ne devait pas aller plus loin dans ses explorations africaines. Elle désirait ardemment avancer encore, partager la gloire qui couronne les noms de Speke et de Grant, de Baker et de Petherick, voir de ses propres yeux la vaste nappe bleue du lac Victoria, remonter jusqu'à sa source même le cours du Nil; mais les autorités indigènes mirent en travers de sa route des obstacles insurmontables. En outre, l'expédition fut interrompue par les fièvres, dont elle et la plupart de ses serviteurs furent victimes; la maladie l'attaqua, elle en particulier, avec tant de violence qu'elle faillit y succomber. Dès qu'elle fut rétablie, elle consacra son temps à étudier les mœurs et les habitudes des tribus qui habitent dans le voisinage de Gondokoro. Ce sont des Baris, très ignorants et très superstitieux, mais peu cruels par nature. Le métier le plus avantageux parmi eux est celui de sorcier, auquel se joint l'emploi de médecin. Quand un Bari tombe malade, il court consulter le *punok*, reçoit de lui quelque recette infaillible et grotesque..., et il est guéri : sa foi dans le remède prescrit en fait l'efficacité. Un de ces magiciens eut l'adresse de persuader aux nègres qu'il était immortel, et il en obtint d'énormes présents de bétail et d'autres hommages en nature. Malheureusement il déblatéra avec véhémence contre la conduite des Égyptiens qui, n'entendant pas la plaisanterie, le mirent à mort. Ses dupes se rassemblèrent autour de son cadavre, attendant patiemment qu'il revînt à la vie; elles ne commencèrent à douter de sa parole que lorsque le corps se décomposa sous leurs yeux.

Parmi les sorciers baris, « celui qui appelle les pluies » exerce une grande influence, et au moment des sécheresses le peuple est prodigue envers lui de fruits, de bétail, de menus objets, pour le décider à faire descendre des nuages l'averse rafraîchissante. Cependant toute médaille a son revers, et, si après les rites accomplis la sécheresse continue, il arrive assez souvent que la population désappointée vient assaillir la maison du *khodjan*, le traîne dehors et lui ouvre le ventre sans autre forme de procès, sous ce prétexte que les nuages y doivent être enfermés, puisqu'ils ne répondent pas à l'appel. Il y a bien peu d'années qui ne voient périr ainsi l'un de ces sorciers, à moins qu'il n'ait l'habileté de s'évader avant que sa tromperie soit dévoilée.

De Gondokoro, Mlle Tinné revint directement à Khartoum, où la colonie européenne la reçut avec applaudissements. Mais cette nature aventureuse et agitée ne pouvait longtemps supporter le fardeau de l'inaction. Un de ses projets ayant échoué, elle en conçut immédiatement un autre, et, avec l'énergie et l'audace qui la caractérisaient, elle résolut de remonter le grand affluent occidental du Nil, le Bahr-el-Ghazal, d'explorer le cours des rivières qui s'y jettent et de pénétrer dans le pays des Nyams-Nyams. Elle associa à ce projet deux voyageurs allemands distingués qui connaissaient déjà l'Abyssinie : le docteur Steudner, botaniste, et le docteur Heughlin, naturaliste. Leur plan ne tarda pas à être arrêté; ils s'adjoignirent le baron d'Arkel d'Ablaing, et quittèrent Khartoum au mois de février 1863, emportant des provisions considérables, dont la liste aurait pu servir de catalogue complet aux magasins d'une société coopérative, et des marchandises destinées aux échanges. Chaque voyageur emmenait un cheval de selle, et Mlle Tinné et sa mère se faisaient suivre d'une collection de toilettes qui pouvait faire supposer l'intention d'établir un magasin de modes au pays des Nyams-Nyams. Le personnel de l'expédition comptait deux cents personnes, y compris les femmes de chambre hollandaises, le maître d'hôtel italien, un officier turc et dix soldats, outre vingt autres soldats berbères et plusieurs interprètes arabes. Tout ce monde fut embarqué sur un steamer, deux dahabuyahs et deux grands bateaux ordinaires, qui en outre portaient quatre chameaux, trente ânes et mulets, et les chevaux en question.

Le docteur Heughlin, parti en avant comme une sorte de pionnier, franchit le 31 janvier le Djebel-Tefafan, haute montagne qui s'élève à peu de distance du fleuve. Ses descriptions du paysage à travers lequel sa barque l'entraînait sont fort pittoresques. Le fleuve s'élargissait à mesure qu'il avançait, quoique du bateau il ne pût en apprécier toute l'étendue. La végétation devenait plus luxuriante et atteignait une plus grande échelle; les buissons résonnaient du chant clair des oiseaux, qui se répondaient à travers l'onde limpide. Le plumage blanc du buzard étincelait d'un éclat splendide au milieu des feuillages vert sombre, non moins que celui du petit héron blanc, perché avec mélancolie sur les troncs renversés. Au bout d'une longue branche se dessinait sur le ciel la forme du craintif cormoran, dont les yeux rouges cherchaient une proie parmi les poissons du fleuve; quand il l'avait découverte, il tombait brusquement dans l'eau comme une pierre, et après un long intervalle on en voyait émerger sa tête et son cou. Un des camarades de l'oiseau était probablement fatigué de son immersion prolongée, car il déployait, pour le faire sécher au soleil, son beau plumage d'un vert métallique. L'appel aigu du jacamar alternait avec la note grave et pleine de la pie-grièche à bec rouge, cachée dans les taillis; de brillants oiseaux tisseurs gazouillaient en foule sur les branches, tandis que des profondeurs de l'ombrage montait le murmure caressant de la tourterelle. Raide et immobile au point de ressembler à un vieux tronc d'arbre, le crocodile faisait sa sieste, les mâchoires bâillantes; l'hippopotame élevait de loin en loin sa tête géante du milieu des eaux troublées qui rejaillissaient autour de lui, et il faisait entendre son mugissement redoutable, auquel répondaient tous les échos de la rive.

Touaregs.

Enfin le docteur Heughlin arriva au lac Nu. A cette époque de l'année, le Bahr-el-Ghazal est en beaucoup d'endroits aussi étroit qu'un canal, et bordé des deux côtés par un marécage qui s'étend jusqu'aux limites de l'horizon, et qui est couvert de gigantesques roseaux. Dans d'autres parties de son cours, il prend la largeur d'un vaste lac. Les indigènes le franchissent sur de légers canots, qu'ils manœuvrent avec une merveilleuse dextérité; ils se placent à cheval à la proue, les jambes pendantes dans l'eau, et s'ils ne trouvent pas de branches qui puissent leur servir de pagaies; ils rament avec leurs mains. Les Nouers, qui habitent ce pays de marais et de tourbières, se sont, par une sélection naturelle, admirablement adaptés aux conditions du climat et du sol; les plus faibles périssant successivement, il en résulte que la race possède une force physique remarquable; ils mesurent de six à sept pieds de haut : c'est un vrai peuple de géants !

Pendant que le docteur Heughlin explorait scrupuleusement les rives du Bahr-el-Ghazal dans un esprit vraiment scientifique, Mlle Tinné se préparait à le rejoindre; il fallait toute son énergie pour triompher des difficultés qui se présentaient à elle. A quelques milles de Khartoum, le capitaine vint lui dire avec des gestes de vive terreur qu'une voie d'eau s'était déclarée, et que le steamer ne pouvait tarder à couler. On s'imagine aisément l'anxiété d'Alexina; cependant, toujours maîtresse d'elle-même, elle fit décharger les bagages, boucher la fissure, et l'on se remit à marcher. Mais peu d'heures après le vaisseau se trouva de nouveau en danger; l'eau y pénétrait avec plus de violence qu'auparavant. Cette fois, les investigations furent faites avec un soin extrême, et l'on découvrit que le pilote et le capitaine s'étaient entendus pour pratiquer un trou dans la charpente du navire, afin de mettre brusquement terme à un voyage qui les effrayait autant que leur équipage. Mlle Tinné n'était pas femme à s'épouvanter et à abandonner une résolution prise; elle congédia les plus mauvais en compagnie du capitaine et du pilote infidèles, et, ne gardant que des hommes qui juraient de la suivre partout, elle continua sa route vers le Bahr-el-Ghazal.

La navigation était lente, à cause du grand nombre de plantes aquatiques et de longues herbes qui encombraient le lit du fleuve; dans plusieurs endroits, il fallut frayer un chemin au steamer avec la hache et le couteau, en troublant le repos des crocodiles et des hippopotames, tandis que de la rive l'éléphant suivait de son air grave cette singulière apparition. Les marais de la Rivière-aux-Gazelles servent de pâturages à des centaines d'animaux; mais, quoique le gibier y soit si abondant, le chasseur ne parvient pas sans peine à l'atteindre. Il ne peut se frayer un passage à travers les herbes desséchées sans qu'un craquement de feuilles, un bruit de tiges brisées, donne l'alarme à des oreilles vigilantes et soupçonneuses. Dès qu'il met le pied dans la jungle, tous ses habitants, comme avertis par un signe télégraphique, prennent la fuite.

Un jour que les hommes de Mlle Tinné faisaient de vaines recherches pour trouver le grand *cheval de rivière*, l'énorme hippopotame, un éléphant monstrueux, que sa soif ardente avait sans doute poussé à s'engager trop avant dans le fleuve, fut pris par le courant et entraîné vers l'un des bateaux. L'occasion était trop bonne pour qu'on la négligeât; les bateliers attaquèrent l'infortuné animal, qui fut tué et depecé sur-le-champ.

Le 10 mars, le steamer entrait dans le port de Meschra-el-Rey, sur le Bahr-el-Ghazal, où le rejoignait le docteur Heuglhin. Ils furent reçus avec un grand enthousiasme, drapeaux flottants, salves de coups de canon. Puis ce fut un délai de quelques jours pour attendre de nouveaux renforts de provisions et une troupe de porteurs de bagages, le tout venant de Khartoum. L'impatience prit aux voyageurs; il fut décidé que les deux Allemands iraient à la recherche des porteurs promis, laissant Mlle Tinné et le reste de la caravane les attendre à Meschra. Les docteurs Heuglhin et Steudner partirent donc, mais le malfaisant climat exerça sur eux son influence funeste. Réduits par la fièvre et la dysenterie à un état de prostration, ils traversèrent une contrée déserte, passèrent la rivière Djur le 2 avril, et arrivèrent le même soir à Wan, où le docteur Steudner succombait quelques jours après, presque sans souffrance. Son ami parvint à lui rendre les derniers devoirs. Le corps, enveloppé d'étoffes abyssiniennes, fut enterré sous des arbres à triste feuillage, au sein de cette nature magnifique « dont il était le serviteur et l'adorateur sincère ».

Enfin à Bongo, au pays de Dur, le docteur Heuglhin parvint à louer un nombre suffisant de porteurs pour un prix très élevé, et il les ramena à Meschra après six semaines d'absence. Les dames souffraient des fièvres; mais, un convoi de provisions étant arrivé de Khartoum, elles partirent pour Bongo sans se décourager. Elles voyageaient à petites étapes, et lorsqu'à la tombée du jour on atteignait un village qui semblait offrir un gîte convenable, Mlle Tinné faisait demander le cheik, et le don de quelques verroteries était toujours suffisant pour leur assurer une hospitalité empressée.

Les villages africains sont souvent considérables et entourés en général d'une zone cultivée, où croissent abondamment le dourra, le sésame et les légumes du pays. Les troupeaux qui couvrent les prairies comptent plusieurs milliers de moutons; cependant les indigènes ne les tuent jamais pour s'en nourrir. Au début, Mlle Tinné en achetait pour alimenter sa table; mais, dès que les propriétaires découvrirent qu'elle les employait à cet usage, ils refusèrent de lui en vendre. Apparemment ils en font les objets d'une sorte de culte, comme les Lapons pour le lièvre. Malgré cela, leurs scrupules s'évanouirent devant les présents de la « princesse blanche ». Ce qui est fort curieux, c'est que chaque tribu a sa couleur favorite; tandis que l'une ne jure que par les perles bleues, l'autre n'en veut accepter que de vertes; une tribu qui vendra sa foi pour une poignée de perles bleues ou jaunes restera inébranlable si on lui offre des verroteries d'une autre couleur. La tentation la plus forte à laquelle nulle conscience ne résiste est l'offre d'une pièce de cotonnade bleue ou rouge; mais, précisément à cause de sa valeur, Mlle Tinné avait soin de réserver ce présent pour les chefs.

Le trajet jusqu'à Bongo fut rendu ennuyeux et pénible par des pluies continuelles. Beaucoup de provisions furent gâtées, et les deux dames, sur leurs mulets, se virent trempées jusqu'aux os sans possibilité de faire sécher leurs vêtements. La contrée qu'on traversait offrait une suite ininterrompue de sites charmants ou curieux; des bois succédaient aux fourrés, des forêts aux bois; l'œil ravi suivait avec un attrait toujours nouveau la trame serrée de lianes et de vignes sauvages qui s'accrochait d'arbre en arbre, étoilant de fleurs éclatantes les vertes profondeurs.

En pénétrant plus avant dans le pays, les voyageurs rencontrèrent des paysages tout différents : de vastes plaines qui se développaient jusqu'aux lointaines brumes dans lesquelles la terre et le ciel semblaient se confondre à l'horizon. Cette étendue monotone était agréablement coupée de bouquets d'arbres, qui formaient des îlots de verdure où la brise calme et douce arrivait toute chargée du parfum suave et subtil des énormes cactus, des orchis et des iris. Des milliers d'oiseaux, surpris dans les grandes herbes par le passage de la caravane, s'envolaient en remplissant l'air d'un tourbillon d'ailes et de cris.

Depuis quelques années, une diminution marquée s'était produite dans le nombre des éléphants qui fréquentent la vallée du Nil Blanc, et les marchands d'ivoire s'étaient peu à peu avancés jusqu'aux pays arrosés par la Rivière-aux-Gazelles et le Djur. C'était une région vierge, une mine encore inexploitée, et pour mettre à profit toutes ses ressources, une chaîne de stations fut établie, chacune sous la direction d'un *vakeel* ou employé principal. Tous les ans, au mois de novembre, les commerçants faisaient leur tournée, empilant dans leurs barques l'ivoire accumulé pendant cet intervalle, et ajoutant parfois à leur cargaison de dents d'éléphants les malheureux nègres qui leur avaient servi de guides et de chasseurs. Avec le temps ils étendirent leurs opérations, armèrent les tribus les unes contre les autres, les encouragèrent dans leurs animosités meurtrières, et consolidèrent ainsi leur funeste tyrannie.

Nos voyageurs furent honteusement pillés par un de ces trafiquants de chair et de sang. C'était sur ses demandes pressantes que Mlle Tinné et ses compagnons s'étaient avancés jusqu'à Bongo, où il exerçait une despotique autorité. L'accueil qu'il leur fit fut princier. Leur arrivée fut saluée par des décharges de mousqueterie, et Biselli (c'était le nom du *vakeel*) les reçut à l'entrée du village et les conduisit dans une habitation vraiment spacieuse et commode, où on leur servit des sorbets, du café et toutes sortes de rafraîchissements. Son hospitalité prodigue s'étendit jusqu'au dernier serviteur; l'*abrek*, la boisson du pays, coula à flots pour tous, même pour les nègres porteurs de bagages.

Biselli, comme ses hôtes ne tardèrent pas à s'en apercevoir, possédait presque tout le village et étendait sa domination aux alentours. Alexina le pria de lui vendre des bœufs et une provision de grains; il répliqua avec une courtoisie apparente que pour vingt-quatre heures il avait le bonheur de lui donner l'hospitalité, qu'il ne pouvait abdiquer ce privilège pour agir en commerçant, et n'avait d'autre pensée que de lui rendre les honneurs qui lui étaient dus. Loin de diminuer, sa prodigalité augmenta, et les Européens se sentirent presque humiliés de profiter d'une aussi large hospitalité.

Le jour suivant, il jeta le masque. Mlle Tinné voulait louer, pour loger ses gens, un petit *zéribah* ou camp, composé de deux tentes; Biselli demanda trente dollars pour le loyer; mais lorsque les domestiques eurent commencé à décharger les bagages, il éleva soudain ses prétentions à deux cents dollars. Cette tentative d'extorsion se heurta à un refus net et ferme; il descendit alors à quarante dollars, qui lui furent payés. Mais bientôt la caravane eut besoin de fourrage, et il fallut avoir recours à Biselli. Le coquin, abusant de la situation, fit payer ce fourrage quarante fois plus cher qu'à Khartoum, et sur chaque article il préleva de même une taxe de quarante à cinquante pour cent. Il ne jouait plus l'hôte généreux; il était rentré dans son rôle naturel de traitant avide et sans scrupules.

La fièvre continua ses ravages après l'arrivée à Bongo; à la grande douleur d'Alexina, la fatale maladie lui enleva sa mère. Le docteur

14

Heughlin et plusieurs des hommes furent atteints de l'épidémie; un découragement général régnait dans le camp. Le docteur Heughlin raconte qu'après la mort de Mme Tinné, il allait quotidiennement du *zéribah* à la résidence d'Alexina, qui en était fort éloignée, pour s'informer de sa santé et la consoler dans son affliction. Il avait toutes les peines du monde à se traîner jusque-là, et souvent, les forces lui manquant en chemin, il lui fallait s'asseoir et se reposer. Quelquefois il n'arrivait chez lui qu'à minuit, ou bien il était pris en chemin d'un accès de fièvre. Une jeune Hollandaise, femme de chambre d'Alexina, que le mal du pays rendait presque folle, se lamentait d'une façon déchirante de mourir si jeune et si loin des siens et de la patrie.

Enfin Mlle Tinné se vit forcée d'abandonner son projet de pénétrer dans le pays des Nyams-Nyams, et, emportant avec elle les corps de sa mère et de sa jeune servante, qui avait également succombé au fléau, elle reprit le chemin de Khartoum, où elle rentra après un an et demi d'absence. Durant cet intervalle, sa tante, la baronne van Cappelan, était morte elle aussi (mai 1864). Alexina, pour se remettre de tant de secousses, se retira dans un village voisin de Khartoum; elle y vécut dans une solitude et un silence absolus. Quand elle eut reconquis son énergie physique et morale, elle revint au Caire, où elle fixa sa résidence et s'installa avec un luxe splendide. Sa villa fut meublée dans le style oriental; elle ne voulut que des Arabes et des nègres pour la servir, et adopta le costume arabe. Pendant quatre ans elle joua un rôle prépondérant dans la société semi-européenne, semi-asiatique du Caire; mais son humeur errante et aventureuse n'était pas apaisée; son goût pour les choses nouvelles, les lieux nouveaux, restait le même. L'arrivée de plusieurs grandes caravanes du Sahara à Tripoli, où elle s'était rendue pour quelques jours avec son yacht, enflamma son imagination et y fit renaître ses anciens rêves de découvertes africaines. Elle conçut l'idée d'une expédition dont la hardiesse et l'intérêt surpasseraient toutes les entreprises passées; elle se proposait d'aller de Tripoli à la capitale du Fezzan, de là à Kouka, dans la province de Bornou, et de gagner le Nil par le Wadaï, le Darfour et le Kordofan.

Pour exécuter cet itinéraire, il lui fallait traverser le pays des Touaregs, ces sauvages « pirates du désert », les plus cruels, les plus menteurs, et en même temps les plus beaux et les plus braves des Arabes. Elle engagea donc une forte escorte, composée de trois

Européens et de quarante-sept Arabes, tous bien armés. Le 27 janvier 1869, elle partait de Tripoli et arrivait le 1er mars à Sokna, dans le Fezzan. Là elle s'assura de l'appui d'un chef touareg, Ik-un-Ken, auquel on l'avait recommandée, et obtint qu'il l'accompagnerait jusqu'à l'oasis de Ghat. Au dernier moment, il ne put tenir sa parole, et Alexina accepta malheureusement les offres d'assistance de deux autres chefs, qui se dirent envoyés par lui. On a su depuis que cette affirmation était fausse et avait pour but, ce qui arriva, d'entretenir Mlle Tinné dans une sécurité trompeuse.

Quelques jours après son départ de Sokna, ces deux hommes, qui s'étaient entendus pour assassiner la trop confiante voyageuse et se partager ses dépouilles, soulevèrent une querelle parmi les conducteurs de chameaux. Mlle Tinné sortait de sa tente pour s'informer de la cause de ce tumulte, quand l'un des deux traîtres lui tira presque à bout portant un coup de carabine. Les Européens de sa suite furent tous massacrés, et pas un de ses serviteurs indigènes ne vint au secours de la malheureuse femme, qui languit vingt-quatre heures à l'endroit où elle était tombée, luttant avec les tortures d'une affreuse agonie avant que la mort y mit fin. Ses infâmes meurtriers n'échappèrent pas à la punition de leur crime; ils furent plus tard arrêtés, ramenés à Tripoli et condamnés à un emprisonnement perpétuel.

Ainsi devait se terminer la carrière d'Alexina Tinné, qui n'avait tenu qu'imparfaitement les grandes promesses de son début. Il est difficile de se montrer sévère envers elle en pensant à sa terrible fin; seulement on peut regretter qu'en voulant trop entreprendre elle se soit laissé plutôt guider par l'ambition que par un sincère désir d'être utile à ses semblables.

LADY BRASSEY

Les récits de navigation autour du monde sont nombreux et semblent devoir tous se ressembler : tempêtes, calmes et naufrages; entrevues avec les sauvages, regardant stupéfaits ces voiles blanches qui viennent de l'autre côté du globe; les récifs de corail, l'ombre verdoyante des palmiers sur les îles désertes, les algues étranges flottant sur la vague profonde, et les poissons volants poursuivis par des ennemis voraces; les longs jours et les longues nuits passés sous des cieux resplendissants sans apercevoir la terre, les transports avec lesquels une côte inconnue est signalée : tous ces incidents nous sont familiers, et cependant nous ne nous lassons jamais de cette éternelle histoire; elle garde toujours son attrait; on dirait que, comme la mer, elle présente sans cesse un aspect nouveau et imprévu.

C'est certainement le cas pour le livre de lady Brassey[1], une des plus agréables et des plus intéressantes parmi les voyageuses contemporaines; elle a su mettre dans son récit un mérite littéraire et une distinction qui ont charmé le public et donné une valeur durable à ses notes rapides. Il n'y a pas là d'affectation d'héroïsme ni d'exagération dans les peintures; mais cette famille, parents et enfants, qui sur son propre navire entreprend le tour du monde comme s'il s'agissait d'une promenade, a bien son originalité tout anglaise. Lady Brassey ne décrit que ce qu'elle a vu; seulement elle a vu beaucoup de choses. Elle n'invente et n'augmente rien; sa nar-

---

Lady Brassey, *Le Tour du monde en famille*. — Mame et fils.

ration est aussi simple et aussi exacte qu'un « journal de bord ».

Le yacht *le Sunbeam* (Rayon de soleil), sur lequel la famille Brassey accomplit son voyage autour du monde, était une goélette à hélice à trois mâts, et, appartenant à un riche Anglais, il avait été construit dans toutes ses parties avec un luxe et une perfection qui auraient excité l'envie et l'admiration des anciens circumnavigateurs. Quittant Chatham le 1er juillet 1876, le navire passa en vue de Beachy-Head le lendemain soir, jeta le surlendemain l'ancre devant Cowes, et le 6 franchit les roches des Aiguilles.

« Nous étions quarante-trois à bord, » dit lady (alors mistress) Brassey ; ce chiffre comprenait, avec elle-même, son mari et leurs quatre enfants, quelques amis, un second, un maître d'équipage, un charpentier, des matelots vigoureux, deux mécaniciens et deux chauffeurs, des domestiques, des cuisiniers, des femmes de chambre et une bonne d'enfant.

Le 8, ils avaient bien définitivement dit adieu à la « vieille Angleterre », et le lendemain ils dépassèrent Ouessant. « La mer était terrible ; les vagues se brisaient en colonnes d'écume contre les rochers qui forment la pointe de l'île. » Deux jours plus tard, lady Brassey devait faire connaissance avec les périls de la mer.

« Nous étions tous assis ou debout à l'arrière du bateau, admirant les magnifiques vagues bleu sombre qui nous suivaient, hautes comme des montagnes et couronnées de blanches crêtes. On eût dit que chacune, en approchant, allait nous engloutir ; mais, continuant sa course avec majesté, elles se contentaient de secouer le navire d'arrière en avant et de nous envoyer des paquets d'écume. Tom (M. Brassey) regardait la boussole ; Allnutt (leur fils) se tenait près de lui. M. Bingham et M. Freer fumaient à peu de distance de l'échelle d'arrière, où le capitaine Brown, le docteur Potter, Muriel et moi nous étions debout. Le capitaine Lecky, assis sur des cordages près du gouvernail, racontait une histoire à Mabelle. Un matelot novice gouvernait, et, au moment où une énorme vague nous atteignait, il donna malheureusement un faux coup de barre. En une seconde la vague balaya le pont, engloutissant Allnutt ; l'enfant fut presque entraîné ; mais il parvint, avec une grande présence d'esprit, à s'accrocher au bordage. Kindred, notre maître d'équipage, se précipita pour le sauver ; il fut renversé par le ressac de la vague, et se releva à moitié étouffé. Le paquet de cordages sur lequel le capitaine Lecky et Mabelle étaient assis fut emporté ; mais la Providence permit qu'il eût eu l'idée de rouler une corde autour de son poignet, et, jetant son autre bras autour de Mabelle, il resta ferme comme un roc ; autrement rien n'aurait pu les sauver. La petite était parfaitement tranquille, et disait avec sang-froid : « Tenez bon, capitaine « Lecky, tenez bon ! — *All right!* » répondait-il. Je demandai ensuite à Mabelle si elle avait pensé qu'elle allait tomber à la mer. « Je n'ai « pas pensé du tout, maman ; j'étais sûr que nous y étions. » Le capitaine Lecky, avec son habitude des grands navires, ne s'était pas rendu compte à quel point nous étions près de l'eau dans notre petit yacht, et avait été tout à fait saisi par surprise. Tous les autres furent trempés jusqu'aux os, à l'exception de Muriel, que le capitaine Brown enleva dans ses bras, et qui ne perdit pas un instant, au milieu de la confusion générale, pour nous répéter : « Moi, je ne suis « pas mouillée du tout. » Heureusement les enfants ne savent pas ce que c'est que la peur. Les femmes de chambre mouraient de frayeur ; car, la mer ayant envahi la chambre des enfants, on avait été obligé de fermer hermétiquement les écoutilles.

« Peu de temps après cette aventure, nous allâmes tous nous coucher, fort reconnaissants qu'elle se fût terminée si heureusement ; mais pour ma part, du moins, je n'étais pas destinée à dormir en paix. Au bout de deux heures, je fus éveillée en sursaut par une énorme masse d'eau qui descendait sur moi et inondait mon lit. J'en sautai immédiatement pour me trouver les pieds dans une flaque d'eau. Il faisait noir comme dans un four, et je ne pouvais comprendre ce qui était arrivé. Je me précipitai sur le pont et je découvris que, le temps s'étant un peu calmé, un brave marin, connaissant mon goût pour l'air frais, avait ouvert un peu trop tôt l'écoutille, et les vagues furieuses, bondissant sur le pont, avaient inondé la cabine. Je me procurai une lumière et me mis à étancher l'eau de mon mieux ; puis je tâchai de trouver un endroit sec pour dormir, ce qui n'était pas facile, car mon lit était trempé et tous les autres occupés ; en outre, sur le pont on avait de l'eau jusqu'à la cheville, comme je m'en aperçus en m'efforçant de gagner le canapé, dans la cabine de la dunette. A la fin, je me couchai sur le plancher, enveloppée dans mon ulster, soutenue d'un côté par le pied du lit et de l'autre par l'armoire ; mais, comme le yacht roulait lourdement, j'avais à chaque instant les pieds plus hauts que la tête ; aussi mon sommeil ne fut qu'un long cauchemar... Lorsqu'il fit jour, le temps s'éclaircit beaucoup ; mais la brise continua. Tout l'équipage fut bientôt occupé à réparer les dégâts, et le pont et les gréements du *Sunbeam* étaient très pittoresques avec ces groupes d'hommes travaillant au milieu des cordages, des mâts et des voiles. Vers le soir, la brise faiblit, et nous dûmes marcher à la vapeur. Pour la première fois nous eûmes une nuit vraiment chaude; les étoiles brillaient; la mer, qui avait été tout le jour d'un bleu ravissant, se montrait légèrement phosphorescente. »

Le voyage qui commençait de cette manière inquiétante devait être non moins facile qu'agréable, et, s'il eut bon nombre d'incidents intéressants, on ne peut dire qu'il ait été marqué d'aucune aventure extraordinaire. Le *Sunbeam,* par la voie de Madère et des îles du Cap-Vert, descendit jusqu'à l'équateur et se dirigea vers la côte brésilienne pour aborder à Rio-de-Janeiro. De là il continua sa route vers le sud, longea les côtes de la Patagonie, et, franchissant le détroit de Magellan, remonta jusqu'au grand port du Chili, Valparaiso, d'où il atteignit, en traversant l'océan Pacifique, qui pour lui justifia son nom, le beau groupe des îles de la Société et Taïti, l'Éden des mers du Sud. Les îles Sandwich sont presque à la même distance de l'équateur au nord que les îles de la Société au midi; lady Brassey y reçut l'accueil le plus hospitalier, et étudia avec intérêt la civilisation naissante d'Hawaï. Le yacht se dirigea ensuite vers le Japon, puis vers Hong-Kong et Penang, par le détroit de Malacca; Ceylan est à l'autre extrémité du golfe du Bengale. De Ceylan ils remontèrent à Aden, à l'entrée de la mer Rouge, et, enfilant le canal de Suez, le *Sunbeam* entra dans la Méditerranée, toucha à Malte et à Gibraltar; puis, se retrouvant dans les eaux connues de l'Atlantique, il aborda à Lisbonne, et enfin reprit la route de la patrie, signalant la première terre anglaise, le Start, le matin du 26 mai 1877. A minuit, les voyageurs arrivaient à Beachy-Head, et pouvaient apercevoir dans le lointain les lumières du port d'Hastings. Ils y débarquèrent le 27, à six heures du matin, et furent chaleureusement accueillis par une foule empressée à leur souhaiter la bienvenue. Battle, la splendide résidence de la famille Brassey, n'est qu'à quinze kilomètres d'Hastings.

Dans un cadre aussi restreint que le nôtre il serait impossible de faire entrer la relation complète d'un voyage qui a embrassé une si grande partie de la surface du globe, et c'est d'autant moins nécessaire, que le charmant livre de lady Brassey est maintenant presque aussi connu en France qu'en Angleterre; mais nous pouvons nous donner le plaisir de contempler par les yeux de la voyageuse quelques-uns des tableaux variés et curieux qui passèrent devant elle, afin de pouvoir juger de l'impression qu'ils produisirent sur un esprit aussi intelligent que le sien. Lady Brassey n'appartient évidemment pas à l'école qui repousse et dédaigne l'admiration ; mais, au contraire, elle jouit vivement de tout ce qui lui semble nouveau ou curieux, que ce soit un détail pittoresque ou un paysage plein de couleur. C'est cette jouissance, communiquée au lecteur, qui rend son livre si agréable; il n'a aucune affectation, aucun air de supériorité ; on se sent en compagnie d'une vraie femme dont les sympathies sont étendues et le caractère heureux.

Notre première promenade, avec lady Brassey pour guide, sera au marché de Rio-Janeiro.

« Il y régnait, dit-elle, une animation et un mouvement singuliers, et il y avait une infinie variété de choses à observer. Le marché au poisson était rempli de « monstres de l'abîme », tous nouveaux et étranges pour nous ; leurs singuliers noms brésiliens ne donneraient à un étranger aucune idée de l'animal lui-même. Il y avait un énorme *goujon de mer*, pesant environ trois cents livres, avec une tête hideuse, le dos et les nageoires d'un noir luisant; de gigantesques raies, des seiches, la pieuvre des *Travailleurs de la mer* de Victor Hugo ; sans parler de grosses crevettes pour lesquelles cette côte est renommée, des crevettes de huit à dix pouces de longueur, avec des antennes de douze à quatorze ; elles conviennent à ceux qui préfèrent la quantité à la qualité, car elles sont d'un goût médiocre, tandis que les huîtres, très petites, sont délicieuses. On trouve aussi des maquereaux en abondance, beaucoup de tortues, et quelques requins à tête de marteau.

« Sur le marché aux fruits on retrouvait beaucoup d'espèces aux couleurs éclatantes, familières aux Européens; de vigoureuses négresses d'un noir de jais, coiffées d'un turban, le cou et les bras ornés de perles de verre, et couvertes d'un long et unique vêtement blanc, qui semblait toujours glisser de leurs épaules, présidaient à ces riches monceaux d'oranges, d'ananas, de bananes, de tomates, de pommes et de poires, auxquelles se mêlaient les cannes à sucre, les choux palmistes, les piments, les fruits du poivrier et de l'arbre à pain.

« Dans une autre partie du marché on vendait toutes sortes d'oiseaux et quelques animaux vivants, tels que daims, singes, cochons; des cochons d'Inde à profusion, des rats, des chats, des chiens, et un délicieux petit singe-lion diminutif et rouge de pelage, avec une jolie tête à crinière, et qui rugissait absolument comme un lion en miniature. Il y avait des cages pleines de flamants, des bécassines de plusieurs espèces, et beaucoup d'oiseaux plus petits, dont le plumage avait tous les reflets imaginables de bleu, de rouge et de vert, et des teintes métalliques du plus beau lustre, sans parler de perroquets, d'aras, de kakatoès innombrables, et de torchas sur des perchoirs. Le torcha est un bel oiseau noir et jaune, à peu près de la grosseur d'un étourneau, qui met sa tête de côté et prend les mouches qu'on lui présente de l'air le plus gracieux et le plus coquet. »

Pendant que le *Sunbeam* les attendait à l'embouchure de la Plata, lady Brassey et ses compagnons de voyage firent une excursion dans les Pampas, cet immense océan de verdure où la civilisation n'a pas encore pénétré bien loin. D'après lady Brassey, le premier aspect de cette prairie sans fin était surtout frappant par sa variété de couleur. La vraie teinte de l'herbe des Pampas, quand elle est longue, est un vert grisâtre; quand elle est courte, une verdure, au contraire, très éclatante. Mais il arrive souvent que, par suite des nombreux incendies, accidentels ou volontaires, rien n'est visible qu'un grand espace noirci et calciné, montrant çà et là des taches d'un vert vif aux endroits où l'herbe renaît sous l'influence des pluies.

« La route, ou plutôt la piste, était en mauvais état, grâce aux pluies récentes, et de chaque côté des cinq *canadas* ou petites rivières que nous eûmes à passer à gué, s'étendaient des marécages profonds, à travers lesquels nous dûmes nous dépêtrer, la boue montant jusqu'aux essieux des voitures. Lorsque nous arrivions au passage, on fouettait vigoureusement les chevaux pour leur faire prendre le galop, qu'ils continuaient vaillamment jusqu'à la rive opposée. Là nous nous arrêtions pour les laisser respirer et examiner les dommages, découvrant presque toujours qu'un trait s'était cassé ou qu'un harnais avait donné des signes de faiblesse. Une fois, nous eûmes un retard considérable par suite de la rupture d'un timon, chose difficile à réparer; je ne sais ce que nous aurions fait si nous n'avions rencontré un jeune garçon du pays qui nous vendit son lasso pour lier les débris ensemble. Cette rencontre fut pour nous une chance heureuse, car nous n'aperçûmes pas un seul être humain, excepté lui, pendant notre course de près de trente milles.

si ce n'est le péon qui nous amena des chevaux de rechange à moitié chemin.

« Dans le cours de cette expédition, nous passâmes devant une vaste *estancia* dont la route était semée des cadavres et des squelettes des pauvres animaux tués par la sécheresse. On en voyait des centaines étendus çà et là, dans un état de putréfaction plus ou moins avancé, et ceux dont la mort était récente entourés de vautours et d'oiseaux de proie. La première rivière que nous eûmes à traverser était encombrée des cadavres de ces malheureuses créatures, qui s'y étaient traînées pour boire une dernière fois, et n'avaient pas eu la force de sortir du courant. Des troupeaux de bétail affamé, en misérable état, s'apercevaient aussi; les vaches étaient à peine plus grosses que leurs veaux. Ces pâturages ne sont pas assez beaux pour nourrir les moutons, mais on y voit souvent des daims. »

Les voyageurs arrivèrent ainsi à l'estancia, où ils devaient se reposer : la maison n'avait qu'un étage, avec une véranda de chaque côté; par devant, une cour d'entrée, et derrière un parterre rempli de fleurs; les chambres à coucher sont dans des pavillons détachés. Le propriétaire de cette habitation s'occupait surtout de l'élevage des chevaux.

« Les gens de ce pays, dit Mme Brassey, passent leur vie à cheval. On se sert de chevaux pour toutes les choses imaginables, depuis la chasse et la pêche jusqu'à la fabrication des briques et le barattage du beurre. Les mendiants même mendient à cheval; j'ai vu la photographie de l'un d'entre eux, portant au cou son autorisation de mendicité. Il va sans dire que tous les domestiques ont chacun leur cheval; les femmes de chambre sont pourvues d'amazones, qu'elles mettent le dimanche pour aller faire des visites d'une estancia à l'autre. Pour la pêche, le cheval entre dans l'eau aussi loin que possible, et son cavalier se sert alors de la ligne ou du filet. A Buenos-Ayres, j'ai vu les pauvres bêtes gagner la côte presque à la nage, traînant des charrettes ou portant de lourds fardeaux pris à bord des navires à l'ancre dans la rade; car l'eau est si basse, que de très petites barques peuvent seules approcher les navires, et la cargaison est placée immédiatement sur les charrettes pour éviter les frais de transport. Dans les pays perdus comme les Pampas, où l'on n'a pas de barattes, on fait le beurre en mettant le lait dans un sac de peau de chèvre attaché par un long lasso à la selle d'un péon, qui part au galop, traînant derrière lui, pendant un certain nombre de milles, le sac qui saute et bondit sur la route. »

Un peu avant d'arriver au détroit de Magellan, l'équipage du *Sunbeam* fut témoin d'un des plus épouvantables désastres en mer : l'incendie d'un vaisseau. Le bâtiment se trouva être le *Monkshaven*, venant de Swansea; à destination de Valparaiso, avec un chargement de charbon pour la fonte du minerai; sur trois navires chargés de cette dangereuse cargaison, il y en a presque toujours un qui prend feu. Le *Sunbeam*, en apercevant les signaux de détresse, s'arrêta et envoya un canot qui amena à son bord le capitaine et son équipage, ainsi que la plus grande partie de leurs effets, les chronomètres, les cartes et les papiers du navire.

« Le pauvre petit canot du *Monkshaven* avait été repoussé du pied par les matelots qui en débarquaient, et il y avait quelque chose de triste à voir ce frêle esquif s'en aller lentement à la dérive, suivi de ses avirons et d'autres objets abandonnés, comme pour aller rejoindre le beau navire qu'il venait de quitter. Ce dernier était resté en panne, toutes voiles dehors; de temps à autre, une colonne de fumée trahissait seule la présence du démon destructeur qui se cachait dans ses flancs. Le ciel était sombre et chargé de nuages; le soleil se couchait dans une splendeur livide; les vagues, hautes et noires, se rayaient d'écume blanche. Il n'y avait pas un souffle de vent : tout présageait une tempête. Pendant que nous roulions péniblement, il nous arrivait d'apercevoir le canot et le navire incendié, puis tout d'un coup de les voir disparaître, pendant un moment qui nous semblait un siècle, dans l'immense sillon de la grande houle de l'Atlantique. »

L'équipage recueilli se composait principalement de Danois et de Norvégiens; ils racontèrent qu'un peu avant de rencontrer le *Sunbeam*, et quand déjà l'incendie grondait sous leurs pieds, ils avaient vu passer un steamer américain auquel ils avaient en vain fait leurs signaux de détresse, et qui avait tranquillement continué sa route. Un matelot dit à lady Brassey qu'alors le désespoir les avait pris, et qu'ils s'étaient couchés sur le pont pour y mourir. Les deux mousses pleuraient; mais le capitaine, très religieux et très bon pour ses hommes, leur dit : « Il y a là-haut quelqu'un qui veille sur nous. » Dix minutes après, ils aperçurent les voiles du yacht.

Lady Brassey parle incidemment des Patagons, dont les premiers voyageurs ont fait des descriptions si exagérées. Ils doivent leur nom à l'imagination de Magellan, qui consacra ainsi sa conviction qu'ils étaient de taille gigantesque; et sir Thomas Cavendish leur donne une stature de sept à huit pieds. En réalité, c'est une belle race, robuste, bien membrée, très vigoureuse, et dépassant six pieds anglais. Ils vivent de la vraie vie nomade, presque toujours à cheval,

Rencontre de Fuégiens.

et se lançant avec une rapidité vertigineuse à travers leurs immenses plaines. Hommes et femmes portent un long manteau flottant fait en peaux, qui va de la ceinture à la cheville, muni d'un long pan qu'ils peuvent rabattre sur leur tête en l'attachant avec une large broche plate, faite d'un dollar ou d'un morceau d'argent brut aminci au marteau. Ils ne pratiquent guère la propreté, mais se couvrent le corps de peinture et de graisse, surtout les femmes. Leurs seules armes sont des couteaux et des *bolas*, lassos plombés qu'ils lancent avec une extrême dextérité. Il a été impossible de s'assurer s'ils possédaient la forme la plus élémentaire de culte ou de croyance. Leur nourriture se compose principalement de la chair de leurs juments dont ils emmènent des troupeaux avec eux dans toutes leurs expéditions; ils mangent aussi de la chair d'autruche, mais c'est un régal exceptionnel, des œufs d'oiseaux et des poissons pris par les femmes.

Si bas soient-ils dans l'échelle de l'humanité, si on part de notre civilisation occidentale, les Fuégiens (ou *Indiens-canots,* comme on les appelle aussi, parce qu'ils vivent sans cesse sur l'eau et n'ont pas de demeures fixes à terre) leur sont de beaucoup inférieurs. Ils sont cannibales, et un vieil auteur prétend qu'ils sont « des pies pour le bavardage, des babouins pour la laideur, des démons pour la méchanceté ». Chaque fois qu'ils apprennent qu'un navire est en détresse ou qu'un équipage naufragé a été jeté sur leurs côtes, des feux s'allument sur toutes les hauteurs pour annoncer la bonne nouvelle à la population de l'île, qui se rassemble aussitôt. Mais si tout se passe sans accident, un vaisseau peut franchir le détroit de Magellan sans apercevoir rien qui trahisse la présence de la vie humaine. Les habitants de la partie orientale de la Terre-de-Feu sont vêtus, ou plutôt ils couvrent leur nudité d'un manteau de peau de daim descendant jusqu'à la taille; ceux de la partie occidentale ont des manteaux de peau de loutre de mer. Mais le plus grand nombre vont absolument nus. Leur nourriture est des plus misérables; elle consiste presque uniquement en coquillages, oursins de mer et poissons qu'ils prennent avec l'aide de leurs chiens, dressés à cet effet; ces chiens sont lancés dans l'eau à l'entrée d'une crique, et par leurs plongeons et leurs aboiements effrayent le poisson, qui se réfugie dans l'endroit où l'eau est peu profonde, et se voit aussitôt capturé.

Lady Brassey eut l'occasion d'étudier les Fuégiens. Un peu après qu'ils eurent dépassé le cap Forward, le point le plus méridional de l'Amérique, un canot apparut tout d'un coup à bâbord, et comme il se dirigeait vers le yacht, sir Thomas donna ordre de ralentir la marche. Les rameurs du canot se mirent à pagayer énergiquement, à faire des gestes et à pousser des cris; un homme tournait une peau de loutre autour de sa tête avec des mouvements si violents, qu'il faillit faire chavirer l'embarcation, bien fragile, car elle ne se composait que de planches grossières reliées avec des nerfs d'animaux. On leur jeta une corde, et ils grimpèrent à bord en criant :

Tabaco, galleta (biscuit), dont ils reçurent une provision en échange des peaux de loutre très belles qu'ils offraient; sur quoi les deux hommes se dépouillèrent de leurs manteaux, faits de huit à dix peaux cousues ensemble avec des nerfs plus fins que ceux qui avaient servi pour le bateau, et les tendirent en réclamant encore du tabac, qu'on leur donna, ainsi que des verroteries et des couteaux. La femme, entraînée par un si bel exemple, se sépara de son vêtement, recevant en retour une nouvelle provision de tabac, des perles de verre et des miroirs, qu'on leur jeta dans le canot.

« L'embarcation, dit lady Brassey, contenait un homme, une femme et un jeune garçon; je n'ai jamais vu un ravissement plus vif que sur la figure des deux derniers quand, pour la première fois de leur vie sans doute, ils se virent possesseurs de colliers de perles bleues, rouges et vertes. Ils avaient dans leur canot deux pots grossiers en écorce, qu'ils nous vendirent également; et enfin ils partirent à regret, tout à fait dépouillés, mais fort heureux, criant et jacassant dans leur langage, le moins articulé qui soit au monde. On eut beaucoup de peine à leur faire lâcher l'amarre, quand le navire se remit marche, et j'avais peur qu'ils ne fussent renversés. Ces Fuégiens étaient gras et vigoureux; quoiqu'ils ne fussent pas beaux, leur aspect n'avait rien de repoussant, et la physionomie de la femme était agréable quand elle souriait à la vue des miroirs et des verroteries. Le fond de leurs pirogues était couvert de branchages, parmi lesquels on distinguait les restes d'un feu. Leurs avirons étaient fort grossiers : de simples branches fendues, au bout desquelles on avait fixé un morceau de bois plus large au moyen de nerfs d'oiseaux ou d'animaux. »

Comme contraste se présente bientôt la description que donne lady Brassey d'une île de corail, un de ces innombrables joyaux qui ornent le large sein de l'océan Pacifique, comme des émeraudes enchâssées dans un bouclier d'azur et d'argent. C'était la première terre que le yacht rencontrait dans cette grande mer du Sud. Un récif de coraux enfermait une tranquille lagune, jusqu'à laquelle descendaient les pentes verdoyantes de l'îlot (l'île de l'Arc). La beauté de cette lagune était incomparable et défierait le pinceau. « Des forêts sous-marines de coraux de mille couleurs, parsemés d'anémones, d'échidnées, de toute une végétation animée, d'un éclat inimaginable; des troupes de poissons étincelants qui se jouaient dans l'eau comme de vivants arcs-en-ciel, des coquilles merveilleuses, se mouvant lentement, entraînées par leurs habitants, le féerique feuillage d'algues fantastiques que les ondulations de la vague agitaient mollement : voilà ce que le regard ravi apercevait dans les profondeurs des eaux, tandis que la surface étincelait des nuances les plus exquises, depuis le vert suave de l'algue marine jusqu'au ton vif de l'émeraude, depuis le bleu pur des turquoises jusqu'au bleu sombre, profond du saphir, tandis que çà et là la nappe transparente était marbrée de taches rouges, brunes ou vertes, par le corail émergeant de la masse inférieure. L'opulente végétation des tropiques couvrait la côte, descendant jusqu'aux sables de la grève; les cocotiers et les palmiers y dressaient leurs troncs élancés, sous lesquels s'agitaient les insulaires; les femmes en vêtements rouges, bleus et verts, les hommes en costumes variés, tous chargés de poissons, de volailles et de bouquets de noix de coco. »

Le 2 décembre, le *Sunbeam* atteignait Taïti, la délicieuse reine du Pacifique. Ici lady Brassey se trouvait en pleine féerie, et l'éclat des couleurs, la variété des scènes l'éblouissaient, en décourageant toute description. « Les magnolias et les hibiscus jaunes et écarlates penchés sur l'eau, le gazon velouté sur lequel le pied se pose au sortir du bateau, la route blanche courant entre deux rangées de maisons de bois dont les petits jardins sont des masses de fleurs, les hommes et les femmes vêtus des couleurs les plus gaies et parés de fleurs, les piles de fruits inconnus amoncelés sur l'herbe, attendant qu'on les transporte sur les petits navires mouillés dans le port, le majestueux fond des collines couvertes de verdure jusqu'au sommet, tout cela n'est qu'une faible partie des beautés qui accueillent le nouveau venu dès qu'il débarque sur le rivage. »

Cette première impression fut encore accrue par tout ce que lady Brassey vit dans la suite. La mer et la côte, les forêts de l'île, tout était nouveau, frappant, merveilleux; le ciel avait un éclat extraordinaire, la vague, des reflets qu'elle n'avait vus nulle part; car c'est d'une main prodigue que la nature a versé ses trésors sur Taïti.

Elle fit une course à cheval; le sentier la conduisit à travers d'épaisses plantations d'orangers, de goyaviers, de palmiers et d'autres arbres des tropiques, dont quelques-uns étaient chargés et presque étouffés par le poids des lianes luxuriantes; parmi ces dernières, on remarquait une splendide fleur de la passion, avec son fruit couleur orange, aussi gros qu'une citrouille, étendant partout ses vigoureux rameaux. Le sentier était étroit et parfois très raide ; le cavalier devait fréquemment se glisser sous le dôme serré des branches enlacées. Traversant plusieurs jolis ruisseaux, la route gravissait une éminence qui d'un côté dominait une cascade pittoresque, de l'autre un profond ravin. Un rivière, sortant d'une étroite fente du rocher, ne faisait qu'un bond du bord du précipice jusque dans la vallée, un bond de six cents pieds. « On voit d'abord la masse bleue de l'eau qui se transforme en nuage d'écume et finit par se perdre dans un brouillard irisé. Imaginez-vous qu'à l'ombre des palmiers et des bananiers aux larges feuilles, à travers un rideau de fougères et de lianes, vous contemplez le Staubach, en Suisse, mais bien plus élevé et se détachant sur un fond de montagnes vertes, et vous aurez quelque idée de la cascade de Fuatawah. »

Lady Brassey semble plus ravie de Taïti que de tout ce qu'elle a vu dans son long voyage au delà des mers. « Parfois je crois que tout ce que je contemple n'est qu'un rêve prolongé, et que je m'éveillerai trop tôt à la froide réalité : les fleurs, les fruits, les couleurs vives des étoffes, tout ce tableau et son cadre sont presque trop féeriques pour appartenir à notre monde. »

Malheureusement la nature humaine est la même partout ; le vice et la souffrance se trouvent à Taïti comme dans les ruelles malpropres et les recoins honteux de nos grandes villes ; mais lady Brassey ne vit que la surface des choses, et la beauté de Taïti est faite pour séduire un esprit et un goût raffinés.

De Taïti nous passons à Hawaï, la principale des îles Sandwich et le centre d'un royaume dont la civilisation grandissante influera peut être quelque jour sur les grands courants du commerce de l'océan Pacifique. Le *Sunbeam* y arriva le 22 décembre.

L'après-midi était clair, les montagnes Mauna-Kea et Mauna-Loa se détachaient nettement du haut en bas, leurs sommets géants s'élevant à près de 14,000 pieds au-dessus de nos têtes ; leurs pentes, revêtues d'arbres, étaient sillonnées de profonds ravins servant de lits à des cours d'eau fertilisateurs qui venaient se jeter dans la mer. A l'intérieur de sa ceinture de récifs, la côte blanche, formée de rocs de corail, sur laquelle les vagues nonchalantes viennent mourir sans se briser, est frangée d'une haie de palmiers parmi lesquels de petites maisons blanches sont semées gracieusement, comme sur le penchant des collines ; toutes sont entourées de jardins si pleins de fleurs, que du pont du yacht nous distinguions l'éclatante couleur des plates-bandes. . . . .

Nous allâmes nous promener au milieu de ces gentilles maisons et de leurs jolis jardins jusqu'au pont suspendu sur la rivière, suivis d'une foule de jeunes filles parées de guirlandes et portant à peu près le costume que nous avions vu à Taïti : une longue robe flottante à manches très amples et descendant jusqu'aux pieds. Les naturels semblent préférer ici des couleurs plus foncées; le lilas, le beige, le brun et d'autres teintes neutres sont les nuances à la mode. Chaque fois que je m'arrêtais pour contempler un point de vue, une des jeunes filles venait à moi et me jetait un *lei* de fleurs par-dessus la tête; puis, me l'attachant autour du cou, elle s'enfuyait en riant pour juger de l'effet produit. Le résultat fut qu'au bout de la promenade j'avais une douzaine de guirlandes, de couleurs et de longueurs variées, tombant sur mes épaules et m'échauffant presque autant qu'une palatine de fourrures; pourtant je ne voulais pas les ôter de peur d'affliger ces pauvres filles. »

Il semble que partout lady Brassey fut accueillie avec une sympathie toute spéciale, due sans doute à ses qualités personnelles, mais aussi probablement à cette circonstance qu'il est bien rare de voir une Anglaise dans les îles de la Polynésie, et surtout une grande dame, femme d'un membre du parlement, et faisant le tour du monde dans le yacht de son mari.

Il va sans dire qu'elle fit une excursion au grand volcan de Kilauea. Sa description, dans sa simplicité, a de l'intérêt. Suivons-la aux deux cratères, l'ancien et le nouveau. « Nous descendons d'abord dans le précipice de plus de trois cents pieds qui forme le mur de l'ancien cratère, et où maintenant s'épanouit une prodigue végétation. La pente est si raide en beaucoup d'endroits, qu'on a dû fixer dans le rocher des marches de bois pour faciliter la descente. Au fond on marche sur une surface de lave refroidie, et là encore, dans chaque fente où un peu de terre s'est amassé, la nature a affirmé sa robuste vitalité, et de délicates fougères allongent leurs frondes vertes pour chercher la lumière. Quelle extraordinaire promenade sur ce champ de lave contournée de mille façons bizarres, selon la température qu'elle avait atteinte et la rapidité avec laquelle elle s'était refroidie ! Certains endroits ressemblaient au contenu d'un chaudron pétrifié en pleine ébullition; d'autres fois la lave s'était congelée en vagues ou en énormes cordages noués les uns dans les autres, ou bien on lui trouvait l'aspect d'énormes tuyaux d'orgue, ou encore de monticules et de cônes de toutes les dimensions. En avançant, la lave devenait plus chaude, et chaque fissure laissait échapper des gaz qui affectaient sérieusement le nez et la gorge; enfin, en passant sous le vent du fleuve de lave descendant du lac, nous fûmes presque suffoqués par la vapeur, et nous ne poursuivîmes notre marche qu'avec diffi-

Excursion au volcan de Kilauea.

culté. La lave était plus vitreuse et plus transparente, comme si la fusion s'était produite à une température plus élevée, et les cristaux de soufre, d'alun et d'autres minéraux dont elle abondait reflétaient toutes les couleurs du prisme. Par endroits, la transparence était complète, et on voyait au-dessous les longs filaments de cette lame fibreuse, à laquelle les insulaires attachent une superstition, et qu'on appelle *cheveux de Pelé*. »

Lady Brassey et ses compagnons arrivèrent enfin au pied du cratère actuel, d'où les matériaux bouillonnants dans l'intérieur du globe s'échappent sans cesse en flots enflammés. Ils en gagnèrent le sommet avec peine, pour rester stupéfaits en présence d'un spectacle qui fait plus que de réaliser les terreurs de l'antique Phlégéthon. « Du bord du précipice on surplombe un lac de feu d'une largeur d'un mille. Avec le fracas épouvantable de la mer furieuse sur des brisants, les vagues rouge sang de la lave liquide battaient les rochers, lançant leur écume dans les airs, et ces vagues n'étaient jamais immobiles, mais revenaient incessamment à la charge et se retiraient aussi incessamment, se bousculant avec rage, sifflant, bouillonnant comme l'onde en lutte avec les vents et les courants. Un rouge sombre, lie de vin, semblait la couleur générale de cette lave en fusion, recouverte cependant d'une légère écume grise qui s'entr'ouvrait pour laisser échapper des cascades et des jets de feu jaune et rouge, et qui se trouvait tout d'un coup repoussée par la force d'un fleuve d'or, traversant rapidement toute l'étendue du lac. Le centre du combat était un îlot aux rochers sombres, que les vagues de lave rongeaient avec une fureur indescriptible. A l'opposé elles allaient s'engloutir dans une vaste caverne, entraînant les stalactites géantes qui en barraient l'entrée, et la remplissant d'un bruit de tonnerre. » Il faudrait donner la page tout entière, quoique malgré tout il y ait dans notre univers des tableaux devant lesquels échouent l'écrivain et le peintre; mais si dans le jour le volcan a cet aspect terrible, que doit-il être la nuit, quand les vagues de lave éclairent seules de leurs lueurs sinistres l'obscurité du ciel? « A mesure que les ténèbres devenaient plus profondes, le lac embrasé prenait des tons fantastiques, le noir de jais se transformant soudain en gris pâle, le marron foncé passant par le cerise et l'écarlate pour arriver au rose, au bleu et au violet le plus exquis; le brun le plus chaud pâlissant graduellement et devenant jaune paille, avec les intermédiaires ocre et orange. Il y avait encore une autre teinte qu'on ne peut exprimer que par le mot de « couleur lave fondue ». Tout était beau, jusqu'aux vapeurs et aux nuages de fumée que ces jeux de lumière transformaient en brillantes apparitions, magnifiquement encadrées par cet amphithéâtre de pics sombres et de rochers aigus. De temps à autre un énorme bloc s'écroulait avec bruit dans le lac enflammé, pour y être fondu de nouveau et rejeté à son tour. »

Le temps passé à Honolulu ne fut pas perdu par lady Brassey. Elle n'interrompit pas un instant ses observations, et ne laissa rien échapper de ce qui pouvait jeter quelque jour sur les mœurs de la population hawaïenne. Les Hawaïens, peuple qui a beaucoup de loisirs, et sur les épaules duquel la civilisation n'a pas encore fait peser ses lourds fardeaux, sont très enclins à se divertir et cultivent avec beaucoup d'assiduité et d'adresse leurs jeux nationaux. Parmi ceux-ci figure le passe-temps connu de *nager avec la lame,* dont l'origine est

Les sauteurs de Hilo.

aisée à comprendre. Hommes et femmes s'y livrent, et les chefs et les princesses y sont de première force. Les nageurs, armés d'une planchette spéciale de quatre pieds sur deux, amincie à chaque extrémité, et qu'ils poussent devant eux, gagnent le milieu de la superbe baie et plongent sous les larges vagues écumeuses. A une certaine distance de terre, distance calculée sur la force et l'adresse du nageur, celui-ci choisit sa vague, et, se mettant à cheval, à genoux ou debout sur la planche, il se laisse entraîner au rivage de toute la vitesse du flot; quand on les voit rouler ainsi au milieu de l'écume blanche, on pourrait presque les croire montés sur les coursiers marins des mythes antiques et cramponnés à leur crinière, dirigeant vers le bord leur course furieuse. Les Hawaïens aiment infiniment ce rude exercice, auquel ils sont accoutumés depuis l'enfance, car ils vivent autant dans l'eau qu'à terre, et ne semblent jamais plus heureux que lorsqu'ils plongent, nagent, se baignent ou se jouent dans les belles eaux vertes qui caressent la côte souriante de leur île favorisée, ou dans la charmante rivière qui court entre les jardins fleuris de la ville de Hilo.

Par un bel après-midi, on peut voir la moitié de la population se livrant à des exploits, *dans, sur* et *sous* l'eau. Grimpant jusqu'au sommet des rochers perpendiculaires qui forment la rive opposée, ils exécutent des plongeons de toutes sortes d'une hauteur de six à huit mètres, plongeant et nageant dans mille attitudes, avec une grâce qui excite l'admiration des spectateurs. Deux insulaires entreprirent de sauter dans la rivière du haut d'un roc de cent pieds de haut, franchissant dans ce saut périlleux un rocher qui, à six mètres du sommet, faisait une saillie considérable. Les deux hommes, sveltes, grands et agiles, apparurent sur la hauteur, leurs longs cheveux rattachés par une guirlande de fleurs et de feuillage, tandis qu'une guirlande semblable s'enroulait autour de leur taille. D'un regard sûr et perçant ils mesurèrent la distance et reculèrent de quelques pas pour prendre l'élan nécessaire. Soudain l'un d'eux reparut au bord du rocher, bondit, tourna sur lui-même, tomba dans l'eau les pieds en avant, pour se relever presque immédiatement et gravir la berge avec une sereine indifférence. Son compagnon ayant accompli le même exploit, tous les deux remontèrent jusqu'à la saillie dont nous avons parlé et sautèrent de nouveau dans la rivière, tour de force moins extraordinaire, mais qui exigeait encore beaucoup d'adresse.

Parmi les jeux que mentionne lady Brassey, se trouve l'exercice de l'épieu ou du dard, qu'on lance sur un but quelconque; le *kona*, sorte de jeu d'échecs compliqué, et le *talu*, qui consiste à cacher une pierre sous une des cinq pièces d'étoffe placées devant les joueurs; ceux-ci doivent deviner où elle se trouve, et, si habile que soit celui qui la cache, les joueurs exercés reconnaissent au mouvement du bras le moment où la main lâche la pierre. Un autre jeu, *parua*, se joue sur le gazon; ceux qui y prennent part sont debout sur une planche étroite, recourbée par devant, et qu'ils dirigent avec une longue pagaie; ils montent au sommet d'une colline et se laissent glisser avec une vitesse effrayante, conservant leur équilibre d'une façon merveilleuse. Le *maita* ou *uru maita* se joue sur une sorte de plancher; deux bâtons y sont fixés à quelques pouces de distance, et les joueurs, placés à une trentaine de mètres, cherchent à lancer entre eux un palet de pierre, l'*uru,* plus épais au centre qu'au bord, et ayant trois à quatre pouces de diamètre.

Nous passerons au Japon, et nous accompagnerons lady Brassey à un dîner japonais, dans une *maison de thé*. Le repas eut lieu dans un appartement qu'on peut décrire comme le type exact d'un intérieur japonais. Le plafond et les cloisons étaient en beau bois foncé et verni, ressemblant au noyer; les murs extérieurs, sous la véranda, et les séparations des autres pièces consistaient simplement en treillages de bois recouverts de papier blanc, et glissant dans des rainures, de sorte qu'on peut sortir ou entrer à volonté en déplaçant la cloison, et cet arrangement dispense de portes et de fenêtres. Si on veut regarder au dehors, on pousse un peu le mur; on le pousse encore si l'on veut sortir. Au lieu de tapis, le sol est couvert de plusieurs nattes très fines, superposées et très moelleuses au pied. Toutes les nattes japonaises ont six pieds de long sur trois de large, et elles servent même de mesure pour tout ce qui concerne la construction ou l'ameublement des maisons. Une fois les fondations et la charpente établies sur une dimension de *tant de nattes,* il suffit d'aller dans un magasin et d'y acheter une maison toute faite, qu'on peut monter en un couple de jours; mais il est vrai qu'une telle maison n'est possible que sous le climat du Japon.

Dans la pièce où fut introduite lady Brassey s'élevait, d'un côté, une légère estrade, de quatre pouces de haut, qui marquait la place d'honneur. Un tabouret, un petit ornement de bronze et un vase de Chine, où étaient gracieusement disposées une branche de cerisier en fleur et quelques feuilles de glaïeuls, garnissaient l'estrade. Au mur étaient suspendus des tableaux qu'on change tous les mois, selon la saison. Quatre jolies Japonaises apportèrent d'épaisses couvertures de coton piquées, pour servir de sièges aux visiteurs, et des vases pleins de charbons enflammés pour les réchauffer. Au centre, elles placèrent un autre *brasero* protégé par une grille de bois, sur laquelle était posé un énorme édredon qui devait conserver la chaleur. C'est ainsi qu'au Japon on chauffe tous les appartements, même les chambres à coucher; le résultat est que les incendies y sont fréquents. Une personne négligente ou maladroite renverse le brasero, et tout flambe aussitôt.

On enleva brasero et édredon pour apporter le dîner. Devant chaque convive fut placée une petite table de laque, d'environ six pouces de haut, sur laquelle étaient deux bâtonnets, un bol de soupe, un autre de riz, une tasse de *saki* et un bassin d'eau chaude ; au milieu du cercle siégeaient les quatre Hébés japonaises, avec du feu pour réchauffer le saki et allumer les longues pipes qu'elles présentaient aux convives entre chaque plat. Le saki est une sorte d'eau-de-vie de riz qu'on boit toujours chaude dans de petites tasses, et qui ainsi n'est pas trop désagréable, tandis que froide peu de gosiers européens pourraient la supporter. La cuisine japonaise parut très bonne à lady Brassey, bien que certains plats fussent composés d'ingrédients inconnus aux cuisiniers de l'Occident. Le menu était celui-ci :

Soupe,
Crevettes et algues marines,
Grosses crevettes, omelettes, raisin conservé,
Poissons frits, épinards, jeunes roseaux et gingembre,
Poisson cru, moutarde et cresson, raifort et soy (sauce aux épices),
Soupe épaisse d'œufs, de poisson, de champignons et d'épinards;
Poisson grillé,
Poulets frits et pousses de bambous,
Racines et têtes de navets confits au vinaigre,
Riz *ad libitum* dans un grand bol,
Saki chaud, pipes et thé.

Le dernier plat fut, en effet, une énorme boîte de laque pleine de riz, avec lequel on remplit tous les bols, et qu'il fallait manger au moyen des deux bâtonnets, ce qui exigeait une certaine habitude. Entre chaque plat il y avait un assez long intervalle rempli par les chants, la musique et la danse de jeunes artistes de profession. La musique était un peu dure et monotone, mais le chant et la danse méritaient quelques éloges; cette danse consistait en une suite de poses, et ne ressemblait en rien à nos danses européennes. « Ces jeunes filles, fort jolies, portaient un costume spécial pour indiquer leur métier, et elles étaient fort différentes des modestes servantes, simplement mises, que nous trouvions si attentives à tous nos besoins; pourtant elles avaient l'air de bonnes et joyeuses créatures, et s'amusaient infiniment des jeux enfantins auxquels elles se livraient entre elles dans les intervalles de repos. »

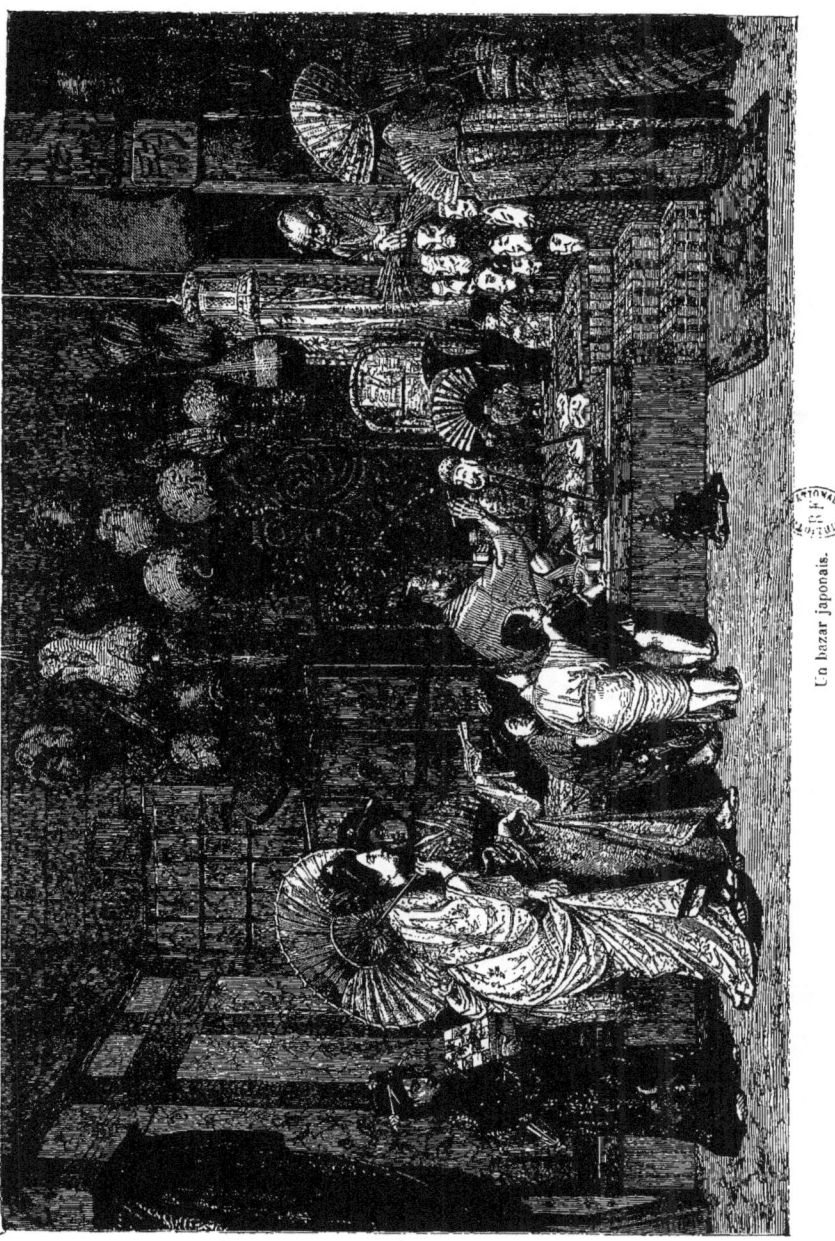

Un bazar japonais.

Ce tour du monde en famille, qu'il nous faut abandonner enfin, n'est pas le seul voyage de lady Brassey. En 1874, elle accompagna son mari dans une expédition aux régions arctiques; mais elle n'en a pas donné la relation. A leur retour, les infatigables voyageurs partirent pour l'Orient et visitèrent Constantinople. En 1878, ils firent une seconde excursion dans la Méditerranée, et revirent dans la saison des orages ces beaux pays qu'ils avaient admirés sous le soleil; ils explorèrent l'île de Chypre, qui venait de passer sous le protectorat britannique. Le livre où lady Brassey raconte ses promenades dans la Méditerranée et l'Archipel [1] a les mêmes qualités que son premier ouvrage : la même simplicité et clarté de style, sans aucune prétention, la même vivacité à saisir des aperçus qui ne dépassent pas la surface; mais il n'a ni le même intérêt ni la même valeur. Les pays dont elle parle sont si connus et ont été si souvent décrits, que la comparaison s'impose avec des ouvrages très supérieurs au sien.

Voici une courte esquisse de la ville d'Athènes qui ne manque pas de nouveauté :

« Nous nous fîmes d'abord conduire au temple de Thésée, le mieux conservé des temples antiques. Sa situation l'a préservé des bombes et des boulets; mais le moyen âge, en en faisant une église, a contribué aussi à le préserver de la destruction. C'est un bel édifice, avec sa double rangée de colonnes, ses bas-reliefs et son toit parfaitement intact; il renferme actuellement une intéressante collection d'antiquités, recueillies dans son voisinage. De là nous montâmes à l'Acropole, en passant devant l'observatoire moderne bâti sur la colline des Nymphes. Celle du Pnyx s'élevait à notre droite, et à gauche l'Aréopage, où prêcha saint Paul. Nous franchîmes les portes, et après avoir passé au milieu de débris de toute espèce : statues, bas-reliefs, colonnes, chapiteaux et frises, nous approchâmes des Propylées. Puis nous visitâmes le petit temple de la Victoire, entouré de grilles de fer et rempli des statues et des bas-reliefs les plus admirables, surtout deux danseuses, pleines de vie et de grâce. Après ce coup d'œil préliminaire, nous gravîmes les nombreux degrés, et, passant devant la Pinarthèque, nous nous trouvâmes au sommet de l'Acropole, jouissant de la vue complète de toutes ses gloires.

« D'un côté, nous voyions le splendide Parthénon; de l'autre, l'Erechtheum et le portique des Cariatides, qui mérite son nom de

---

[1] Lady Brassey, *Sunshine and storm in the East* (Soleil et orage d'Orient).

Beau portique. Six majestueuses colonnes sont encore debout. Nous errâmes longtemps, prenant quelques photographies, admirant le délicieux panorama qu'on a sous les yeux, et qui s'étend de la ville d'Athènes jusqu'à Éleusis, Salamine et Corinthe, et du Pentélique et du mont Hymette aux champs Élyséens. Nos regards s'égaraient vers les antiques ports de Phalisum et du Pirée, revenaient à Athènes, à la rue des Tombeaux, qui nous semblait plus grise et plus poussiéreuse en dominant ainsi ses toits aux tuiles grisâtres; les jardins et les palmiers ne réussissaient pas à l'égayer. Il était près de trois heures quand nous parvînmes à nous arracher à ce spectacle. »

La description est d'une simplicité excessive, par trop dépourvue d'ornement. Un plus vif enthousiasme, une admiration plus expansive auraient dû être excités chez une femme instruite et intelligente par ce pays plein de souvenirs, cette mer bleue où Thémistocle vainquit la flotte persane, cette colline d'où saint Paul annonça le Dieu inconnu aux Athéniens surpris, et par les chefs-d'œuvre de Phidias et de Praxitèle. Mais ce qui attire l'attention de lady Brassey, ce qu'elle reproduit avec le plus de perfection, ce sont les scènes familières, les aspects pittoresques des contrées sauvages. Elle se sent plus dans son élément sur le marché d'Hawaï que parmi les ruines des temples d'Athènes.

Le lecteur trouvera cependant quelque intérêt à jeter un coup d'œil sur Nicosie, la ville principale de Chypre, cette île fameuse qui rappelle les souvenirs des croisades, et où Richard Cœur de Lion s'éprit de Bérengère, la fille du prince cypriote.

« L'intérieur de la ville fait éprouver un désappointement, quoiqu'il y reste encore quelques beaux édifices. La vieille cathédrale de Sainte-Sophie, transformée en mosquée, est admirable par la richesse et la pureté de son architecture gothique. En face de la cathédrale s'élève l'église Saint-Nicolas, qui sert de grenier à blé, et dont les trois portails gothiques sont les plus beaux que j'aie jamais vus. Chacune des maisons de Nicosie possède un luxuriant jardin, et les bazars sont festonnés de vignes grimpantes; mais, malgré cela, la ville a un air de malpropreté, de tristesse et de misère. La maison du gouvernement est une des dernières vieilles constructions turques qui y subsistent encore.

« De la prison nous passâmes par une rue étroite et sale, dont les maisons étaient délabrées et les jardins négligés, et nous nous trouvâmes en pleine campagne. Un temps de galop à travers la plaine

Vue d'Athènes (l'Acropole).

nous amena au lieu où l'on construit la nouvelle maison du gouvernement; ce lieu s'appelle la colline des Serpents, parce que deux serpents y ont été tués; et pour avoir conservé ce souvenir comme un fait extraordinaire, il ne faut pas, ainsi qu'on l'a prétendu, que l'île soit infestée de reptiles venimeux. On en rencontre rarement, et je connais des collectionneurs qui désespèrent d'en trouver. Le site choisi domine la plaine, la ville, la montagne et ce qui était autrefois des forêts. Laissant derrière nous les murs de la cité, nous traversâmes une plaine de sable et de pierres. Pendant près de deux heures nous ne vîmes pas le moindre signe de fertilité; mais alors nous commençâmes à rencontrer des vignes, des champs de cotonniers et des plantations de grenadiers, d'orangers et d'oliviers qui nous conduisirent à la maison d'un riche Arménien, dont le frère est un des interprètes du camp. Sa femme et ses filles sortirent pour nous recevoir et nous introduisirent par un corridor où des jeunes filles épluchaient le coton, et par deux étages pleins de grains d'espèces diverses, jusqu'à une enfilade de pièces spacieuses, ouvrant les unes dans les autres et donnant sur la vallée. Oh! quelles délices de se reposer sur un divan turc, dans une maison de pierre, après cette longue course à cheval par la chaleur! Le soleil de Chypre est vraiment dévorant, même au mois de novembre. Qu'est-ce que ce doit être au fort de l'été! Les officiers s'accordent à dire qu'ils n'ont jamais rien éprouvé de pareil, même dans les parties les plus chaudes de l'Inde...

« Nous montâmes sur des mules fraîches et nous longeâmes le cours du fleuve, jusqu'à l'endroit où il s'échappe de la montagne en un torrent limpide, déjà très puissant. Personne ne sait où en est la source; mais, de toute antiquité, ce cours d'eau a été célèbre, et quelques écrivains ont prétendu qu'il arrivait, en passant sous la mer, des montagnes de Caramanie en Asie Mineure. Il sort d'un terrain calcaire, au pied du Pentadactylon; l'effet produit est magique. Sous sa bienfaisante influence prospèrent les arbres et les plantes de toutes sortes. Le village de Kythrea se blottit dans un nid d'arbres fruitiers et de buissons en fleur; chaque mur est couvert de fougères aux frondes géantes. Le courant est employé à faire tourner de nombreux moulins d'une construction un peu primitive, mais qui n'en font pas moins bien leur besogne... Il était presque nuit quand nous repartîmes, et ce fut avec bien des heurts et des faux pas que nous traversâmes pour la seconde fois la plaine pierreuse. Cependant nous arrivâmes au camp vers sept heures, sans accident. Un marchand de soieries de la ville nous y attendait pour nous offrir ces moelleuses soies de Chypre, déjà célèbres au temps de Boccace. Elles ont l'apparence de la popeline, et les plus jolies sont, je crois, celles qui n'ont pas été teintes et gardent la couleur naturelle du coton depuis le blanc crème jusqu'à l'or le plus foncé. Certaines personnes préfèrent un gris ardoisé, que l'on fabrique en très grandes quantités, mais que je trouve fort laid. »

C'est en bavardant ainsi que lady Brassey nous emmène à sa suite, flânant en chemin, ne nous apprenant rien de très neuf, mais décrivant tout ce qui frappe ses yeux avec le naturel le plus parfait. On ne peut la juger comme on ferait d'un écrivain; elle a de la facilité, de la précision, mais jamais elle ne s'élève à l'éloquence, et ses réflexions ont la même simplicité que son style. Comme voyageuse, elle mérite la célébrité qu'elle a obtenue. Ses nombreuses traversées réunies font un total de près de seize mille kilomètres, ce qui est assez beau pour une femme, même pour une Anglaise. Son mérite est d'autant plus grand, que loin, comme on pourrait le croire, de se sentir « chez elle » sur son navire, elle a toujours sérieusement souffert du mal de mer; et voici ce qu'elle écrit en entrant dans le port de la Valette, au retour de son voyage d'Orient :

« Je crois avoir triomphé enfin au bout de dix-huit ans, et le mauvais temps que nous avons eu presque continuellement depuis Constantinople, cinq coups de vent en onze jours, a pourtant, j'espère, réussi à me donner *le pied marin*. Depuis deux jours, je sais enfin ce que c'est que se trouver tout à fait bien en mer, même par les gros temps, et de manger mes repas avec appétit, voire même de lire et d'écrire, sans qu'il me semble que ma tête appartienne à une autre personne qu'à moi. »

Lady Brassey est morte en mer, sur son yacht, dans le cours d'un nouveau voyage, à la fin de 1887.

LES VOYAGEUSES D'AUJOURD'HUI

MADAME D'UFJALVY-BOURDON

Sous le titre : *De Paris à Samarkand, impressions de voyage d'une Parisienne*[1], Mme d'Ufjalvy-Bourdon a écrit une agréable relation de son voyage dans l'Asie centrale, où elle avait accompagné son mari, chargé d'une mission par le ministère de l'instruction publique, en 1876. C'est en réalité à Orenbourg que commence le voyage proprement dit, le chemin de fer récemment ouvert de Moscou à cette ville les ayant amenés jusque-là. D'Orenbourg ils partirent en traîneau, le 8 février 1877. « Le froid était de 20 degrés; il neigeait un peu; à notre traîneau étaient attelés de vigoureux et durs chevaux du steppe. Le chemin ne se reconnaissait qu'aux gerbes de paille ou aux fagots plantés de distance en distance sur l'immense nappe neigeuse. La troisième journée fut rude; le vent soulevait tant de neige que le soleil en était obscurci. Il fallut atteler cinq chevaux au traîneau... Nous montons de plus en plus; ce doit être un des premiers versants de l'Oural. Les mamelons se rapprochent, et malgré le danger, le vent et le froid, nous contemplons, émus, le magnifique panorama qui se déroule à nos yeux de gigantesques masses de granit sont ensevelies sous la neige; dans un lointain brumeux, nous distinguons des bosquets, des ravins, des vallées plus lointaines encore, et des villages... Le jour suivant, nous fran-

[1] Hachette, éditeur.

chissons l'Oural sur une glace solide, et Orsk apparaît à nos yeux. Un poteau blanc marque la fin de l'Europe et le commencement de l'Asie administrative. »

Un peu plus loin, la neige ayant disparu, les voyageurs continuèrent leur voyage en *tarantass*. Dans les steppes qu'ils traversaient, ils eurent l'occasion de rencontrer quelques-unes des tribus nomades des Kirghises, qui les habitent. « Chez les Kirghises, dit plaisamment Mme d'Ufjalvy, les femmes font tout, soignent même les chevaux; les hommes restent absolument oisifs. Véritable politique d'équilibre ; de cette manière le ménage va toujours bien ; une dispute est-elle possible quand l'un a tous les droits, l'autre tous les devoirs ? Chez les Sartes (habitants des villes de l'Asie centrale), c'est tout le contraire : les femmes ne s'occupent que de leur toilette et ne s'abaissent pas aux soins du ménage, qu'elles abandonnent à leurs serviteurs; le mari n'est que le serviteur en chef : il tient le balai, brode et coud. »

A Turkestan, Mme d'Ufjalvy visita la colossale mosquée élevée jadis par Tamerlan. Enfin, le 14 mars, nos voyageurs arrivèrent à Tachkend, séjour du gouverneur général russe du Turkestan, et ils eurent le plaisir d'y trouver un hôtel français. Un mois plus tard ils en repartaient, cette fois par un soleil brûlant, pour se diriger vers Samarkand. Le désert qu'ils avaient à traverser porte le nom lugubre de *steppe de la Faim,* que rien n'explique d'ailleurs. L'aspect en est souriant; c'est un immense parterre dont la teinte est rouge, mauve ou jaune d'or, selon la fleur qui domine. Une seule chose manque à cet horizon si vaste : les arbres, absolument inconnus et remplacés peu avantageusement par des poteaux de bois aux couleurs russes qui marquent chaque verste franchie. « Tout à coup le spectacle s'anime, le steppe paraît se mouvoir comme la mer, les herbes ondoient, et cependant nous ne pouvons constater le plus léger zéphyr. Je donne à deviner en cent, en mille, la cause de ce mouvement. Ce sont des myriades de tortues qui se promènent dans tous les sens, enchantées de pouvoir chauffer leur carapace au soleil. Dans l'air volent un grand nombre d'aigles, planant parfois si près de nous, que nous entendons les battements de leurs ailes ; ces grands corsaires, d'une couleur grise brune fauve, quelquefois blanchâtre, s'en viennent tout exprès des monts Célestes pour déjeuner d'une tortue. »

Un peu plus loin, en entrant dans la montagne, Mme d'Ufjalvy admira la *porte de Tamerlan;* deux immenses blocs de rochers, qui virent, dit-on, le passage du fameux conquérant, et dont les masses informes se dressent comme un portique sauvage, en harmonie avec

Une mosquée de Samarkand.

le site qui l'encadre. Samarkand, « la belle, la sainte, la riche, la capitale de Tamerlan, » devait offrir à sa curiosité bien des monuments et bien des souvenirs, quoiqu'elle n'ait plus ses splendeurs du moyen âge, lorsque ses innombrables minarets, couverts de briques émaillées, étincelaient au soleil. On retrouve cette ornementation sur les trois *médressés* (écoles musulmanes) qui s'élèvent encore autour de la grande place de Samarkand, la plus belle de l'Asie centrale. Les briques dont leurs murs sont couverts resplendissent des tons de l'or, de la turquoise, couleur favorite de ce pays, où le ciel même en a le bleu clair et doux. Samarkand est habitée par des Tadjiks, d'origine iranienne. Mme d'Ufjalvy donne de curieux détails sur leurs coutumes et sur les observations qu'elle fit pendant son séjour à Samarkand ; mais nous ne pouvons la suivre pas à pas. Les travaux de M. d'Ufjalvy le conduisirent ensuite dans le Ferghanah et la Sibérie occidentale. Les Russes ont transporté la capitale du Ferghanah, de Khokand, où Mme d'Ufjalvy visita l'antique et magnifique palais des khans, à Marghellan, résidence du gouverneur, qui était alors le général Abramof. Elle décrit ainsi la réception qui lui fut faite dans une maison indigène, et la triste existence des femmes de ces contrées.

« Dans un charmant petit jardin une table était dressée, et le maître nous y conduisit après avoir salué à la manière orientale en s'inclinant les mains sur le ventre, marque du plus grand respect. Du thé, du lait, des fruits, des amandes et de petits bonbons figuraient sur la table. Sur ma demande, le maître me conduisit près de ses femmes, pour lesquelles je fus plutôt un objet de curiosité qu'elles ne le furent pour moi ; car, à part quelques détails, je me trouvais toujours en face du même spectacle. Pour ces pauvres créatures, ni joie ni distraction. Quelquefois la visite d'une voisine ou d'une amie, et c'est tout. Elles habitent généralement une arrière-cour ; c'est là qu'elles accomplissent leurs travaux insipides et monotones ; elles sont seules toute la journée avec leurs enfants, poursuivant tranquillement et avec lenteur leur tâche quotidienne ; et sans les heures de sommeil imposées par les chaleurs, je ne sais vraiment comment elles pourraient supporter leur existence. Remplie de tristesse pour ces sœurs déshéritées, je revins près de ces messieurs, comparant ma vie à la leur et rendant grâce à Dieu de n'être pas mahométane. »

Les Uzbegs, qui constituent une partie de la population de ces provinces, sont plus nobles et plus belliqueux que les Tadjiks ; ils supportent plus difficilement la domination russe. Ce sont les héritiers de l'antique race de Gengis-Khan et de Tamerlan ; ils mènent encore une vie demi-nomade autour des grands centres. « On peut décrire le Ferghanah comme un immense steppe entouré de montagnes, et dans lequel se trouvent de ravissantes oasis. » De nombreuses races habitent du reste ce pays ; les unes rappellent le type mongol, tandis que d'autres, comme les Tadjiks, se rapprochent des populations méridionales de l'Europe.

La crainte de l'hiver et des inconvénients qu'il amène obligea M. et Mme d'Ufjalvy à presser leur départ pour la Sibérie. Ils traversèrent le district de Kouldja, en Dzoungarie, coin de la Chine occidentale qui a passé sous la domination russe à la suite d'un soulèvement des populations musulmanes contre les Chinois. Dans la ville

Types de femmes de Samarkand.

de Kouldja, Mme d'Ufjalvy raconte qu'elle trouva une petite église catholique.

« Au fond d'une cour longue et étroite s'élève une porte en boiserie sculptée à jour et garnie d'étoffe; on nous l'ouvre : alors apparaît un autel couvert d'une nappe blanche, au-dessus duquel s'élève modestement un Christ sur un crucifix d'ébène; au mur pendent des images françaises de la Vierge... Cet autel reste tel que les missionnaires l'ont fondé; soixante-dix catholiques y viennent prier, et j'y fis pieusement le signe de la croix. Quelques corel.gionnaires chinois nous entouraient... Un jeune Chinois catholique apporta des livres de prières, deux missels et un catéchisme en latin, puis un recueil de prières imprimé en français. Une image de saint Louis de Gonzague, qui se trouvait dedans, me reporta à l'époque de ma première communion. Ce jeune Chinois nous lut quelques mots de français assez correctement, mais sans les comprendre. »

Ils savent des prières par cœur, et depuis 1864, époque où le dernier prêtre catholique a été massacré pendant l'insurrection, ils continuent à les répéter en faisant les exercices de notre culte. Il y a quelque chose de profondément touchant dans l'idée de cette petite congrégation de fidèles, conservant le trésor de la foi au milieu d'une population étrangère à leur croyance. Espérons que depuis Dieu a envoyé un pasteur aux catholiques de Kouldja.

Dans leur voyage, M. et Mme d'Ufjalvy rencontrèrent souvent des Kirghises, peuple pasteur de la Sibérie occidentale et du nord du Turkestan, farouche et indomptable. Leurs femmes elles-mêmes sont intrépides comme eux, et montent admirablement à cheval. Les hommes, merveilleux cavaliers, se laissent glisser à bas de leurs montures et ramassent au galop de leur bête un objet tombé à terre. Ils chassent aussi le loup à cheval et sans fusil, dédaignant de s'en armer contre une bête aussi peureuse. Le chasseur kirghise n'a qu'un fouet à lanières armées de fer, dont il cingle les jambes de l'animal qu'il poursuit au galop de son cheval et finit par achever à coups de fouet. Dans ces plaines herbeuses se dressent les *aouls* ou campements; les Kirghises, essentiellement nomades, préfèrent, même dans leurs villages, loger sous leurs *kibitkas* ou tentes, et ils mettent dans les maisons les chevaux et les provisions. Voici un joli tableau de vie pastorale : « Les kibitkas dressent leurs coupoles sur la prairie; les femmes kirghises entrent et sortent de leurs demeures pour préparer le repas du matin, les unes tout habillées de blanc, les autres avec une robe rouge qui tranche sur la verdure; des enfants nus courent sur la plaine, et de nombreux troupeaux de chevaux, de chameaux, de bœufs et de moutons, au bruit de notre tarentasse, lèvent les naseaux au vent. On voit à leur mine qu'ils se félicitent de brouter d'aussi bons pâturages. » C'est encore une fiancée kirghise qui passe en habit de gala, « montée sur son cheval harnaché d'une belle couverture de drap brodé à la main; les dessins sont d'une couleur éclatante et originale; la soie est d'une teinte qui brave le soleil. La mère marche à ses côtés, et le fiancé en avant. La cérémonie du mariage était probablement terminée, car le cortège se dirigeait vers la kibitka de l'époux. » On rencontre également des Kalmouks, qui, plus que toutes ces races diverses, ont conservé le type mongol : les pommettes saillantes, les yeux obliques, la face large et aplatie, les oreilles démesurées; ils professent le bouddhisme, s'habillent à la chinoise et portent aussi une longue tresse; leur humeur paraît douce et serviable. Les jolis villages russes bâtis sous le feuillage, à chaque station de poste, doivent faire avec les aouls kalmouks ou kirghises un curieux contraste, qu'on retrouve dans la plupart des centres où près de la cité kirghise ou tartare s'élève la ville moderne.

« Des fleurs ornent les fenêtres, à l'instar de Saint-Pétersbourg; nous y trouvons quelque peu de viande et du lait délicieux. Les villages paraissent aisés; le dimanche, quand nous les traversons, les jeunes gens et les jeunes filles chantent, en se tenant la main, des airs religieux ou des chants nationaux. Ce sont des colonies de vieux croyants; leurs habitations sont très propres, et pas un ivrogne n'y fête le jour du Seigneur, chose bien rare dans la Russie d'Europe. »

Il ne faut pas croire que ce voyage n'eut ni ses accidents ni ses émotions; les *yemchiks* ou cochers russes sont d'une habileté merveilleuse; ils dominent leurs bêtes fougueuses, qui ont presque toujours le mors aux dents. La rapidité de la course est extrême, et, dit Mme d'Ufjalvy, très agréable. « A peine a-t-on le temps d'apercevoir les villages; de charmants oiseaux s'envolent, effrayés par la rapidité de l'équipage; çà et là de gros harfangs, d'un blanc de neige et aux yeux rouges, prennent leur essor. Une fois cependant nous vîmes de bien près la mort. En quittant de cette manière une station près de l'Irtich, la route bordait le fleuve à pic : les chevaux s'y emballèrent avec tant de furie, que le yemchik devint impuissant à les arrêter; ils couraient en droite ligne au précipice qui s'ouvrait devant nous. Je crus que nous étions perdus; M. d'Ufjalvy s'était levé, et, debout sur le marchepied, son revolver à la main, s'apprêtait à faire sauter la cervelle du cheval du milieu, pour tâcher par sa chute d'arrêter la voiture. Les Cosaques, qui avaient pressenti le danger, accouraient en criant : « Ne tirez pas! » L'un d'eux saisit le cheval du milieu par les naseaux, et par un effort surhumain le contraignit à s'arrêter. Il était temps; nos regards plongeaient déjà dans l'abîme. »

Il faudrait suivre aussi Mme d'Ufjalvy dans le pays des Bachkin, population qui habite le versant asiatique de l'Oural, et qui est musulmane. Leur type n'a rien de tartare; ils ont un extérieur agréable, les yeux droits, les cheveux châtains; leurs femmes, belles et vigoureuses, se parent de lourdes coiffures en tissu de perles de corail garni de pièces de monnaie, auquel pend une longue bride de velours noir ornée de coquillages. Ils sont plus propres que leurs voisins les Kirghises, et ne vivent pas dans la même communauté avec leur bétail de toute espèce ; une de leurs industries est de dresser les faucons et même l'aigle à tête noire, qu'ils vendent fort cher aux Kirghises ; ceux-ci s'en servent pour chasser le loup, le renard et les chats sauvages.

Enfin les voyageurs se retrouvèrent dans les admirables forêts de l'Oural, et quelques jours après ils rentraient à Orenbourg, doù ils ne tardèrent pas à repartir pour Moscou. Mme d'Ufjalvy déclare que la gare lui parut magnifique et les wagons délicieux, après sa fatigante course en voiture à travers les steppes et les montagnes de l'Asie centrale, et ce séjour de dix-huit mois dans ces contrées lointaines, dont elle avait supporté les inconvénients avec tant de courage, et qu'elle raconte avec tant de gaieté. Elle a depuis, en 1881, accompagné son mari dans l'Inde et donné un récit de ce nouveau voyage, qui a autant d'intérêt que le premier [1].

MADAME CARLA SERENA

Au retour d'une course à travers la Scandinavie, la Russie, la Turquie, l'Égypte et la Grèce, Mme Carla Serena, qui a déjà de nombreux droits au titre de grande voyageuse, se décida à faire une excursion dans les provinces transcaucasiennes [2], quoique ce ne fût pas le chemin le plus court pour se rendre de Constantinople à Londres. Mais les conditions des voyages dans ces contrées ont bien changé depuis l'époque où Mme Hommaire de Hell parcourait, elle aussi, les contrées voisines de la mer Noire. Des lignes de chemins de

[1] *Voyage d'une Parisienne dans l'Himalaya occidental*, par Mme d'Ufjalvy-Bourdon ; Hachette, Paris.
[2] *De la Baltique à la Caspienne*, par Mme Carla Serena ; Dreyfus.

fer coupent la Géorgie et y facilitent grandement les communications, lorsqu'elles ne sont pas obstruées par les neiges, ce qui arriva à Mme Carla Serena; elle mit un mois (décembre 1875) pour se rendre du port de Paki, sur la mer Noire, à Tiflis. Elle arriva en Iméréthie dans la semaine qui précède le grand carême, et assista aux fêtes qui se donnent à cette occasion.

« Chez les Caucasiens, le carnaval ne revêt point la forme d'un divertissement populaire; les jours qui précèdent le grand carême ne s'y distinguent que par la quantité de mets et de boissons qu'on y engloutit : c'est la semaine des invitations réciproques. Dans ce pays de bonne vinée, le peuple boit avidement sans tomber pourtant dans l'ivresse; il a trop l'habitude des crus régionaux pour laisser sa cervelle au fond de la coupe. Des toasts caractéristiques accompagnent ces agapes géorgiennes. Avant de s'asseoir au banquet, on choisit un président de toasts (*taloumbach*) devant lequel on place des vases de toute sorte : bocaux, verres, cornes d'animaux, gobelets à anse remplis jusqu'au bord. Chaque convive, en portant une santé, lui montre le récipient qu'il se dispose à vider, et le président est tenu d'absorber d'un trait une coupe d'un contenu égal. A l'enthousiasme avec lequel chacun des buveurs est acclamé, on peut mesurer le degré d'estime ou de sympathie dont il jouit parmi l'assistance. La dernière santé portée est celle du président. Ce taloumbach jouit d'un pouvoir absolu, à l'effet de faire boire les assistants. Si l'un d'eux se montre récalcitrant, il a droit de le chasser de la société ou de lui verser sur la tête le contenu de la coupe qu'il refuse de boire. Disons, pour rendre justice aux Géorgiens, que c'est un affront que nul n'a jamais mérité. Quant au maître de la maison, il ne s'attable pas avec les convives; son rôle est de veiller à ce que chacun soit servi comme il faut; ce serait un crime de lèse-majesté qu'un amphytrion s'occupât de lui-même et négligeât ses invités. En Mingrélie (autre province transcaucasienne), on célèbre une fête qui se nomme *capounoba* (préparation de la viande de porc). Chaque maison tue sa gent porcine. Ce repas au cochon est exclusivement un repas de famille; nul étranger n'y participe. S'il en paraît un à ce moment, on dépeuple pour lui la basse-cour; mais du cochon il n'en a pas une bouchée, et pourtant, pendant plusieurs jours, le Mingrélien ne mange pas autre chose. Cette époque de l'année est aussi celle où le vin de la dernière récolte est réputé prêt pour le consommateur et la vente. On découvre alors les grands vases d'argile cuite qui, dans cette région, remplacent les tonneaux, et les prémices des vendanges géorgiennes servent aux libations qui accompagnent le repas consacré. N'y a-t-il pas là comme un vieux souvenir des offrandes en usage dans l'antiquité? »

Dans les villes, au contraire, l'habitant a mêlé à ces vieilles coutumes bien des nouveautés qui plaisent à son humeur gaie et insouciante. Le Géorgien est le Parisien du Caucase. Au festin succède la danse, et la gaieté la plus franche et la plus cordiale ne cesse pas de régner.

« Tout le personnel domestique du logis, ainsi que les gens qui, d'après l'usage, accompagnent les personnes invitées, se place contre la muraille et scande de ses battements de mains les pas de l'orchestre. La scène a vraiment du caractère : types, costumes, allures, on ne saurait rien voir de plus pittoresque. Hommes et femmes, en ce pays, ont un talent spécial pour cet art, quoique les danses nationales du Caucase n'en soient pourtant point originaires; ce sont des emprunts faits à la Perse et modifiés par les montagnards lesghiens. Toujours est-il que la *lesdingha,* telle qu'on l'exécute communément, est à elle seule un poème. La danse guerrière du Cosaque, jouant avec des poignards et mesurant ses pas d'après la vélocité avec laquelle il manie ses armes, a un caractère de défi chevaleresque. »

Mme Serena parle plus loin de la frivolité de ces belles Géorgiennes, ravissantes, mais sans cervelle aucune, et dont l'éducation est absolument nulle. « Ni le soin du ménage, ni le gouvernement des enfants, ni aucun détail de ce genre ne trouble la placidité de leur existence; qu'elles soient riches ou pauvres, humbles ou haut placées, elles laissent les choses aller leur train, sans se mettre martel en tête... Ces Iméréthiens, dont l'essence est d'être inoccupés, ne se lassent jamais, les femmes encore moins que les hommes, des éternelles visites qu'ils reçoivent, et qui en somme remplissent tout leur temps. »

La variété des aspects, des types et des idiomes est très grande dans la Géorgie. La province montagneuse de Mingrélie, que Mme Carla Serena visita ensuite, diffère sous beaucoup de points, et malgré la domination russe, qui y a introduit ses lois et ses mœurs, de l'Iméréthie. Dans certaines parties sauvages et peu accessibles, on conserve les coutumes primitives; le linge y est aussi inconnu que la monnaie; le trafic se fait par échanges. Ces montagnards s'occupent d'agriculture, de l'élève du bétail; ils vivent dans de misérables huttes de terre; mais l'air de leur pays est si salubre et si pur, que cette race est la plus belle du Caucase. Elle n'en est pas la plus honnête; la légende raconte que, saint André étant venu dans ces contrées pour y prêcher la foi, il passa la nuit dans un village où on lui vola ses habits; justement indigné, le saint maudit le village, en déclarant qu'il n'aurait plus jamais pour habitants que des voleurs. Le vol a été, en effet, de tout temps fort en vogue chez les Mingréliens, surtout celui des chevaux, regardé comme un exploit; et jadis un Mingrélien ne pouvait demander une jeune fille en mariage sans avoir à se vanter au moins d'un rapt de ce genre.

Mme Carla Serena fit à cheval ses tournées dans ces montagnes abruptes, coupées de ravins et de torrents, qu'il fallait traverser à gué ou à la nage, et l'absence de gîtes l'obligea à se faire escorter d'une vraie caravane, emportant tous les objets nécessaires au logement et à la cuisine. Du reste, les vigoureux paysans armés qu'elle rencontra ne firent mine d'en vouloir ni à sa bourse ni à sa vie; ils se contentaient de la saluer, et elle admirait leur dignité aristocratique. Les femmes rappellent le type classique par la pureté des lignes de leur visage; elles aiment les couleurs vives, surtout l'orange; elles portent de longues jupes et des voiles, ou bien, pour le travail, elles se coiffent de fichus de couleur. Ces belles et majestueuses paysannes qu'on rencontre dans les sentiers, le fuseau à la main, font penser aux héroïnes d'Homère.

Les Grecs ont d'ailleurs laissé dans ces régions des traces qu'on retrouve dans les coutumes comme dans les beautés de la race. Les enterrements et les mariages sont accompagnés de cérémonies qui rappellent les usages antiques. Lorsqu'un riche Mingrélien meurt, on avertit les amis et l'on fixe *le jour des pleurs*, souvent éloigné de plusieurs semaines, à cause de la distance des habitations des princes et des nobles. Au jour dit, tous arrivent avec leurs paysans et leurs serviteurs; on entre processionnellement dans la chambre funèbre, et chacun des chefs fait un discours en l'honneur du trépassé, l'adressant parfois à lui-même; dans une pièce obscure, les hommes et les femmes de la famille, en deux groupes séparés, poussent des cris et des lamentations. On sert ensuite le banquet mortuaire, où les convives se comptent souvent par milliers; aussi est-il d'usage que chaque invité offre une certaine somme à la famille du défunt pour la dédommager des dépenses énormes d'une telle cérémonie. Le lendemain on conduit le corps à sa dernière demeure, toujours avec des pleurs et des cris. La veuve suit à cheval, sur une selle d'homme enrichie d'ornements d'argent, le char couvert d'un dais qui porte le mort; autour du cercueil sont groupées des pleureuses, comme dans les funérailles antiques.

Les mariages sont le plus souvent des alliances conclues entre deux familles sans que les intéressés y comptent pour rien; la jeune fille n'a parfois que dix ans. L'affaire est vite conclue; et, la bénédiction nuptiale donnée par le prêtre, on reconduit l'épousée dans sa famille. Jadis, pour cette bénédiction, la mariée avait la tête complètement enveloppée d'un capuchon qui cachait ses traits, et que son mari n'avait droit d'enlever qu'après la cérémonie; cet usage favorisait la supercherie et permettait de substituer une jeune fille à une autre; comme les mariages étaient néanmoins très difficiles à faire casser, on a abandonné cette coutume. Lorsque le jour est venu de mener la jeune femme chez son mari, les amis viennent la chercher en joyeux cortège; tout le monde chante, fait des tours d'adresse et même danse en selle; on emmène aussi en triomphe les objets qui composent la dot et le trousseau, principalement de grands coffres de bois peint et doré, qui sont parfois à peu près vides. Pendant les repas de noce, qui durent plusieurs jours et sont servis en plein air, sous des tentes élégantes, la mariée, parée par ses amies de ses plus beaux atours, doit rester assise à côté de son mari, présidant la table, sans parler ni manger, et absolument immobile.

Les fêtes pascales sont aussi très curieuses. Mme Carla Serena les passa à Zougdid, ancienne capitale de la province, où elle reçut l'hospitalité chez la princesse Catherine Dadion. Cette femme héroïque, veuve du dernier prince régnant, et régente pendant la minorité de son fils, résista vaillamment à l'invasion russe. Elle commandait elle-même ses troupes, et, pour les entraîner, il lui arriva de franchir la première le fleuve Inghour débordé, qui arrêtait ses soldats. La lutte fut acharnée, le château des princes Dadion pris d'assaut et saccagé; enfin, après une guerre de trois ans, la princesse dut conclure la paix, et, en 1867, le dernier héritier des princes de Mingrélie a cédé à la Russie tous ses droits de souveraineté.

Voici la pittoresque description que fait Mme Carla Serena des cérémonies de Pâques.

« Le vendredi saint, Zougdid s'anime; les paysans des villages voisins apportent sur la place du Bazar le produit de leur industrie... Ici c'est un berger, venu avec son troupeau d'agneaux; là c'est une laie et ses petits qui disputent la préséance à des poules et à des dindons, destinés, eux aussi, à orner les tables pascales. Ailleurs s'empilent des tas d'œufs, un des articles les plus recherchés; celle qui les vend est une charmante enfant aux pieds nus, dont la beauté rappelle le type de Mignon; sa mère, non moins belle, est à ses côtés, la tête enveloppée dans un voile blanc qui dissimule la dévastation de sa chevelure; car les tresses superbes qu'elle offre au chaland ne sont autre que les siennes, qu'elle a coupées pour se procurer en échange des colifichets dont les femmes du pays font tant de cas. Plus loin c'est un groupe de jeunes filles étalant des *bachliks*, capuchons de laine grossière filés et tissés par elles, et c'est à qui fera l'emplette d'une nouvelle parure afin de briller le dimanche à la danse de la *Tamacha*. Hommes, femmes, enfants se préparent à l'envi à ce divertissement, qui est le premier bal populaire de l'année. »

Mme Serena parcourut cette foire avec la princesse, à laquelle tout ce monde témoignait un respect qui allait jusqu'à l'adoration. Le lendemain la ville était calme; les paysans étaient retournés dans leur montagne pour y préparer aussi leur fête pascale. A minuit, une messe solennelle fut célébrée; les églises regorgeaient de monde; les femmes étaient vêtues de blanc, les hommes avaient leur costume pittoresque, et leurs armes étincelaient au feu des cierges que chaque assistant tenait à la main. Le prêtre, à la fin de la messe, ayant prononcé la parole consacrée : « Le Christ est ressuscité! » toute cette immense assemblée répondit d'une même voix : « En vérité » Et amis et ennemis, pauvres et riches se donnèrent le baiser de paix. Ce fut un moment émouvant quand toute cette foule se pressa autour de la vaillante princesse, qu'ils appelaient « la mère des mères ». Le repas solennel, le *déjeuner de Pâques*, a lieu au sortir de la messe, à trois ou quatre heures du matin, dans chaque famille mingrélienne; les convives, seuls ou en chœur, chantent des hymnes en l'honneur du Dieu ressuscité. La table reste servie toute la journée, et avec le salut traditionnel, on échange les œufs, qui sont un symbole de prospérité. Puis commencent les réjouissances et les danses auxquelles se mêle toute la population, sans distinction de rang. Ces fêtes durent trois jours.

De la Mingrélie Mme Carla Serena passa dans l'Abkhasie, dont elle ignorait la langue, et où elle dut, raconte-t-elle, rester trois mois sans parler. Cependant elle y est retournée une seconde fois en 1881; les photographes du Caucase refusant de s'aventurer dans ces régions, elle s'improvisa photographe, et brava dangers et difficultés afin de prendre des vues pour faire faire les illustrations de son premier voyage. Elle fit ainsi une rapide excursion d'un mois, « galopant et photographiant. » Tout en se louant vivement de la cordiale hospitalité caucasienne, elle reconnaît qu'il lui fallut refouler souvent ses préjugés de propreté et de délicatesse, en face des habitudes encore primitives de ces régions. Quand on compare, dit Mme Serena, ces trois provinces limitrophes : la Mingrélie, le Samourzakan et l'Abkhasie, toutes trois riveraines de la mer Noire, on trouve que la civilisation y diminue à mesure qu'on enfonce dans la montagne, et est en rapport avec le degré d'avancement de la culture; l'Abkhasie n'a que des montagnes incultes, couvertes de superbes forêts. Les Abkhases et les Samourzakhaniotes sont superstitieux; ils croient au mauvais œil, comme les Italiens. Les appareils de photographie excitaient leur étonnement et un peu leur frayeur, surtout la chambre obscure et la lanterne rouge dont se servait Mme Serena; elle ne pouvait leur persuader que le diable n'était pour rien dans ces opérations mystérieuses. Elle obtint cependant leur aide pour photographier le cloître et l'église du monastère de Badia, ruines magnifiques, mais dans une telle situation, qu'elles ont échappé à la plupart des voyageurs; on n'y parvient qu'en gravissant un sentier abrupt, où il faut laisser les chevaux à mi-côte et grimper péniblement au risque de rouler dans le vide.

Mme Carla Serena, au retour de ce second voyage, reçut du roi d'Italie une grande médaille d'or frappée pour elle, avec cette inscription : *A Carla Serena, bene merita degli studii etnografici. Esploratrice coraggiosa delle regioni Caucasee* 1882.

LES VOYAGEUSES ANGLAISES

« Le climat du Colorado est le plus beau de l'Amérique du Nord; les poitrinaires, les asthmatiques, les malades dont le système nerveux est atteint, sont ici par centaines et par milliers, tentant pour trois ou quatre mois la *cure de campement* ou s'y établissant d'une façon définitive. On peut sans inconvénients coucher en plein air pendant six mois de l'année. Les plaines sont situées à une élévation de mille trois cents à deux mille mètres, et quelques-unes des gorges de la montagne atteignent deux mille six cents à trois mille mètres. L'air, très raréfié, est en outre fort sec; les pluies sont moins considérables que partout ailleurs; la rosée rare et le brouillard presque inconnu. Le soleil est superbe et brille à peu près sans interruption; il n'y a guère que des jours sans nuage [1]. »

Cette description attrayante de Colorado est due à miss Isabella Bird, qui l'a traversé en 1878, en se rendant aux montagnes Rocheuses, qu'elle voulait explorer. Partie de San-Francisco, elle alla en chemin de fer jusqu'à Truckee; là elle loua un cheval, et, pour plus de facilité, revêtit ce qu'elle appelle son « costume d'amazone d'Hawaï », c'est-à-dire une jaquette à demi flottante, une jupe tombant seulement aux chevilles et de larges pantalons à la turque rentrés dans les bottes : « costume à la fois très féminin et très pratique pour les voyages pénibles dans toutes les parties du monde. » Jetant par-

---

[1] Miss Isab. Bird., *A Lady's life in the Rocky mountains.*

dessus un cache-poussière, elle traversa Truckee et suivit les bords de la rivière du même nom, un torrent bondissant et tapageur qui court entre deux murailles de gigantesques sierras dont les sommets ressemblent à des forteresses. A travers les ombres bleuâtres des bois de pins, elle avançait vaillamment, ravie du paysage merveilleux qui se déployait devant elle.

« Des geais aux crêtes bleues voltigeaient dans les branches sombres; des centaines d'écureuils exécutaient des galopades à travers la forêt; des mouches-dragons passaient comme des éclairs vivants; de ravissants petits singes couraient à travers le sentier. Tout à coup la rivière s'apaisa et s'élargit, reflétant dans ses profondeurs transparentes des pins royaux qui montaient d'un jet, et dont les troncs majestueux étaient revêtus de lichens jaunes et verts; des sapins et des arbres à encens remplissaient les intervalles. Soudain la gorge s'ouvrit, et le lac m'apparut, environné de montagnes, les bords découpés en baies et en promontoires pittoresquement semés d'érables énormes. »

Du lac Tabor, miss Bird revint à Truckee, et une nouvelle excursion la conduisit au grand lac salé et à la ville mormonne d'Ogden, puis à Cheyenne, dans l'État de Wyoming. Ayant ainsi franchi la chaîne et redescendant vers les plaines, elle entra dans la région des « prairies sans bornes, océan de verdure, le plus souvent uni, mais ondulant parfois en larges vagues, comme une mer dont les flots s'apaisent et s'endorment. »

Leur monotonie est coupée çà et là par les *villages* des soi-disant « chiens des prairies » ou *wishton-wish,* une espèce de marmotte qui doit à son aboiement bref et aigu ce nom mal approprié; les villages, car on peut bien les qualifier ainsi, se composent d'une réunion d'orifices circulaires s'élevant au-dessus du niveau du sol et ayant environ dix-huit pouces de diamètre; des corridors inclinés en partent pour s'enfoncer à une profondeur de cinq à six pieds. « Des centaines de tanières semblables sont rassemblées dans un même lieu; à l'entrée de chacune, un petit animal à la fourrure d'un brun rougeâtre se tenait assis sur ses pattes de derrière; c'étaient les sentinelles qui se chauffaient au soleil; la forme de leur tête rappelait, sauf les dimensions, celle d'un jeune phoque. Quand elles nous virent, elles poussèrent un cri d'avertissement, secouèrent leur queue et plongèrent dans leurs trous. Il est vraiment grotesque de voir réunies par centaines ces petites bêtes, ayant dix-huit pouces de long, toutes assises comme un chien qui demande du sucre, les pattes baissées et cherchant le soleil. »

A Greely, miss Bird pénètre dans le Colorado, qu'elle peint, nous l'avons vu, sous des couleurs attrayantes. Elle se rendit rapidement au fort Collins, voyant sans cesse en face d'elle les masses grandioses des montagnes Rocheuses; mais l'infatigable voyageuse continua sans s'arrêter sa route à travers les prairies, jusqu'à ce qu'elle eût atteint une vallée profonde arrosée par un torrent mugissant, où elle demeura quelques jours dans un *log-house* ou rustique maison de bûcheron. Pour comprendre la majesté des montagnes Rocheuses, il faut se représenter cette imposante chaîne de sommets, formant une masse qui en certains endroits a deux cents à deux cent cinquante milles de largeur et s'étend presque sans interruption de continuité du cercle Arctique au détroit de Magellan. Miss Bird, s'étant procuré un cheval, fit l'ascension de l'Esteo-Park, à deux mille cinq cents mètres au-dessus du niveau de la mer; on donne ce nom de *Park* aux vallées que renferme la chaîne, souvent à une très grande hauteur. Le paysage avait, à l'endroit où miss Bird pénétra, le caractère le plus grandiose : merveilleux sommets, points de vue fantastiques, ombrages délicieux, gorges sauvages où se faisait entendre le bruit harmonieux des eaux. Mais il n'est que juste de laisser la parole à la voyageuse elle-même :

« Une pénible ascension au milieu des rochers et des sapins nous amena à un passage de sept pieds de large, entre deux murs de rochers, avec une brusque descente de neuf cents mètres et un nouveau col plus abrupt encore à gravir. Je n'ai jamais rien vu d'aussi étrange que ce que mes yeux rencontrèrent quand je me retournai. Nous venions de passer par une fente gigantesque, taillée comme d'un grand coup de hache, entre des masses énormes de rochers rougeâtres empilés les uns sur les autres par les Titans. Des sapins croissaient dans les crevasses; mais on ne voyait nul vestige de terre végétale. Au delà s'élevaient dans le ciel bleu murailles sur murailles, remparts sur remparts, de semblables rochers. Nous fîmes encore quinze milles le long de sombres défilés, si étroits qu'il nous fallait faire marcher nos chevaux dans le lit des torrents qui les avaient creusés. Nous tournions autour de colossales pyramides couronnées de pins; nous traversions de magnifiques « parcs » si bien dessinés par la nature, que je m'attendais sans cesse à voir surgir quelque superbe château; mais, cet après-midi-là, les singes et les geais à crête bleue les possédaient pour eux seuls. C'est là qu'aux premières heures du jour viennent paître les daims, les antilopes et les élans; c'est là que dans la nuit rôdent et grondent le lion des montagnes Rocheuses, l'ours gris et le loup poltron. D'immenses précipices où bleuissaient au fond les masses sombres des pins, des montagnes dont les crêtes déchirées étaient couvertes de neige étincelante, beautés qui nous bouleversaient, grandeur qui nous terrifiait; puis encore des torrents, des lacs aux eaux dormantes, de fraîches profondeurs; d'autres montagnes noires de sapins, au milieu desquels le feuillage des trembles faisait des taches d'or; des vallées où le cotonnier jaunâtre se mêlait au chêne rouge, et ainsi, toujours ainsi, à travers l'ombre croissante du soir, jusqu'à l'endroit où le sentier, que par places nous avions presque perdu, devint un chemin bien tracé, et où nous entrâmes dans un long *gulch* où le sol onduleux de la prairie était parsemé encore de sapins. »

Long's Peak, le Matterhorn américain, qui a près de cinq mille mètres de haut, a vu rarement les excursionnistes se hasarder à le gravir, et miss Bird est la seule femme qui ait eu le courage et la résolution d'en atteindre le sommet. Elle avait pour compagnons deux jeunes gens, fils d'un docteur H***, et « Mountain Jim », un des fameux « coureurs de sentiers » de la prairie, expert dans la guerre des frontières indiennes, leur servait de guide. La première partie du trajet fut une longue série de splendeurs et de surprises, déroulant sous leurs yeux émerveillés pics et vallons, lacs et torrents, montagne sur montagne, que dominaient les sommets glacés du Long's Peak. Lorsque le soleil descendit lentement, les pins dessinèrent sur le ciel d'or leurs silhouettes sombres; une auréole pourpre et violette couronna les pics grisâtres; un brouillard lumineux et changeant remplit les gorges, dont les échos renvoyaient doucement ce murmure qui accompagne la chute du jour. Notre voyageuse, l'âme émue de la beauté magique de ce paysage, descendit une côte rapide qui la conduisit à travers les bois, dans un vallon profond où dormait, au milieu de cette solitude, un lac couvert de fleurs blanches et de larges feuilles verdâtres, à juste titre nommé « le lac des Lis ». Sur ses eaux aux teintes d'améthyste s'allongeait l'ombre tremblante des grands bois de pins.

De là miss Bird et ses compagnons rentrèrent dans le désert de feuillage qui revêt les flancs de la montagne, jusqu'à une hauteur de plus de trois mille mètres, encouragés dans leur laborieuse et lente ascension à cheval par de délicieuses échappées qui leur montraient des sommets dorés et couronnés de rose, et ils continuèrent leur route à travers cette obscurité, faite à elle seule pour impressionner l'imagination. C'est le silence de la forêt qui en fait le mystère. Les seuls bruits sont le frôlement de l'air dans les branches, le son d'un rameau mort qui se détache et tombe, la voix rarement entendue d'un oiseau qui passe, et tout cela ne fait qu'augmenter ce silence par l'effet du contraste. Seul dans cette obscurité profonde, il est difficile au voyageur de résister à la sensation d'une présence surnaturelle, et on en arrive à comprendre comment des légendes fantastiques et d'effrayantes traditions se sont développées et se sont attachées à ces forêts, qui semblaient aux races primitives peuplées de créatures d'un autre monde, de fantômes nés du silence et de la nuit.

A mesure qu'ils montaient, les pins devenaient plus rares, et les derniers avaient un aspect misérable et piteux. Ils avaient franchi le seuil de la forêt; mais, un peu au-dessus d'eux, une prairie s'étendait au sud-ouest sur le penchant de la montagne; au bord d'un joli ruisseau qui courait sous les glaçons, et dans un bouquet de beaux sapins argentés, nos voyageurs résolurent de camper pour la nuit. Les arbres n'étaient pas très grands, mais groupés d'une façon si parfaite qu'on aurait pu se demander quelle main d'artiste les avait plantés. « Chaque fois que j'évoque un souvenir d'une beauté supérieure, je vois apparaître la vue que nous avions de ce campement. A l'est, des percées s'ouvraient sur les plaines lointaines, qui s'évanouissaient dans une brume grise et violette. Des montagnes dont la base était environnée de sapins s'élevaient à la suite les unes des autres, ou dressaient, solitaires, leur crête grisâtre, tandis qu'absolument derrière nous, mais à mille mètres plus haut, nous dominait la tête chauve et neigeuse du Long's-Peak, dont les précipices énormes reflétaient encore les rougeurs d'un soleil depuis longtemps disparu à nos yeux. La neige perpétuelle qui séjourne sur le versant caverneux du pic descendait tout proche de nous. Avant que les derniers rayons du jour eussent disparu, le croissant énorme de la lune se montra dans le ciel, argentant les branches des pins, et sa lumière, tombant sur cette neige qui faisait un fond sinistre au tableau, transforma tout cela en un vrai pays de fées. »

Ce passage, comme tout l'ensemble des livres de miss Bird, nous prouve qu'elle possède ce tempérament d'artiste que chaque voyageur devrait posséder, et que si elle ne peut transporter sur la toile les scènes qu'elle préfère, elle sait les rendre avec la plume. Le sens du beau et la faculté de le communiquer aux autres par l'expression est la qualité première et indispensable de l'écrivain qui veut publier le récit de ses voyages.

Allumant un grand feu de bûches de sapins pour se défendre contre les rigueurs de la nuit, car le thermomètre marquait 12 degrés au-dessous de zéro, les ascensionnistes de Long's-Peak laissèrent passer les heures d'obscurité. A l'approche du lever du soleil, ils se remirent en mouvement; car voir lever le soleil du sommet d'une montagne est un spectacle splendide dont on a rarement l'occasion de jouir. Depuis le pic glacé qui les dominait, avec ses neiges éternelles et ses forêts vierges de sentiers, jusqu'aux plaines qui s'étendaient au pied de la chaîne comme un océan sans vagues, tout subit une étrange et merveilleuse transformation lorsque le soleil, dans la plénitude de sa splendeur, dépassa la ligne de l'horizon; un flot pourpre inonda la plaine grise, les pics étincelèrent comme des rubis, les pins semblèrent des colonnes d'or, et des rougeurs ardentes embrasèrent le ciel. Après le déjeuner, l'ascension recommença, et miss Bird et ses compagnons arrivèrent au « Notch », véritable porte de rochers, où ils se trouvaient sur l'arête même de la montagne, étroit passage de quelques pieds, parsemé d'énormes blocs et s'abîmant d'un côté dans un précipice plein de neige, au fond duquel un lac d'émeraude apparaissait dans une gorge pittoresque.

« Franchissant le « Notch », dit miss Bird, nous contemplâmes les flancs presque inaccessibles de la montagne, couverts de pics et de débris de rocs de toutes formes et de toutes dimensions, entre lesquels nous distinguions de gigantesques contreforts de granit lisse et rougeâtre qui semblaient porter et soutenir la masse qui les surmontait. Je déteste en général les panoramas et les vues à vol d'oiseau; mais, quoique nous fussions au sommet d'une montagne, ce que nous avions sous les yeux n'était rien d'analogue. Des lignes de crêtes en dents de scie, à peine moins élevées que celle sur laquelle nous étions, se dressaient les unes derrière les autres aussi loin que le regard pouvait atteindre dans cette atmosphère limpide, séparées par d'effroyables gouffres remplis de neige et de glaces, perçant l'azur du ciel de leurs pointes chauves et grises, toujours, toujours plus loin, jusqu'à ce que la dernière cime n'apparût plus que comme une nappe de neige inviolée. Nous distinguions de beaux lacs reflétant les bois sombres, de profonds défilés noirs des masses serrées des pins, des sommets où régnait l'hiver, menaçant de leur sévère aspect des vallées ravissantes, pleines d'eau et de feuillage, où chantait l'été... La nature, prodiguant ses splendeurs, semblait crier par toutes les voix de la grandeur, de la solitude, de l'infini et de la beauté sublime : « Seigneur, qu'est-ce que l'homme, pour que tu te sou-« viennes de lui, et le fils de l'homme, pour que tu l'honores de tes « visites ? »

Cependant les véritables difficultés de cette audacieuse entreprise apparaissaient à miss Bird dans toute leur réalité. Le pic même dominait l'endroit où ils se trouvaient : six cents mètres de roc nu et lisse offrant à peine quelques inégalités où il fût possible de poser le pied, et semé de plaques de neige glacée qui étaient un obstacle de plus à une ascension déjà presque impossible. Miss Bird n'avait pas le pied montagnard; le vertige lui prenait facilement, et elle reconnaît qu'elle fut hissée au sommet du roc grâce à la force, à la patience et à l'adresse de Jim. En remontant une ravine profonde, ils débouchèrent sur une étroite plate-forme inégale et rugueuse, où ils respirèrent avant de faire le dernier effort et de gravir la pointe du pic, cône de granit dont les côtés étaient presque perpendiculaires; le seul moyen était de se servir comme d'escalier de quelques fentes étroites ou de minimes saillies de granit, et c'était un véritable tour de force de gymnastique d'y parvenir en rampant sur les mains et les genoux. Fatiguée, torturée par la soif, respirant à peine, miss Bird triompha, et elle eut la satisfaction d'être la première femme à avoir atteint ce point élevé des montagnes Rocheuses.

La descente jusqu'au « Notch » ne fut ni moins laborieuse ni moins pénible, et quand ils se retrouvèrent au lieu de leur campement, miss Bird était absolument épuisée de fatigue et de soif. Mais une nuit de repos lui rendit toute son admirable énergie, et le lendemain matin elle se réveilla forte et ranimée, ravie d'avoir accompli cette extraordinaire entreprise et de jouir encore par le souvenir des beautés sublimes qu'il lui avait été donné de contempler.

Les « parcs », comme nous l'avons dit, sont d'immenses vallées herbeuses qui s'étendent dans la montagne à une élévation considérable; elles servent de retraite à d'innombrables bêtes sauvages. Le livre de miss Bird offre tant de ravissantes descriptions de ces sites agrestes, qu'on ne sait sur laquelle arrêter son choix, et le lecteur qui voudrait se faire une idée exacte des montagnes Rocheuses n'aurait qu'à lire ce charmant petit ouvrage. On croit, en le feuilletant, respirer l'air vif et pur de la montagne, et sentir par bouffées la brise chargée de l'odeur des pins.

En traversant la province de Colorado, dans le voisinage de la rivière Plate, miss Bird nous raconte que « la route s'éleva tout à coup et qu'elle se trouva au milieu d'un amas confus de collines; soudain, de l'autre côté d'un immense ravin, derrière les vertes pentes ensoleillées et les sombres groupes des sapins, surgit sur le bleu intense du ciel, comme une masse d'un rouge étincelant, une splendide chaîne de montagnes d'un dessin admirable, dressant leurs pointes colossales découpées en dents de scie, fendues par des précipices d'un azur sans fond et dont les flancs inaccessibles étaient garnis de gigantesques créneaux et tourelles : spectacle merveilleux, céleste, inoubliable, et qui était à peine à quatre milles de là. On n'eût pas dit qu'il appartînt à notre terre; c'était une de ces visions comme on en a en rêve, sommets célestes de la « patrie à venir ». Il était impossible de s'imaginer que ces montagnes fussent désertes; car, comme celles d'Orient, elles offraient l'aspect de majestueuses forteresses, non les tours grisâtres des castels de l'Europe féodale, mais l'architecture sarrasine, capricieuse, massive, taillée dans le roc vif. Au-dessous d'elles se déroulaient des ravins accidentés aux coupures fantastiques, creusés par les eaux du fleuve, et sur tout cela une lumière délicate et presque surnaturelle, l'apparente chaleur d'un climat brûlant; tandis qu'au nord je me trouvais dans l'ombre, au milieu d'un champ de neige d'une blancheur immaculée. Pour moi, l'obscurité de la terre; là-bas, la clarté du ciel. Cette fois encore l'adoration était le mouvement spontané de l'âme, et la parole sacrée revenait sans cesse à mon esprit: « Seigneur, qu'est-ce que l'homme, « pour que vous vous souveniez de lui, et le fils de l'homme, pour « que vous l'honoriez de vos visites ? » Je continuai laborieusement ma route à travers les amas de neige, montant et redescendant les collines, allant souvent à pied sur les pentes glissantes pour soulager mon fidèle *Birdie,* m'arrêtant sans cesse pour rassasier mes yeux de ces perpétuelles splendeurs, et découvrant toujours quelque ravin nouveau dont l'aspect et la couleur étaient plus beaux encore. Enfin, quand le sentier s'enfonça dans une gorge ou *canyon* où il avait à peine sa largeur à côté du lit de la rivière, ce fut une beauté d'un autre genre, d'une tristesse solennelle. Le flot s'enfuyait en traçant des courbes infinies, s'élargissant comme un petit lac, se rétrécissant comme un torrent profond et bouillonnant; ses rives étaient frangées de pins pyramides et de beaux sapins argentés qui s'inclinaient souvent jusqu'à l'autre bord avec une grâce pittoresque; l'obscurité était glaciale et profonde; un rayon égaré venait seulement quelquefois à travers les branches tomber sur la neige. Soudain, en me retournant, je vis planer comme dans la gloire d'un soleil éternel ces pics flamboyants et magnifiques. L'effet du contraste était frappant. La piste courait tout le temps du côté nord, et la neige s'y

Indiens de l'Amérique du Nord.

étendait en nappes épaisses et d'un blanc pur, tandis que sur le versant du midi il n'y en avait pas le moindre flocon, et les gazons verts se baignaient dans les flots de soleil. »

Cette majesté des montagnes a quelque chose qui impressionne fortement l'imagination humaine, et remue cette partie supérieure et plus pure de nous-même qui dort trop souvent au fond de nous. Ceux mêmes qui restent insensibles au charme de beaucoup de paysages se sentent émus et troublés, reconnaissant les manifestations dont ils ne se rendent pas compte, d'une présence toute-puissante. Les lueurs roses de l'aurore ou les splendeurs du couchant, en tombant sur ces cimes, semblent nous ouvrir les portes d'un autre monde : ces ombres changeantes qui les colorent sont des reflets d'ailes d'anges; ces voix mystérieuses que se renvoient leurs échos, appartiennent à cette divine harmonie qui s'élève sans cesse autour du trône de Dieu !

Nous raconterons également quelques-unes des aventures de miss Bird, qui, chose utile à dire, avait le courage d'un homme et ne manquait jamais d'énergie ni de résolution. On fait d'étranges rencontres dans les montagnes Rocheuses, et dans une de ses courses solitaires, elle se vit rejointe par un cavalier qui ressemblait à un vrai héros de mélodrame. Il faisait un effet des plus pittoresques sur son solide cheval; ses longs cheveux blonds s'échappant de dessous un chapeau à larges bords, lui tombaient presque jusqu'à la taille; il avait une belle barbe, des yeux bleus francs et honnêtes, le teint coloré et les façons les plus polies et les plus respectueuses. Son costume de chasseur en peau de daim était orné de perles de couleur et complété par d'énormes éperons de cuivre; sa selle était surchargée d'ornements divers. Ce qui attirait particulièrement l'attention dans son équipement était le nombre de ses armes, un véritable arsenal. Deux revolvers et un couteau étaient enfoncés dans sa ceinture, une carabine jetée en travers de ses épaules, et en outre il avait un *rifle* attaché à sa selle et une paire de pistolets dans les fontes. Ce martial personnage était Bill Comanche, un des plus célèbres *desperados* des montagnes Rocheuses et le plus grand exterminateur d'Indiens de toute la frontière. Son père et toute sa famille avaient été massacrés par les sauvages, qui avaient emmené sa sœur, une enfant de onze ans. Depuis lors il avait voué son existence à la double tâche de venger les victimes et de chercher cette sœur perdue.

Une autre fois, en quittant Golden-City (la Cité d'Or), lieu qui tous les jours et à toute heure donnait le démenti à ce nom pompeux, miss Bird perdit son chemin en pleine prairie. Un charretier lui dit de continuer en avant jusqu'à un endroit où elle verrait trois pistes et de prendre la plus foulée, en marchant toujours dans la direction de l'étoile polaire. Elle suivit ces indications et trouva bien les trois pistes; mais la nuit était devenue si profonde, qu'elle ne pouvait rien voir, et, l'obscurité augmentant, elle en arriva à ne plus même distinguer les oreilles de son cheval. Cette fois elle était bien complètement égarée, sans moyen de sortir d'embarras. Pendant des heures notre héroïne, — une femme qui franchit seule les montagnes Rocheuses mérite assurément ce titre, continua à marcher dans l'obscurité et la solitude; la prairie monotone se déroulait toujours devant elle, et au firmament brillaient les froides constellations. Par intervalles elle entendait le hurlement du loup des prairies, et le mugissement de troupeaux lointains lui faisait espérer de rencontrer enfin une habitation; mais rien n'apparaissait dans ce désert sauvage, et elle éprouvait un désir poignant de voir une lumière ou d'entendre une voix, tant cette solitude l'oppressait. Le froid était glacial, et une gelée blanche couvrait le sol. Enfin l'aboiement d'un chien parvint à ses oreilles, et ensuite le son peu poétique d'un juron proféré par une voix humaine. Elle vit briller des lumières, et quelques instants après elle se trouvait dans une grande ferme, à onze milles de Denver, où une hospitalité cordiale réconforta la voyageuse attardée et brisée de fatigue.

Un autre épisode tragi-comique marqua son voyage de Esteo-Park à Long Mount, promenade à cheval d'environ cent milles, par le froid mordant d'une matinée de décembre.

« Nous nous levâmes le mardi avant le jour, et nous déjeunâmes à sept heures... Je ne pris qu'un kilogramme de bagages, des raisins secs, le sac de la poste aux lettres et une couverture supplémentaire sous ma selle. Un soleil pourpre se levait en face de nous. Si j'avais su ce qui lui donnait cette couleur, je ne serais certes pas allée plus loin. Des nuages, que je prenais pour les brouillards du matin, montaient teintés de rose et, s'entr'ouvrant, laissaient voir le disque du soleil, aussi violet que les vases de la devanture d'un pharmacien. Nous ayant permis de contempler leur roi, ils redescendirent alors sous la forme d'un brouillard dense; le vent tourna, et il ne tarda pas à geler à pierres fendre. Birdie et moi nous ne fûmes bientôt plus qu'une masse d'aiguilles de glace. Je galopais, espérant toujours sortir de ce brouillard, et ne pouvant voir à un mètre devant moi; mais il s'épaississait toujours, et je fus contrainte de remettre ma monture au trot. Tout à coup une figure humaine, aussi gigantesque que les spectres du Brocken, se dressa devant moi; au même moment j'entendis un coup de pistolet tout près de mon oreille, et je reconnus « Mountain Jim », couvert de glaçons de la tête aux pieds et paraissant avoir vieilli de cent ans, avec sa chevelure toute blanche. C'était certes une mauvaise plaisanterie, un vrai tour de *desperados;* mais il valait mieux la prendre du bon côté, quoiqu'il y eût bien de quoi se fâcher. Il se mit en colère, gronda, tempêta, m'enleva de cheval ; car mes mains et mes pieds étaient engourdis par le froid, prit le poney par la bride et partit à grandes enjambées ; de sorte que je fus obligée de courir pour ne pas les perdre de vue dans le brouillard. Nous avions quitté la route pour nous engager dans je ne sais quels buissons qui ressemblaient tout à fait à des arbres de corail blanc. Nous arrivâmes enfin à sa hutte..., et le « brigand » insista pour m'y faire entrer ; il alluma un bon feu, me fit du café, toujours en rageant... Alors il me remit dans mon chemin, et l'entrevue commencée par un coup de pistolet finit très agréablement. C'était une chevauchée vraiment fantastique, de celles qu'on ne peut oublier, quoiqu'il n'y eût pas le moindre danger. »

Il serait difficile de contester à miss Bird une seule des qualités des grands voyageurs. Sous le rapport de l'énergie morale et physique, elle s'est montrée l'égale d'un homme. Le courage, la fermeté, la décision, la patience pour tout supporter, le talent de s'accommoder aux circonstances, rien ne lui manque. Sa promenade à travers les montagnes Rocheuses prouve ce que peut accomplir une femme entreprenante et brave, même dans les conditions les plus défavorables et en face des obstacles en apparence les plus grands. Son sexe lui valut peut-être un seul avantage, celui de lui assurer un accueil cordial et une invariable politesse de la part d'hommes farouches et grossiers, et dans des endroits absolument perdus ; mais évidemment les inconvénients et les dangers se trouvaient doublés pour une femme, et elle n'en aurait pas triomphé sans sa persévérance, sa constante bonne humeur et son infatigable force de résistance.

Miss Bird est l'auteur de plusieurs autres ouvrages : *la Chersonèse d'or et le chemin pour s'y rendre, les Sentiers inconnus du Japon,* un livre sur Hawaï, etc. etc..., tous également intéressants, mais à plusieurs desquels on doit reprocher de fâcheuses tendances au point de vue religieux.

Il fut un temps, et ce temps n'est pas bien éloigné, où une visite aux déserts de la Patagonie eût été regardée comme un véritable haut fait de la part d'une Anglaise. De nos jours cela paraît tout simple. L'intérêt excité par le livre de lady Florence Dixie : *A travers la Patagonie,* tient à l'attrait naturel qu'offraient ses vives et piquantes descriptions d'un pays inexploré, et non à la vaine curiosité qu'inspire parfois une tentative aventureuse. Si une femme peut faire un voyage autour du monde, pourquoi une autre femme ne traverserait-elle pas la Patagonie à cheval? Pour nos grand'mères, un tour en Espagne ou en Italie était un grand événement; mais « nous avons changé tout cela ». Il est entendu qu'il n'existe pas de terre inconnue où les voyageuses modernes ne puissent pénétrer.

Lady Florence Dixie nous dit franchement sa raison pour aller en

Dans le détroit de Magellan.

Patagonie, et sans doute le même motif a déterminé bon nombre de ses compatriotes dans leurs courses à travers le monde. Elle alla dans « ce pays impossible », à ce que lui disaient ses amis, « parce que c'était un pays impossible et qu'il était fort loin. » Elle ajoute : « Lasse de la civilisation et de tout ce dont elle nous entoure, je voulus m'enfuir dans un lieu où je fusse hors de sa portée. Plus d'un parmi mes lecteurs aura senti ce dégoût de soi-même et du monde entier qui nous envahit parfois au milieu des jouissances de la vie, cette lassitude de notre existence moderne, si artificielle et si creuse, qui nous fait éprouver le besoin d'un aliment plus fort que ne peuvent nous l'offrir les prétendus plaisirs mondains dans leur retour perpétuel et monotone. »

Elle chercha donc une contrée qui répondît à un semblable état d'esprit, et se décida pour la Patagonie, parce que nulle part ailleurs elle ne pouvait trouver un champ de plus de cent mille kilomètres carrés à travers lequel galoper en liberté, « où l'on ne serait pas exposé à la présence de tribus sauvages et d'animaux féroces aussi bien qu'à la persécution des visites, des soirées, des lettres et télégrammes et de toutes les autres *ressources* de la civilisation. » A ces perspectives tentantes s'ajoutait la pensée, toujours séduisante pour un esprit actif, de pouvoir pénétrer dans de vastes solitudes où personne jusque-là ne l'aurait devancée. « Peut-être des sites d'une beauté et d'une grandeur sublimes étaient-ils cachés dans les retraites silencieuses de ces montagnes, qui bornent les plaines arides des Pampas et dont nul n'a osé pénétrer encore le mystère. Et je serais la première à en jouir !... Plaisir égoïste, il est vrai ; mais cette idée avait pour moi, comme pour bien d'autres, un grand charme. »

En compagnie de son mari, de ses frères et de trois amis, lady Florence s'embarqua à Liverpool le 11 décembre 1878. Dans les premiers jours de janvier elle arrivait à Rio-Janeiro, dont elle donne une agréable esquisse, qui peut faire juger de son talent descriptif : « Nulle part, dit-elle, la sauvagerie et l'élégance, la rudesse et la douceur ne se mêlent comme à Rio dans une harmonie exquise ; et c'est cet incomparable contraste qui, selon moi, donne à l'aspect de cette ville son incomparable beauté. Nulle part on ne trouve la même audace, je dirais la même fureur de lignes, unie à cette profusion splendide de couleur, à cette délicatesse féerique de détail. Comme un diamant précieux au sein du roc brut, la baie souriante est enchâssée dans un cercle de colossales montagnes aux formes capricieuses. Les puissances les plus opposées de la nature ont été mises à contribution pour produire cette œuvre parfaite. Le travail terrible des volcans, immenses débris de rocs entassés jusqu'aux nuages en masses irrégulières, est voilé d'un brillant tissu de végétation tropicale : verdure et pourpre, soleil et brume. Ici la nature en joie s'amuse à mille créations ; la vie se multiplie d'elle-même à l'infini, et la profusion d'existences végétales et animales défie la description. Chaque arbre est revêtu de lianes luxuriantes, qui à leur tour supportent des myriades de lichens et d'autres parasites verdoyants. Les plantes poussent avec une rapidité fantastique et se couvrent de fleurs aux formes et aux couleurs étranges, ou de fruits délicieux, aussi agréables à l'œil que succulents au goût. L'air est rempli du bourdonnement des insectes; l'oiseau-mouche passe comme un éclair étincelant dans le feuillage luisant des bananiers; d'énormes papillons, qui ont toutes les couleurs de l'arc-en-ciel,

Un intérieur de Gauchos dans les Pampas.

flottent avec la brise chargée de parfums. Mais sur toutes ces beautés, sur cette végétation prodigue, cette douceur de l'atmosphère des tropiques, sur la splendeur de ce soleil, le parfum de ces fleurs, la contagion a jeté ses miasmes fatals, et, comme l'épée de Damoclès, la fièvre jaune menace ceux qui s'attardent au milieu de ce pays ravissant. »

Après avoir touché à Montevideo, lady Florence Dixie et ses compagnons se dirigèrent vers le détroit de Magellan et abordèrent à Sandy-Point, établissement appartenant aux Chiliens, qui l'appellent *la Colonia de Magellanes*. Ils s'y procurèrent des chevaux, des mulets, quatre guides, et, ayant achevé les préparatifs nécessaires, suivirent la côte du fameux détroit jusqu'au cap Negro. En face d'eux, ils apercevaient distinctement les rives de la Terre-de-Feu, et à plusieurs reprises de hautes colonnes de fumée montant dans l'air tranquille leur prouvèrent la présence de campements sauvages, absolument comme Magellan les avait vus quatre cents ans plus tôt, quand il avait donné à cette île le nom qu'elle porte encore. Enfin les voyageurs entrèrent dans l'intérieur du pays et commencèrent à explorer la sauvage région des pampas. Le gibier était abondant, et les fusils de la troupe abattaient de nombreuses victimes. En avançant, il leur arriva quelquefois de rencontrer des Patagons, et les observations de lady Florence sur leur physique ont de l'importance, si on les rapproche des descriptions exagérées que nous trouvons dans les récits des anciens voyageurs. « Je fus moins frappée, dit-elle, de leur stature que de leur développement extraordinaire de poitrine et de muscles. Je ne crois pas que la majorité d'entre eux dépassât six pieds anglais, et mon mari ayant six pieds deux pouces, j'avais un point de comparaison qui me permettait de juger très exactement de leur taille. Un ou deux, il est vrai, le dominaient de toute la tête, mais c'était l'exception. La plupart des femmes me parurent fort ordinaires, quoique j'en aie remarqué quelques-unes qui avaient bien six pieds, sinon plus. »

Lady Florence parle de l'extrême régularité de traits des Tchuelches ou Patagons aborigènes, de race pure, qui n'ont rien de désagréable, au contraire : « Le nez est généralement aquilin, la bouche bien dessinée et embellie par des dents éblouissantes, l'expression des yeux fort intelligente, et la forme de la tête dénote des capacités mentales vraiment au-dessus de la moyenne. Mais tel n'est pas le cas pour les Tchuelches dans les veines desquels il y a un mélange de sang fuégien ou araucanien. Chez ces derniers, le nez aplati, les yeux obliques, le corps mal proportionné, tout excite la répulsion, et ils diffèrent autant du Tchuelche pur qu'un cheval de charrette d'un cheval de course. Leurs longs cheveux, semblables à des crins, sont séparés au milieu du front et retenus par un mouchoir ou une sorte de filet; ils ne laissent pas un poil pousser sur leur visage, et quelques-uns s'arrachent même les sourcils. Leur vêtement est fort simple; il se compose d'un *chiripa* ou pièce de drap, qu'ils drapent autour des reins, et de l'indispensable *guanaco*, manteau qui est jeté sur leurs épaules et qu'ils retiennent d'une main, quand il serait beaucoup plus simple de l'attacher à la taille par une ceinture quelconque. Par des raisons d'économie, ils ne portent qu'à la chasse leurs bottes de cuir de cheval. Les femmes ont à peu près le même costume; mais, au lieu du *chiripa,* elles portent sous le manteau une espèce de robe flottante qu'elles attachent au cou avec une broche ou une épingle d'argent. Les enfants restent complètement nus jusqu'à cinq à six ans, et sont alors habillés comme leurs parents. Moitié pour s'embellir, moitié pour se protéger contre les morsures du vent, beaucoup de ces indigènes se peignent le visage; leur couleur favorite est le rouge, autant que j'en ai pu juger; mais j'en ai remarqué un ou deux qui avaient donné la préférence à une combinaison de rouge et de noir, grâce à laquelle ils avaient l'aspect le plus diabolique. »

Nous ne pouvons suivre lady Florence Dixie dans sa promenade à travers la Patagonie, qui, par sa variété infinie d'impressions, a dû amplement satisfaire le besoin qu'elle éprouvait de voir du nouveau. Elle y a chassé des pumas, des autruches, des guanacos; elle a assisté aux courses folles et fougueuses des chevaux sauvages dans ces pampas qui leur appartiennent depuis des siècles; elle y a souffert de la chaleur et des moustiques, exploré les recoins des Cordillères, découvert un beau lac que, selon toute probabilité, nul œil humain n'avait encore contemplé. Enfin, fatiguée d'aventures, elle et ses compagnons sont revenus chercher avec plaisir dans la vieille Europe le *banal* bien-être qu'y offre la civilisation. Lady Florence raconte tout cela et bien d'autres choses avec beaucoup d'animation, et dans un style qui, s'il n'a pas de mérites littéraires hors ligne, est toujours clair et vigoureux. On peut agréablement passer une heure au coin du feu avec le livre de lady Florence Dixie, et en le refermant on se sentira convaincu que l'auteur est une femme courageuse, spirituelle et intelligente, qui n'est embarrassée d'aucune situation, même imprévue ou dangereuse.

Une de ses compatriotes ne lui cède ni en courage ni en fermeté, et lui est très supérieure sous le rapport littéraire : miss Gordon Cumming, qui occupe, on peut le dire, le premier rang après Ida Pfeiffer parmi les grandes voyageuses. Avec une infatigable ardeur, elle a poursuivi son tour du monde et pénétré dans les régions inexplorées et presque inaccessibles du grand plateau asiatique. Son premier livre : *Des Hébrides à l'Himalaya*[1]*,* attira l'attention par la fraîcheur des esquisses, la grâce du style, l'absence de toute banalité,

[1] *From the Hebrides to the Himalaya, by Miss Gordon Cumming.*

et par les nombreuses pages que l'auteur avait consacrées aux superstitions populaires et aux antiques monuments de ces contrées. Ses tableaux de l'Himalaya, de la vie dans le Thibet, des mœurs des Indous ; ses descriptions de Bénarès, d'Hurdwar et d'Agra, étaient assez brillants et assez vifs pour révéler un talent plus qu'ordinaire. Miss Gordon Cumming se dirigea ensuite vers l'océan Pacifique et passa deux ans dans sa « maison de Fijii [1] », deux années qu'elle employa à rassembler une foule d'intéressants matériaux. Elle se préparait en 1880 à regagner l'Angleterre, quand l'occasion lui fut offerte d'effectuer une partie du voyage d'une manière tout imprévue, et qui devait charmer ses goûts aventureux. Un vaisseau français, le *Seignelay,* qui transportait un évêque catholique en visites pastorales dans son immense diocèse océanien, aborda à Fijii, et les officiers, ayant fait la connaissance de miss Cumming, l'invitèrent avec courtoisie à les accompagner pendant le reste de leur croisière. La proposition était aussi originale qu'agréable, et il n'était pas moins original de l'accepter. On arrangea une jolie petite cabine pour son usage, et elle s'installa à bord du *Seignelay* sous la protection du bon évêque [2].

De Fijii le *Seignelay* la conduisit à Tonga, dans les îles des Amis, où miss Cumming trouva dans les usages de la population et les antiquités insulaires de nombreux sujets d'intérêt pour elle et ses lecteurs. Comme on pouvait s'y attendre, tout ce qu'il y avait jadis de pittoresque dans l'existence indigène disparaît rapidement devant l'invasion de la civilisation européenne ; aussi pouvons-nous être reconnaissants envers les voyageurs qui en saisissent les dernières traces et les conservent aussi fidèlement que possible dans leurs écrits. Les principales curiosités archéologiques sont les tombes des antiques rois de Tonga, monuments cyclopéens faits d'énormes blocs volcaniques, qui paraissent avoir été apportés des îles Wallis dans des canots et entassés à leur place actuelle avec une dépense inouïe de travail humain. Le grand dolmen solitaire, encore absolument intact, est à peine moins remarquable, quoique la tradition elle-même ne nous apprenne rien de son origine ; mais on peut supposer qu'il marque le lieu de repos d'un héros ou d'un grand chef, par ce fait qu'il y a peu d'années encore une vaste tente se dressait sur la pierre transversale du dolmen, et qu'on y célébrait des festins. De

---

[1] *At home in Fijii*, by *Miss Gordon Cumming.*
[2] *A Lady's cruise, in a French man-of-war*, id.

Tonga, miss Cumming visita Samoa, où elle trouva une parfaite hospitalité chez les indigènes, et elle aurait beaucoup joui de son séjour sans la guerre civile qui désole perpétuellement cet archipel. A l'honneur des habitants, on doit dire qu'ils se sont entendus pour s'abstenir de se battre au moins un jour par semaine. Leurs coutumes ont gardé plus de traces de la simplicité primitive que partout ailleurs dans les îles de la Polynésie.

Les descriptions que miss Cumming nous fait de Tahiti, l'Éden de

Indigènes des îles Tonga.

l'océan Pacifique, ne sont pas moins séduisantes que celles de tous les voyageurs qui l'y ont précédée; à leurs vives et chaudes couleurs on reconnaît que l'écrivain est doublé d'un artiste, qui fait passer devant nous une succession de sites ravissants que nul autre coin de notre vaste univers ne peut égaler; car à la majesté sévère des Alpes s'unit la profusion et la beauté des forêts tropicales, et des vallées aussi belles que celle de Tempé s'ouvrent sur un océan sans bornes, bleu comme le ciel qui s'y reflète. Ajoutez à cela une végétation d'une splendeur toute spéciale, à laquelle le palmier et l'arbre à pain donnent un cachet particulier. Citons un de ces tableaux, tracé d'après une des îles secondaires de l'archipel de la Société :

« ... Je crains qu'aucune description ne puisse vous donner l'idée des forêts délicieuses où nous errons au gré de notre fantaisie, sachant qu'aucun être malfaisant ne se cache sous les rocs moussus ou dans la riche épaisseur des fougères. Çà et là nous trouvons des pelouses de moelleux gazons qui nous inspirent l'envie de nous reposer à l'ombre immense d'un arbre dont les énormes racines sortent de terre; mais le plus souvent les rayons du soleil se brisent autour de nous en dix mille étincelles, dansant au milieu de feuilles de toutes formes et de toutes teintes, depuis les énormes feuilles satinées du plantain sauvage ou des arums géants jusqu'aux frondes légères des palmiers, si rarement en repos, mais lançant un éclair pareil à celui d'une épée d'acier chaque fois qu'un souffle vient les agiter. Un peu au-dessous de ces reines des îles de corail montent du sol des groupes de gracieuses fougères arborescentes, souvent festonnées de lianes légères, et il y a des endroits où non seulement ces fougères, mais les grands arbres sont littéralement enserrés dans un tissu de beaux convolvulus blancs à larges feuilles, ou encore du petit *ipomea* à fleurs lilas, qui s'enroule autour des hautes tiges des palmiers et retombe sur leurs frondes en cascades vertes. La plupart des arbres sont revêtus de fougères parasites, qui, avec une variété infinie d'orchidées, poussent à la jonction des branches, de sorte que ces troncs et ces branches paraissent aussi verts que tout le reste dans cette forêt magique. Mais la vie n'anime pas ce paradis; j'y ai vu rarement un oiseau ou un papillon, tout au plus quelques lézards ou une libellule. La voix des oiseaux, qui nous réjouit le cœur dans nos modestes bois d'Angleterre, est inconnue ici; c'est du moins un avantage qui peut compenser pour nous l'absence de cette luxuriante végétation, d'un charme si puissant. »

Il faut nous contenter d'une dernière citation : un marché tahitien à Papeete.

« Après avoir suivi des chemins traités de rues, mais qui sont, à proprement parler, des allées ombreuses d'hibiscus jaunes et d'arbres à pain, j'arrivai sur la place du marché couvert, où était rassemblée une foule de l'aspect le plus gai qu'on pût désirer; la plupart de ceux qui la composaient portaient des robes de couleurs éclatantes, car il s'agissait de gens du peuple dont le deuil officiel pour la bonne vieille reine touchait à sa fin. Les longues tresses de cheveux noirs, jusque-là si soigneusement cachées sous les coquets chapeaux marins, se déroulaient à présent dans toute leur longueur, et tresses et chapeaux étaient enguirlandés de fleurs embaumées : jasmin du Cap, oranger, laurier-rose ou hibiscus écarlate. Beaucoup, à la place de boucles d'oreilles, portaient une délicate et blanche étoile de jasmin. Cette population n'est pas aussi sympathique que celle des districts plus éloignés. Un contact trop continuel avec les navires de commerce et les débiteurs de grogs a contribué largement à détériorer leur santé morale et physique ; mais, malgré tout, une foule composée d'indigènes des mers du Sud est toujours un spectacle

En rade de Papeete.

agréable aux yeux, et ces groupes de jeunes filles, vêtues de longues tuniques d'un rose délicat, d'un blanc pur, parfois d'une nuance écarlate ou du vert pâle de la mer, paraissent toujours charmantes quand elles jasent ensemble, riant et roulant de minimes débris de tabac dans des bandes de *pandanus* ou de feuilles de bananier, pour faire l'inévitable cigarette.

« Les hommes portent des *pavus* en cotonnades de Manchester, fabriquées exprès pour ces îles, et dont les dessins sont indescriptibles. Les plus à la mode sont les fonds rouge éclatant avec des impressions blanches; par exemple, des groupes de couronnes rouges au centre d'un cercle blanc, ou encore des rangées de couronnes blanches alternant avec des groupes d'étoiles. Les fonds bleu sombre avec des cercles et des croix jaune d'or, ou bien écarlate avec des ancres et des cercles oranges, ont aussi beaucoup de succès. A la description, cela paraît un peu *tapageur,* mais l'effet est vraiment pittoresque. La variété des dessins, dont pas un ne s'est jamais vu en Angleterre, est quelque chose d'étonnant. En outre, les hommes portent des chemises blanches et des chapeaux de marins, sur lesquels ils attachent des mouchoirs de soie aux vives couleurs, noués sur l'oreille ou qu'ils entourent d'une guirlande de fleurs...

« Chacun apporte au marché ce qu'il peut avoir à vendre; un jour la marchandise abonde, le lendemain il n'y a presque rien. Mais que ce soit peu ou beaucoup, le Tahitien le divise en deux lots et attache ses paniers ou ses paquets à un léger bambou qu'il porte en travers de l'épaule, et qui, si léger soit-il, pèse parfois plus que le maigre butin qui y est suspendu : quelques crevettes dans une feuille verte pendent à un bout, un homard à l'autre; ou peut-être un minime panier d'œufs frais, auquel une demi-douzaine de poissons argentés font contrepoids. Mais d'autres fois le fardeau est si lourd, que le bâton plie; c'est, par exemple, deux énormes régimes de bananes sauvages, et vous vous dites que l'épaule du pauvre homme doit être meurtrie, à les avoir descendues par les rudes sentiers de la fente de roc où l'arbre qui les portait avait sans doute sa racine. On dirait des bouquets de gigantesques prunes dorées ; comme couleur elles sont merveilleuses; mais, en qualité de comestibles, je ne puis arriver à les apprécier, ce qui est fort heureux, car un proverbe indigène dit que l'étranger qui aime les *faces* ne peut vivre ailleurs qu'à Tahiti. Quand vous entrez dans le marché frais et ombreux, vous voyez ces grappes d'or pendre par centaines à des cordons tendus d'un bout à l'autre, avec des bouquets de mangues et d'oranges. Ces dernières sont également amoncelées dans des corbeilles garnies de feuilles vertes. Parfois on a insoucieusement coupé une branche entière chargée de fruits. Ananas, noix de coco, fruits de l'arbre à pain abondent également, ainsi que des paniers de rouges tomates [1]. »

Miss Gordon Cumming vient tout récemment de publier un volume intitulé : *Wanderings in China* (Promenades en Chine).

---

[1] Miss Gordon Cumming, *A Lady's cruise, in a French man-of-war.*

Nous ne pouvons parler longuement du voyage de Mrs Mulhall, *De l'Amazone aux Andes*[1], quoiqu'il décrive une région peu familière même aux géographes, et qu'il ait une incontestable valeur. Le *Pèlerinage au Nedjé, berceau de la race arabe*, de lady Anne Blunt, a été traduit en français[2]; lady Blunt et son mari ont fait au milieu des tribus arabes un séjour qui n'a pas été sans incidents émouvants, et dont le récit renferme de curieux détails de mœurs.

Vue de Sydney.

Ce que nous avons vu en Australie[3] est le journal de deux sœurs, Florence et Rosamund Hill, qui, sans domestiques et sans escorte, ont accompli la traversée du grand continent austral, ont visité Adélaïde, Melbourne, Sydney, et tous les endroits remarquables qui se trouvent dans le voisinage, ont fait une pointe en Tasmanie, et sont rentrées chez elles par Bombay, l'Égypte et l'Italie. « Nous n'avons, disent-elles, essuyé aucune tempête; nous n'avons

---

[1] *Between the Amazon and the Andes*, by Mrs Mulhall.
[2] Hachette.
[3] *What we have seen in Australia*, by Florence and Rosamund Hill.

pas d'aventures dramatiques à raconter, et nous sommes rentrées en Europe après une absence de seize mois, convaincues par notre propre expérience que, pour toute personne en possession d'une force et d'une santé suffisantes, les difficultés d'un pareil voyage n'existent que dans l'imagination. » Les deux sœurs étaient insatiables de renseignements, et leur livre donne une notion assez étendue de la situation économique et sociale des colonies australiennes. C'est ainsi que nous apprenons que le nombre des bureaux de poste dans l'Australie méridionale est de trois cent quarante-huit, desservis par trois cent trente-six employés, sans parler de cinquante-six attachés au télégraphe. Chaque steamer emporte les lettres à Melbourne, et trois fois par semaine il y a un courrier par terre, trajet qui demande quatre-vingt-seize heures. Des omnibus spéciaux transportent les lettres partout où le permet l'état des routes, ce qui est le cas tout autour de la ville, à une distance assez grande. Pour les endroits plus éloignés, on emploie des diligences qui ressemblent fort à une boîte suspendue sur quatre roues; elles sont extrêmement solides, et des rideaux de cuir remplacent avantageusement les glaces des portières, dont la présence est peu désirable quand il arrive de verser. L'intérieur est pourvu de lanières de cuir à portée de la main du malheureux voyageur, qui s'y cramponne pendant que le véhicule poursuit sa route au milieu des cahots. Orphelinats, instituts pénitenciers, fiacres, musées, hôpitaux, prisons, tout a attiré l'attention des deux voyageuses, dont on ne peut trop louer la scrupuleuse précision. Elles n'ont pu pénétrer dans l'intérieur, et le champ de leurs observations n'est ni très neuf ni très vaste; mais ce qu'elles ont vu, elles le décrivent avec une fidélité méritoire. Telle est la description de la remarquable vallée de Govat's Leap, une des curiosités de la Nouvelle-Galles du Sud, à cinq milles du mont Victoria.

« Nous suivîmes pendant un temps considérable la grande route de Bathurst, tracée à travers le *Bush*. De chaque côté, les masses de gommiers étaient charmantes à voir dans leur nouvelle parure d'été. Les jeunes pousses sont écarlates, et quand elles se détachent sur le ciel bleu et que le soleil luit au travers, l'arbre semble couvert de fleurs éclatantes. Nous quittâmes la route pour nous engager dans un sol sablonneux, au milieu de petits gommiers et de broussailles plus basses encore. Lorsque enfin nous eûmes abandonné la voiture, après avoir marché quelques instants à la suite de notre guide, nous arrivâmes tout à coup à ce qui nous parut un énorme précipice béant sous nos pieds. Tout au fond ondulaient des masses de feuillages, les têtes d'une forêt entière de gommiers qui couvrait toute la vallée. Nous la dominions d'une si grande hauteur, que les arbres nous paraissaient absolument immobiles, faisant sous ce splendide soleil un merveilleux tapis teinté de rouge et de rose, dont les ombres jetées en passant par les nuages variaient incessamment le coloris. A l'extrémité supérieure de la vallée, vers l'ouest, les murailles s'abaissaient un peu de chaque côté; une cascade tombait sur les rochers d'une hauteur de quatre cents mètres; mais cette cascade, que nous apercevions obliquement de très loin, nous paraissait suivre une pente si douce, qu'il nous semblait voir des plumes blanches et floconneuses flotter lentement dans l'air en descendant vers le sol. Arrivé là, le cours d'eau disparaissait à nos yeux parmi d'énormes pierres, et si, dans cette saison de sécheresse, il continuait néanmoins sa route, cette route nous était cachée par l'épaisseur de la forêt. Si nous nous tournions vers le midi, nous voyions s'élever perpendiculairement des rochers bruns, gris et jaunes, dont le soleil fondait les tons dans une délicieuse harmonie de couleurs; et la vallée était si large, qu'une chute d'eau sur le mur du rocher en face de nous nous faisait l'effet d'un mince fil d'argent. Au delà, la vallée se prolongeait dans la direction du sud, jusqu'à ce qu'elle fût close par des rangées de collines d'un bleu ravissant, indigo ou cobalt, selon les rayons de soleil ou l'ombre des nuages. Sans le vague murmure de l'eau courante et du vent dans les arbres, ce lieu eût été absolument silencieux, comme il était presque dépourvu de toute vie animale. Un ou deux oiseaux et quelques inoffensifs lézards qui coururent sur nos robes, pendant qu'assises à terre nous essayions d'esquisser le paysage, en représentaient tous les habitants. »

Lady Barker possède un talent expérimenté, et ses livres de voyages en sont une preuve de plus : *Une Femme du monde à la Nouvelle-Zélande*[1] et *Une Femme du monde au pays des Zoulous,* etc. Il est impossible de trouver une lecture plus agréable; les esquisses sont vives, les observations judicieuses, le style facile et animé par une spirituelle gaieté. Lady Barker voit les choses en femme, et ce n'est pas un des moindres charmes de ses livres, car elle fait beaucoup de remarques auxquelles un homme n'aurait jamais songé, et considère

[1] Chez Firmin-Didot. (Bibl. des mères de famille.)

les faits à un point de vue tout à fait différent de celui auquel il se serait placé. Il est incontestable que lady Barker a accru d'une façon intéressante les données répandues sur l'Afrique méridionale. Elle arriva au Cap en 1875, accompagnant son mari, qui avait été désigné pour un poste important à Natal. Après un bref repos ils se rembarquèrent et suivirent la côte jusqu'au petit port d'East-London, puis à Port-Durban, où ils descendirent et firent, péniblement secoués dans des chariots traînés par des mules, les cinquante-deux milles qui s'étendaient entre ce dernier endroit et leur destination, Maritzburg. Pendant son séjour, lady Barker mit le temps et les circonstances consciencieusement à profit pour étudier les mœurs et les habitudes des Zoulous et des Cafres, esquisser leurs portraits, *interviewer* des sorciers, explorer les sites de l'intérieur et accomplir une expédition dans le Bush. Le résultat est un livre de trois cents pages, dont l'intérêt ne se ralentit pas un instant. Nous n'en donnerons qu'un échantillon, le portrait d'une fiancée cafre.

« Elle était extrêmement gracieuse et avait une des plus charmantes figures imaginables. Les traits réguliers, le visage ovale, les dents éblouissantes et la délicieuse expression n'étaient nullement gâtés par sa peau d'un noir de jais. Les cheveux étaient relevés au-dessus de la tête comme une tiare, teints en rouge et ornés d'une profusion d'osselets; un bouquet de plumes était planté coquettement sur une oreille, et une bande de broderie en perles semée de clous d'acier placée comme un filet à la naissance des cheveux, très bas sur le front. Elle avait une jupe ou plutôt une série de tabliers de peaux de lynx, une sorte de corset de peau de veau, et, drapé sur ses épaules avec une ineffable grâce, un tapis de table aux gaies couleurs; des fils de verroteries entouraient son cou et ses bras délicatement modelés, et un beau ruban écarlate était noué très serré autour de ses chevilles. Tout le reste de la société semblait extraordinairement fier de cette jeune personne et fort désireux de la mettre en avant. Les autres femmes, pour la plupart assez laides et usées par le travail, ne jouèrent, en effet, d'autre rôle dans la visite que celui du chœur des tragédies grecques, toujours en exceptant le vieux *luduna,* ou ancien du village, qui les accompagnait et était responsable de la bande. C'était un bavard des plus divertissants, qui abondait en anecdotes et en réminiscences de sa jeunesse guerrière. Il avait plus de franchise que la majorité des héros en racontant leurs hauts faits, car la conclusion habituelle de ses his-

toires de batailles était cette confession naïve : « Alors je crus que
« j'allais être tué, et je me sauvai. » Lui et moi, nous mîmes à
contribution toute une série d'interprètes pendant le cours de sa
visite ; il les fatiguait l'un après l'autre, et entrait en colère si l'un
d'entre eux essayait d'abréger ses discours en me les traduisant.
Mais il était fort amusant, poli comme il convient à un vieux soldat,
fécond en compliments et répétant « qu'il avait vu le plus beau jour
« de sa vie, et que la mort pouvait maintenant venir le prendre ». Je

Cafres.

donnai mon audience sous la véranda ; j'apportai une grande boîte
à musique et la posai par terre ; on n'a pas idée d'un pareil succès.
En un clin d'œil tous furent à genoux autour de l'instrument, écou-
tant d'un air ravi. Le vieux leur expliquait qu'il y avait à l'intérieur
de la boîte de tout petits hommes obligés à m'obéir, et que c'étaient
eux qui faisaient cette musique. Leurs transports durèrent fort longtemps ; mais chaque fois que je remontais la clef, ils prenaient soin
de se retirer à bonne distance. Le vieux luduna prisait copieusement
et me tenait des discours sentis qui finirent de mon côté par le
cadeau d'une vieille redingote ; mais il m'assura qu'il ne vivrait pas
assez pour l'user ; car il était trop pressé de mourir et de s'en aller

dans le pays des hommes blancs, maintenant qu'il m'avait vue. »

En 1883, lady Barker a de nouveau suivi son mari dans l'Australie occidentale, dont il était nommé gouverneur. Nous devons à cette circonstance les *Lettres à Guy* [1], adressées à leur fils aîné, qu'ils avaient laissé en Angleterre pour son éducation. Ces lettres sont charmantes, quoique fort simples et telles qu'une mère peut les écrire à un enfant de treize ans. Il est facile d'en détacher une ou deux pages.

« Nous ne tardâmes pas à pénétrer dans les grandes « plaines de « sable », comme on les appelle; en réalité, c'est un coin du vaste désert qui s'étend au centre de l'Australie; il s'allonge comme un bras étroit entre l'excellent pays de Dongara et les bons pâturages à moutons qui lui font face. Il n'y a pas moyen de l'éviter; tout ce que le gouvernement a pu faire a été de creuser des puits et de mettre des troncs d'arbres creux pour désaltérer les animaux, quand on peut trouver de l'eau... Nous fîmes toutes sortes de suppositions sur le changement qu'un chemin de fer y opérera d'un jour à l'autre. Je ne sais si je pourrai vous donner une idée de ce désert, qui paraissait plus étrange encore en le voyant, comme nous, pour la première fois, au moment où l'aurore l'éclairait peu à peu et où le soleil, pareil à une grosse boule rouge, se montrait tout au bord, à l'orient. Si vous pouvez vous figurer un océan de sable au lieu d'un océan d'eau, vous aurez une faible image de ce que nous avons vu autour de nous pendant des lieues et des lieues. Et ce n'était pas un océan paisible, mais avec d'énormes vagues comme immobilisées par une baguette magique. Nous montions et nous descendions ces vagues, prenant soin de suivre les poteaux télégraphiques et ne voyant d'autres traces que celles laissées par notre propre chariot trois ou quatre jours avant. Il était impossible d'aller autrement qu'au pas; lorsque nous gravissions une des vagues, nous marchions très, très lentement. Le sable fin coulait comme de l'eau des hautes roues de la voiture, et l'on n'entendait d'autre bruit que les craquements de l'équipage et quelques paroles d'encouragement du conducteur à ses bons chevaux, qui baissaient la tête et tiraient avec patience... D'abord nous ne vîmes que de maigres buissons; mais, une fois dans la plaine de sable, les fleurs se montrèrent. N'est-ce pas étrange? Je me rappelai le verset de la Bible qui dit que le désert fleurira comme

---

[1] *Letters to Guy.*

un rosier, et je le compris pour la première fois. Durant la plus grande partie de l'année, ces solitudes sont absolument nues et désolées ; mais le hasard de notre voyage nous les faisait traverser au moment où toutes les plantes sauvages étaient en fleur. Cela faisait la chose la plus merveilleuse que vous puissiez vous imaginer, et leur existence même est une première merveille, car les tiges sur lesquelles elles poussent semblent simplement posées sur le sable, et elles fleurissent là sans une goutte d'eau, sous le soleil brûlant. Cela ne dure que trois mois ; mais c'est aussi ravissant que singulier. Avant notre départ on me disait : « Vous verrez nos fleurs sauvages ! » Je répondais : Oui, sans y attacher grande importance. Mais à présent, il me semble que je n'avais jamais vu de fleurs de ma vie. A toutes minutes je voulais arrêter le chariot, faire mettre l'échelle et cueillir ou arracher quelque plante ravissante. Mais nous y serions encore ! Et puis quelle quantité ! On arrivait à un vaste espace bleu, le bleu le plus frais et le plus vif que jamais on ait vu à une fleur, et ce bleu s'étendait autour de nous aussi loin que nos yeux pouvaient atteindre, interrompu seulement par des touffes de grandes fleurs rouges, ou une large plate-bande d'immortelles roses, ou les plumets grisâtres de la « fleur de fumée ». Mais vous autres collégiens, vous n'appréciez pas beaucoup les fleurs, je le crains, de sorte que je ne veux pas vous en dire davantage sur mes extases. »

Des lecteurs catholiques ne liront pas non plus sans intérêt cette description d'un village de missionnaires et l'hommage qui leur est rendu par l'écrivain protestant :

« Pour en revenir à New-Norcia, dès que nous arrivâmes au territoire de la mission, nous remarquâmes de loin en loin une grande croix marquée sur les troncs d'arbres pour en tracer les frontières, et après avoir gravi lentement une côte un peu longue, nous eûmes en face de nous la plus jolie vue imaginable. En bas, une large et fertile vallée avec un grand village ou plutôt une ville très prospère, coupée par des rues et des routes excellentes, de chaque côté desquelles étaient bâties de gentilles maisonnettes. Au centre s'élevaient une vaste chapelle et de belles écoles, tandis que le grand monastère, de l'autre côté de la route, paraissait avoir derrière un superbe jardin descendant jusqu'à la rivière. Cependant, entre notre cavalcade et lui, nous voyions une foule d'arcs de triomphe couronnés de drapeaux et une grande foule, composée principalement de sauvages et de métis, dans leurs plus beaux habits. Une procession de religieux et de frères lais s'en détacha pour venir au-devant de votre père, en chantant un hymne de bienvenue. C'était très beau, et la splendeur de l'après-midi ajoutait encore à ce tableau.

« Nous descendîmes de voiture en apercevant les Pères, et nous allâmes avec eux jusqu'à la grande arcade qui est à l'entrée du monastère. Là on fit un discours, puis nous fûmes introduits dans la grande cour, dont le couvent forme trois côtés. A gauche, devant une large véranda, étaient rangés tous les enfants des écoles, et derrière eux l'orchestre, oui, un véritable orchestre de dix-huit à vingt musiciens indigènes, l'un jouant d'une énorme contrebasse, les autres du violon, du violoncelle, etc. Ces jeunes artistes étaient très gentils, noirs comme le jais, mais intelligents, ayant une bonne apparence, d'une politesse parfaite, et se donnant de tout cœur à leur besogne. Il sont admirablement dirigés par un frère qui est bon musicien.

« Après l'inévitable *God save the Queen*, les enfants chantèrent des hymnes et quelques chansonnettes d'école de la façon la plus gracieuse; alors on permit à tous les hommes de la mission de décharger leurs fusils en notre honneur, ce qui est leur suprême plaisir. Comme nous étions sur nos pieds, je ne m'inquiétai pas; autrement je ne sais ce que nos chevaux auraient pensé de toutes ces décharges. Nous eûmes un souper délicieux, des lits excellents, et nous ne nous éveillâmes que le lendemain, en entendant une superbe cloche qui date du temps de Charles-Quint sonner les matines. Il est impossible de rien concevoir de plus admirable que la vie d'abnégation que mènent ces bons Pères, ni rien de plus encourageant que les résultats de leur mission depuis trente-cinq ans. Vous imaginez-vous à quel point il a dû être difficile au début d'attirer ces sauvages et de leur apprendre quelque chose? Cette pensée fait trouver plus étonnante encore la vue de cette population industrieuse et civilisée dont les parents n'étaient par leurs habitudes guère au-dessus des animaux. Mais la persévérance, la bonté et une patience infinie ont accompli ce vrai miracle. Nous pûmes en juger pendant la longue et agréable journée que nous passâmes à visiter les écoles et les ateliers, les cottages propres et confortables, et enfin à assister à une grande partie de cricket jouée par les indigènes et les frères lais, dont la plupart sont Espagnols ou d'origine espagnole. Cela vous aurait amusé, et la rapidité avec laquelle les indigènes couraient vous aurait fait ouvrir de grands yeux... Auparavant, ces messieurs avaient fait une longue course pour visiter les champs et les vignes à l'autre extrémité de la mission, et ils revinrent, eux aussi, charmés de ce qu'ils avaient vu. Et ces bons Pères sont si simples, si désireux de faire le bien, si hospitaliers ! Tout le monde fait leur éloge, celui de la mission et de leurs œuvres. Je crois que des collégiens comme vous n'auraient que trop apprécié les excellentes friandises que nous servit le frère cuisinier, des gâteaux, des sucreries sans pareilles. Leur frugalité et leur sévérité pour eux-mêmes ne les empêche pas d'être prodigues envers leurs visiteurs.

« Le soir après notre souper, entre sept et huit heures, nous portâmes nos chaises dans la cour pour jouir d'un beau clair d'étoiles, et, à ma demande, les enfants jouèrent et chantèrent de nouveau, moins longtemps que je n'aurais voulu, de peur de faire coucher trop tard ces petits personnages. Mais c'était charmant, et nous eûmes pour conclusion une belle pluie de dragées. Ils partirent en troupe au moment où la lune se levait; longtemps après, nous entendions encore leurs voix fraîches et vibrantes s'envoyer des bonsoirs.

« Savez-vous ce que c'est que les bénédictins ? Nos bons Pères appartiennent à cet ordre, sur lequel je ne puis vous donner de bien savantes explications. Mais je sais qu'il n'y a pas un ordre, une croyance, un pays, qui ne puisse être fier d'hommes aussi excellents et aussi dévoués, comme de l'œuvre à laquelle ils consacrent leurs vies. »

Lady Barker fermera cette galerie de voyageuses, à laquelle pourraient s'ajouter encore bien d'autres noms contemporains, entre autres celui de Mme Dieulafoy, qui vient d'accompagner son mari envoyé en Perse par le gouvernement français, avec la mission d'y étudier les antiques monuments de ce pays.

FIN

TABLE

Lady Hester Stanhope.   7
Madame Hommaire de Hell 23
Madame Léonie d'Aunet. 59
Madame Ida Pfeiffer. 73
Princesse Belgiojoso. 107
Comtesse Dora d'Istria 121
Frédérika Bremer. 141
Madame de Bourboulon 165
Mademoiselle Alexina Tinné. 191
Lady Brassey 213
Les voyageuses d'aujourd'hui : Madame d'Ujfalvy-Bourdon 241
Madame Carla Serena. 248
Les voyageuses anglaises 265

19290. — Tours, impr. Mame.

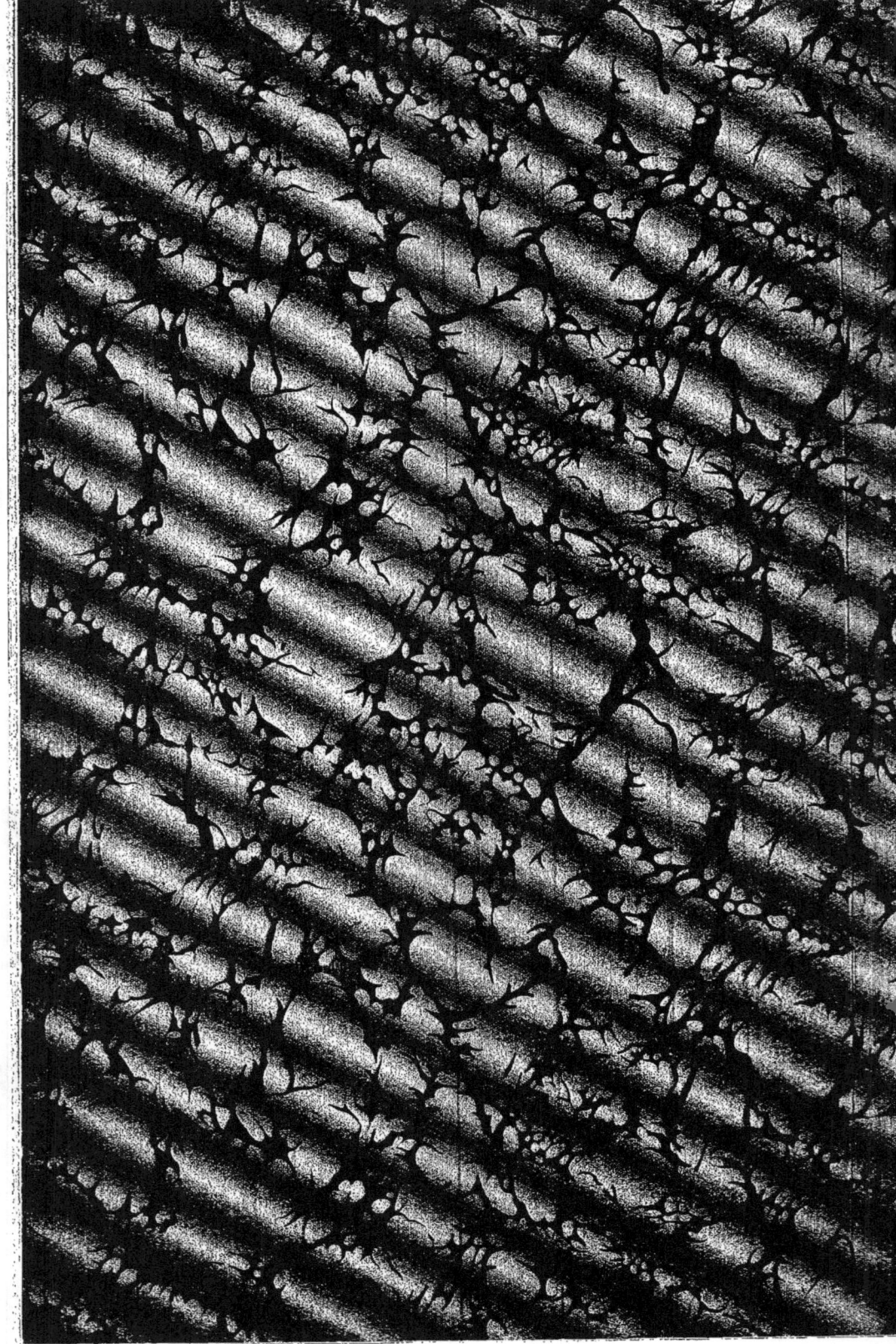

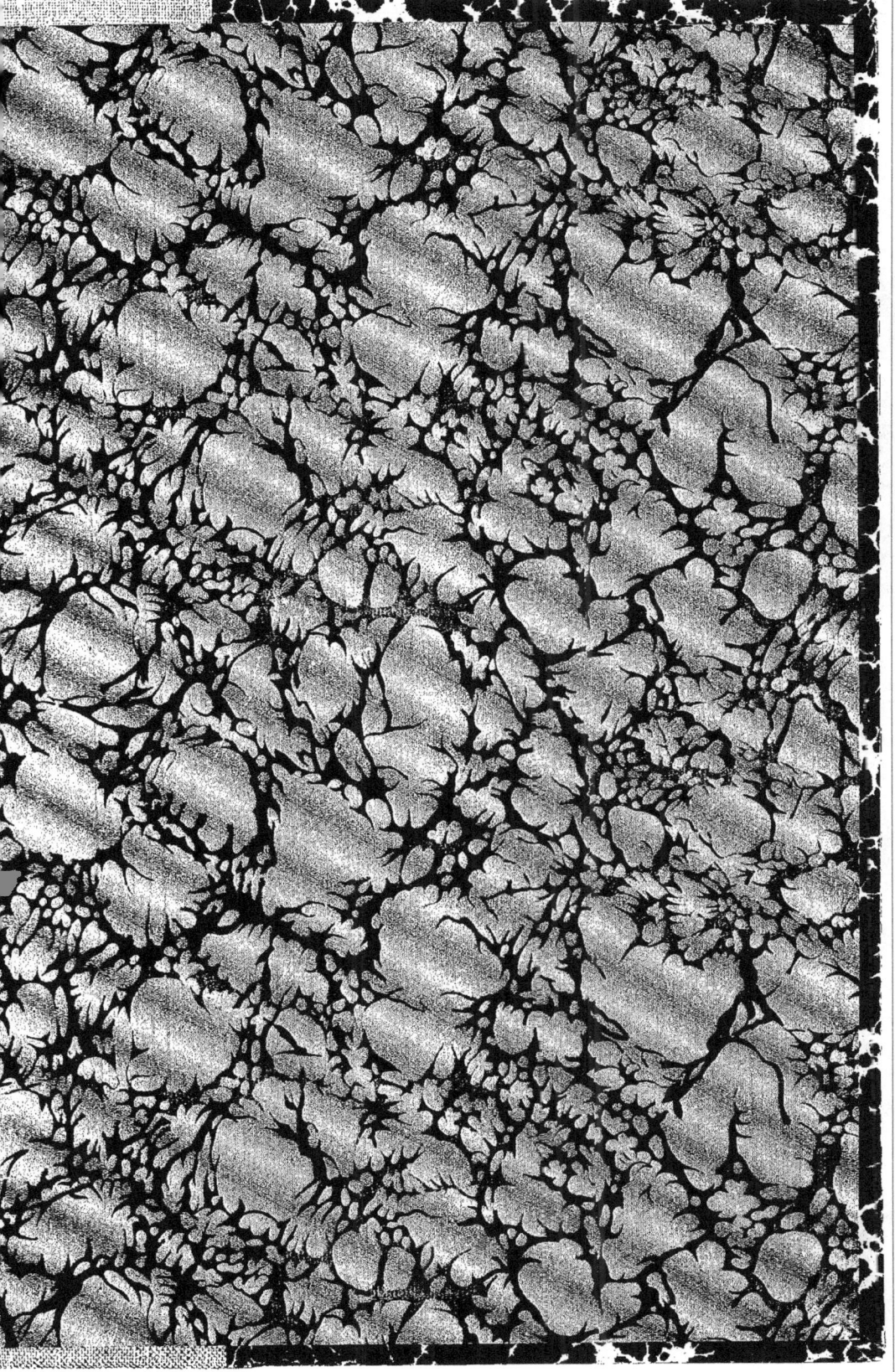

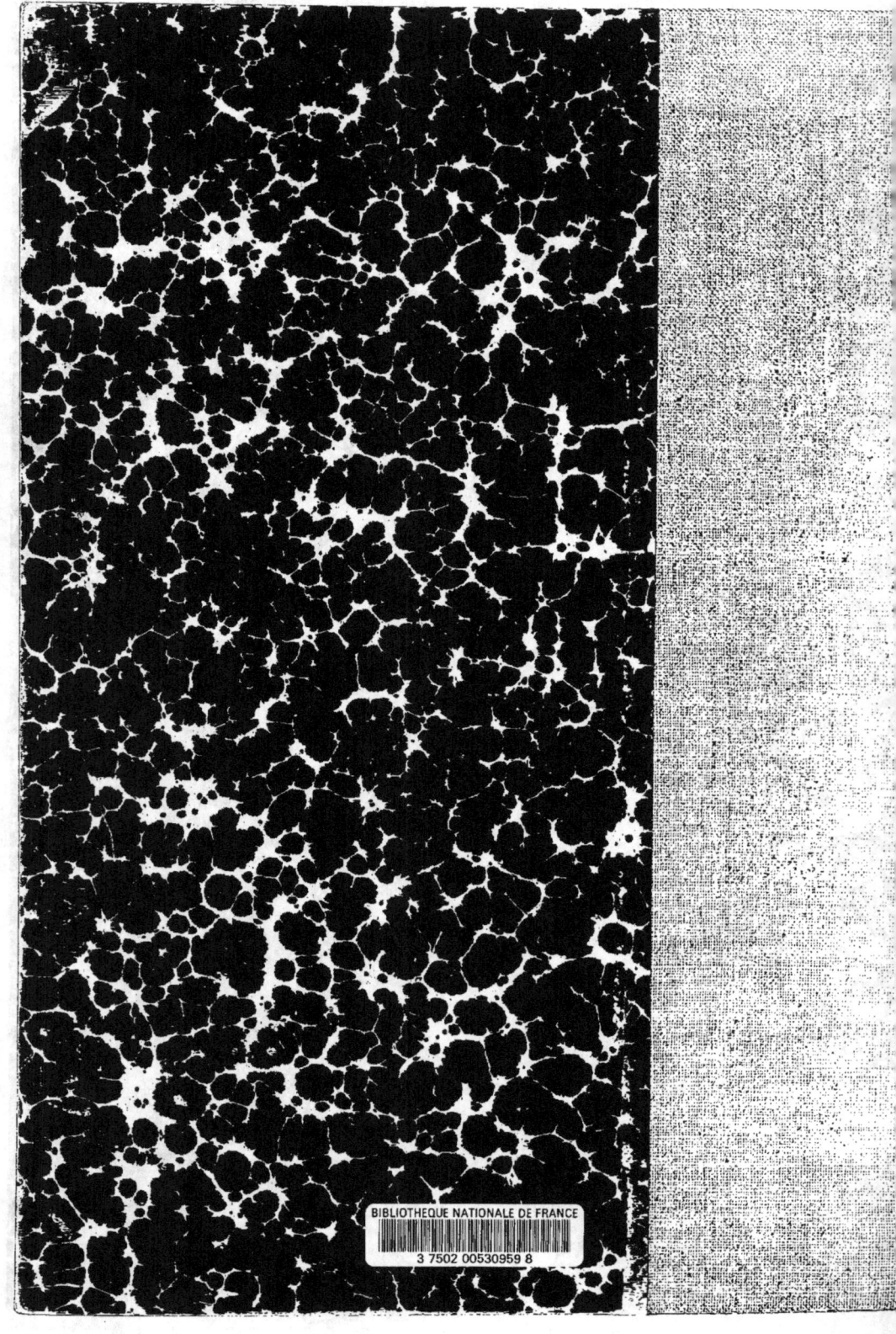

www.ingramcontent.com/pod-product-compliance
Lightning Source LLC
Chambersburg PA
CBHW071414150426
43191CB00008B/914